POLYGLOTT Special

Burgen und Schlösser in Deutschland

Geschichte erleben

Gabriele M. Knoll

Inhalt

Kleine Baugeschichte – von der Burg zum Schloss 6

Sonderthemen

Warum ist eine Burg so wehrhaft? 14
Ein Schloss, viele Zimmer 16
Küchengeschichten 18
Vom Burggärtchen zum Landschaftspark 20
Sammelleidenschaften 22
Freud und Leid eines Burg- und Schlossbesitzers 24
Burgen und Schlösser in allen vier Himmelsrichtungen 26
Rettung für altes Gemäuer? 28

Burgen und Schlösser

Schleswig-Holstein
Schloss Glücksburg 30
Schloss Gottorf 35
Schloss Eutin 40

Mecklenburg-Vorpommern
Archäologisches Freilichtmuseum Groß Raden 43
Residenzschloss Schwerin 46
Schloss Güstrow 51
Schloss Ludwigslust 56

Berlin und Brandenburg
Schloss Rheinsberg 61
Schloss Charlottenburg 64
Schloss Sanssouci 69

Niedersachsen
Schloss Wolfenbüttel 74
Schloss Bückeburg 79
Schloss Pyrmont 84
Kaiserpfalz Goslar 87

Sachsen-Anhalt
Schloss Wernigerode 92
Merseburger Schloss 97

Nordrhein-Westfalen
Burg Vischering 102
Augustusburg und Falkenlust 105

Hessen
Sababurg 110
Schloss Wilhelmshöhe 113
Schloss Arolsen 118
Büdingen, Burg 121
Auerbacher Schloss 124

Thüringen
Wartburg 127
Schloss Friedenstein 132
Die Residenzschlösser von Greiz 137

Sachsen
Albrechtsburg 142
Schloss und Park Pillnitz 145
Schloss Augustusburg 150
Festung Königstein 155

Rheinland-Pfalz
Burg und Schloss Sayn 160
Marksburg 165
Burg Eltz 170
Schloss Stolzenfels 173
Burg Pfalzgrafenstein 176

Baden-Württemberg
Heidelberger Schloss 179
Schloss Schwetzingen 182
Burg Hohenzollern 187
Altes Schloss Meersburg 192

Bayern
Veste Coburg 195
Alte Hofhaltung und Neue Residenz Bamberg 200
Residenz Würzburg 205
Willibaldsburg 210
Schloss Nymphenburg 215
Schloss Neuschwanstein 220

› Touren

Tour 1 – Zu den Wasserschlössern des Nordens 225
Tour 2 – Residenzen und Lustschlösser an Havel und Elbe 230
Tour 3 – Burgen und Schlösser mitten in Deutschland 235
Tour 4 – Zu Raubrittern und Landesfürsten am Rhein 240
Tour 5 – Residenzen von Bischöfen und Königen im Süden 245

Register 250
Bildnachweis 255
Impressum 256

Übersichtskarte Norddeutschland **Umschlag vorne**
Übersichtskarte Süddeutschland **Umschlag hinten**

Kleine Baugeschichte – von der Burg zum Schloss

Was einst im Schutz wilder Natur mit Wällen und Palisaden begann, mündete nach jahrhundertelangem Wandel in stolzen Repräsentationsbauten inmitten prächtiger Garten- und Parkanlagen.

› Der große Unterschied

Oft nimmt man es mit den Bezeichnungen für Burg und Schloss nicht so genau, aber hier soll es einmal exakt erklärt werden: Eine Burg ist ein bewohnbarer Wehrbau, bei dem eine gute Befestigung das Wichtigste war. Beim Schloss spielte dieser Sicherheitsaspekt keine Rolle, er wurde auf andere Weise geregelt. Grundlage für die Bauplanung war der Gedanke der standesgemäßen Repräsentation.

Manche Burgen im Flachland wurden im Laufe der Zeit jedoch gründlich umgebaut und damit zu Schlössern, was die Unterscheidung natürlich sehr erschwert. Ohne Zweifel aber sind Burgen wesentlich älter als Schlösser.

› Von Motten und Pfalzen

Die ersten Beispiele wehrhafter Gebäude findet man während des frühen Mittelalters in eher ebenen Landschaften. Dazu gehören die sogenannten Motten, natürliche oder häufig auch künstlich aufgeschüttete Hügel, die man mit Palisaden und davor noch mit einem Wassergraben umgab. Auf einen solchen Hügel wurde dann ein runder, vielleicht auch eckiger Turm oder ein größeres Turmhaus aus Holz gesetzt. Diese Vorform einer Burg existiert heutzutage nicht mehr im Original, als Rekonstruktion kann man sie aber z. B. im Archäologischen Freilichtmuseum in Groß Raden (Mecklenburg, s. S. 43 ff.) sehen.

Unter Karl dem Großen, also in der zweiten Hälfte des 8. Jhs., begann der Bau von Pfalzen, königlichen Verwaltungssitzen, die man ebenso wie Motten befestigte. In jener Zeit war es üblich, dass Könige und Kaiser mit dem gesamten Hofstaat von einer Pfalz zur nächsten reisten, denn es gab noch keine ständigen Residenzen.

Rund 500 Jahre lang besorgten die im Land umherziehenden Herrscher – von den Karolingern über die Ottonen und Salier bis zu den Staufern – das Regieren, Recht sprechen, Verwalten und manches mehr. Als feste Stützpunkte errichteten sie dafür so wehrhafte wie repräsentative Pfalzbauten, z. B. in Aachen, Bad Wimpfen oder Goslar (s. S. 87 ff.). Schon allein durch ihr Baumaterial – mächtige behauene Steinquader – und ihre Größe hoben sie sich deutlich von den bescheidenen Hütten und Fachwerkhäusern des einfachen Volkes ab. Aber auch mittels Architektur und Bauschmuck stellten die Baumeister die Pfalz als Ort für Kaiser und Könige heraus. Sie planten beispielsweise Arkaden und viele Fenster ein oder sie bauten hohe Gebäude mit mehreren Geschossen – beides war sonst nirgends zu finden. Ebenso unverzichtbar war die Kapelle in einer Pfalz. Aus der karolingischen Pfalzkapelle Karls des Großen in Aachen wurde sogar ein großer Dom.

› Burgen werden notwendig

Im späten 9. Jh. erlebte das Land sehr unruhige Zeiten und schwere Bedrohungen durch die Überfälle der Normannen und Ungarn. Damit waren gewichtige Gründe für einen Burgenbau im großen Stil gegeben. Aber auch das sich entwickelnde Feudalwesen förderte die Entstehung von vielen Burgen, denn die neuen Territorialherren brauchten Verwaltungs- und Wohnsitze. Diese bewohnten sie nicht unbedingt selber, sondern gaben sie einem Untergeordneten zum Lehen. Neben den Kirchen und Klöstern wurden somit die Ritterburgen zu Dreh- und Angelpunkten des öffentlichen Lebens im Mittelalter.

Im Jahre 940 stärkte König Otto I. die Bedeutung der neuen Herrensitze, indem er einen Burgbann erließ. Dieser Bann galt für das Territorium einer Burg und verpflichtete die dort lebende Bevölkerung, in Frondiensten die Burg zu erbauen, mit dem Burgherrn in den Kampf zu ziehen und Abgaben zu leisten. Im Gegenzug musste der Burgherr seinen Untertanen im Falle eines Angriffs Zuflucht hinter seinen Burgmauern gewähren.

› Zwischen Bering und Palas

Im 12./13. Jh. erlebten die Burgen einen Boom. In dieser Blütezeit des Burgenbaus wurden ältere Anlagen oftmals vergrößert, zahllose neue entstanden. Der Steinbau hatte sich durchgesetzt und sorgte nun für langlebigere Gebäude. Die Idealform einer Burg, gleich in welchem Gelände, ob auf den Höhen oder in der Ebene, prägte sich aus.

Man umgab die Burg mit einem Graben und einer starken Ringmauer, auch Mantelmauer oder Bering genannt. Erschien einem Burgherrn eine Seite seiner Burg besonders gefährdet, ließ er an diesem Abschnitt eine höhere und zusätzlich verstärkte Mauer, die sogenannte Schildmauer, errichten. Wie der Schild eines Ritters schützte nun diese besondere Mauer die Burg aus der am stärksten bedrohten Richtung. Ein Wehrgang auf dem gesamten Bering diente zur Verteidigung. Im Schutz von Zinnen oder Mauern mit Schießscharten, zu denen im Laufe der Zeit die Zinnenkränze oftmals zugemauert wurden, konnten sich die Burgbewohner mit diversen Waffen zur Wehr setzen.

Aber eine Burg diente nicht nur als Wehranlage, sondern sie war auch ständig bewohnt. Die Wohnräume des Burgherren und seiner Familie befanden sich im Palas, der selbstverständlich an der sichersten Stelle erbaut worden war. An diesem Gebäude zeigte sich die größte Pracht, während die Befestigungsanlagen und Wirtschaftsbauten eher zweckmäßig-schlicht und Letztere vor allem preiswert als Fachwerkhäuser errichtet wurden.

Im Palas lag auch – meist in der Höhe des ersten Obergeschosses oder eines erhöhten Erdgeschosses – der große Rittersaal, in dem man sich zu Versammlungen und Festen traf. Dort fanden die Gelage statt; dafür trugen die Knechte und Mägde die Tische, genauer gesagt große Bretter, die man dann auf Böcke legte, in den Saal. Nach dem Schmaus deckte man nicht wie heutzutage den Tisch ab, sondern man »hob die Tafel auf«, d. h. die Diener schleppten die kompletten Tische, die wohl eher wie kulinarische Schlachtfelder aussahen, aus dem Saal.

Der Palas war mit modernstem Komfort der damaligen Zeit ausgestattet: Hier gab es beheizbare Räume und Aborterker. Diesen Luxus genoss die Burgherrenfamilie auch in ihren privaten Gemächern und Schlafkam-

› Rittersaal auf der Burg Eltz

mern, den Kemenaten. Bei kleineren Burgen lagen die Kemenaten über dem Festsaal, während sie bei den größeren in einem anschließenden Steingebäude untergebracht waren.

Die Gestaltung der unbedingt erforderlichen Burgkapelle war von der Größe der Anlage abhängig: Bei Platzmangel beschränkte man sich auf einen Altarerker am Rittersaal, bei mehr Raum reichte es für einen eigenen kleinen Kapellenraum im Palas. Auf einer großen Burganlage erhob sich ein selbstständiger Kapellenbau in direkter Nähe zum Palas.

Von größter Bedeutung war die Versorgung einer Burg mit Trinkwasser, was bei Höhenburgen oftmals mühsame Bauarbeiten zur Folge hatte. Bis zu 110 m tiefe Brunnenschächte mussten durch den felsigen Untergrund gehauen und gegebenenfalls ausgemauert werden, um an das lebensnotwendige Nass zu gelangen. War es nicht möglich, das Grundwasser oder Quellen anzuzapfen, legte man Zisternen in Form von unterirdischen Kammern an, in denen dann das Regenwasser, das man an verschiedenen Stellen des Geländes auffing, gesammelt wurde. Wasserleitungen zu Burgen legte man erst ab dem 16. Jh.

› Neu in Mode bei den Herrschaften: Schlösser

Im Verlauf des 15. Jhs kamen die ersten Schlösser auf und begannen, die Burg als Wohnsitz des Adels abzulösen. Als Trendsetter wirkten hier die Baumeister und ihre Auftraggeber in Italien und Frankreich, wo entsprechende Paläste im Stil der Renaissance in den Städten, aber auch auf dem Lande entstanden.

Die große Blütezeit des Schlossbaus fiel in das 17. und18. Jh., als überall – und nun auch auf deutschem Boden – barocke Schlösser gebaut wurden. Jeder Landesherr wollte dem großen Vorbild nacheifern: dem französischen König Ludwig XIV. und seinem Schloss in Versailles. Repräsentation mit größter Prachtentfaltung entsprach dem Selbstverständnis des Sonnenkönigs, und die übrigen Herrscher in Europa entwickelten ähnliche Vorstellungen. Ein wahrer Wettbewerb unter den Fürsten setzte ein, und die besten Architekten ihrer Zeit wurden zu sehr gefragten Männern. Dazu zählten auf den deutschen Schlossbaustellen u. a. Balthasar Neumann in Würzburg, Johann Leonhard Dientzenhofer in Bamberg oder Johann Conrad Schlaun in Brühl.

Wenn es das Gelände erlaubte, errichtete man einen dreiflügeligen Schlossbau, der einen Hof umgab, den man Ehrenhof oder – da wie in vielen anderen Dingen auch bei der Sprache das Französische als Vorbild galt – *cour d'honneur* nannte. Das Hauptgebäude des Schlosses, das *corps de logis,* diente nicht nur zum Wohnen, wie es die französische Bezeichnung vermuten lässt, sondern vor allem der Repräsentation. Im Gegensatz zu einer Burg und ihrem Palas kamen die Herrschaften beim Schloss oftmals nicht mehr mit nur einem Festsaal aus. Selbstverständlich gab es einen aufs Prunkvollste ausgestatteten Saal im Obergeschoss des *corps de logis.* Dazu gehörte aber meist auch noch ein Vorsaal, in dem die geladenen Gäste warteten, bis sie im großen Festsaal empfangen wurden. Zu diesen prächtigen, mit Marmor, viel Blattgold, Fresken, Gemälden, kostbaren Seidentapeten, Kunstgegenständen und edlem Mobiliar üppig ausgeschmückten Sälen führte ein Treppenhaus, das in seiner Ausstattung dem Festsaal nur wenig nachstand. Hier wurde jedem Besucher von vornherein klargemacht, dass er sich in den Räumlichkeiten eines mächtigen Herrschers befand – und er selbst meist nur eine unbedeutende Kreatur war.

› Architekturideale in Schloss und Park

Die Anforderungen an das herrschaftliche Bauen jener Zeit lassen sich zu zwei Grundsätzen zusammenfassen: Alles sollte möglichst symmetrisch und möglichst prächtig sein. Nicht nur die Schlossgebäude, sondern auch ihre Gärten und Parks wurden stets symmetrisch angelegt. Eine Mittelachse zieht sich dabei durch die gesamte Anlage, die demzufolge aus zwei spiegelgleichen Hälften besteht. Beim Schloss hob man das Hauptgebäude architektonisch hervor, indem man seine Mitte mit noch mehr Aufwand als den Rest gestaltete. Ein Teil des Baukörpers tritt dabei aus der Bauflucht etwas hervor und bildet einen sogenannten Mittelrisalit, der durch Säulen, Pfeiler und Ziergiebel noch zusätzlich herausgehoben wird. In ähnlicher Weise betonte ein Baumeister auch die Gartenseite des *corps de logis.* Bei dieser Bedeutung der Mittelachse ist es auch logisch, dass sich die wichtigsten Räumlichkeiten eines Schlosses, allen voran der Prunksaal, in dessen Mitte befanden.

Diese Rangordnung lässt sich auch im angrenzenden Schlossgarten wiederentdecken, denn die aufwendigsten Elemente liegen auch hier auf der Mittelachse. Dazu gehörten vor allem die großen Wasserflächen mit ihren Wasserspielen. Direkt an das *corps de logis* schließt sich ein Gartenparterre an, eine kunstvolle Anlage von Blumenbeeten und Wegen, die meist von niedrigen Buchspflanzen begrenzt werden. Hier spiegelte sich auch die Freude an Formen und Farben, wie man sie im Inneren eines barocken Schlosses findet, wider.

Doch den Pflanzen wurde keinerlei Wildwuchs gestattet! Alles war Teil eines großen Planes, und die Natur hatte sich bis ins kleinste Blättchen dem Willen des Menschen unterzuordnen. Ganz in diesem Sinne sind auch Heckenwände, die wie grüne Mauern den Garten oder Park gestalten, oder in Form geschnittene Bäume zu verstehen. Betrachtet man das Wegenetz und die Alleen eines Schloss-

› Schloss Pillnitz, eine harmonisch-symmetrische Anlage

parks, besteht kein Zweifel, dass sich der Mittelpunkt im Zentrum des *corps de logis*, im großen Festsaal, befindet.

› Urlaub von der Etikette – das Lustschloss

Auch Könige, Erzbischöfe und andere Landesfürsten benötigten hin und wieder Abstand von den Regierungsgeschäften und dem bis ins kleinste Detail geregelten Leben bei Hofe. Einmal Privatmensch sein, das war dem Herrscher in seiner Residenz kaum möglich. Doch für diesen durchaus berechtigten Wunsch gab es einen besonderen Ort, nämlich das Lustschloss oder die *maison de plaisance*.

Ein kleines Schlösschen genügte den Ansprüchen im Privatleben vollkommen, und dementsprechend kam man mit weit weniger Räumen aus. Aber trotzdem gab es auch hier allgemein gültige Bauempfehlungen: Der Saal, der in der Residenz im Obergeschoss, in der *bel étage* – der »schönen Etage« – lag, sollte nun im Erdgeschoss seinen Platz finden. Neben einem Gartensaal, den man als Speise- und Festsaal für einen kleinen Kreis Vertrauter und Familienmitglieder nutzte, benötigte man lediglich Schlafräume für sich und auserwählte Gäste sowie den einen oder anderen kleinen Salon.

Im Lustschloss waren Vorsäle und repräsentative Treppenhäuser unnötig, man brauchte weniger Gänge, Flure und Räume für die Dienerschaft. Alles war einige Nummern kleiner als in der Residenz – aber trotzdem im Sinne der gängigen Architekturmode genauso nach dem Prinzip der Symmetrie angeordnet. In der etwas dezenteren Dekoration der Räume bevorzugte man denn auch Motive, die in Verbindung zur Natur, zum Garten oder den Freizeitbeschäftigungen im Lustschloss standen. Pflanzen und Tiere oder Darstellungen der vier Jahreszeiten in Stuck und Gemälden waren sehr gefragt.

Neben der Möglichkeit eines gewissen Privatlebens im engsten Kreise suchte die feine Gesellschaft natürlich auch standesgemäße Zerstreuung. Als Freizeitbeschäftigung bot sich beispielsweise nicht nur für die Herren die Jagd an. Beliebt waren auch Bootspartien auf den Teichen und Kanälen des Schlossparks oder Spiele, Konzerte und Theateraufführungen. Diese mussten nicht unbedingt unter freiem Himmel stattfinden, denn häufig ließ sich ein Schlossherr dafür ein kleines Theatergebäude oder vielseitig zu nutzende Pavillons in seinen Park stellen. Und auch wenn es bei den Herrschaften einmal höchst privat zugehen sollte, konnte man sicher sein, im Lustschloss und seinem Park dafür einen passenden Rahmen zu finden!

› Für die arbeitenden Untertanen

Eine ganze Ansammlung von weiteren, natürlich mit deutlich geringerem Aufwand gestalteten Gebäuden gehört zu einem Residenzschloss. Nahe beim Herrscher hatte die Verwaltung des Territoriums ihren Platz. Dies konnte eine Fürstliche Hofkammer, eine Kanzlei oder ein Rentamt sein, und manchmal beanspruchte auch die Staatskasse ein eigenes Gebäude.

Doch für den alltäglichen Betrieb eines Schlosses brauchte man noch eine Reihe von Wirtschafts- oder Ökonomiegebäuden. Schließlich war die Versorgung einer königlichen Familie und der Hofgesellschaft sehr aufwendig. Eine Schlossküche mit einer Vorratskammer reichte da nicht aus – ein eigenes Gebäude oder ein Anbau für Hofküche und Bäckerei, den Weinkeller und viele Vorratsräume waren oftmals nötig. Zur Kühlung von Speis und Trank im Sommer nutzte man manchmal einen Eiskeller, der als architektonisch interessant gestaltetes Gebäude im Schlosspark stehen konnte, wie zum Beispiel die steinernen Pyramiden am Neuen Palais von Potsdam oder in Rheinsberg.

Selbstverständlich kümmerten sich jede Menge Stallburschen und Reitknechte unter der Aufsicht eines Stallmeisters um die Pferde und Kutschen der Herrschaft, die man sicher im Marstall und der Remise unterbrachte.

› Romantische Leidenschaften

Im 19. Jh. rückten die Burgen und ihre Ruinen wieder verstärkt in das allgemeine Interesse – eine Mode, die von Reisenden aus England auf den Kontinent getragen wurde. Zu den romantischen Schwärmereien über wilde Natur, über schroffe Felsen und Abgründe ebenso wie über liebliche Täler kam noch die Wiederentdeckung und Verherrlichung des Mittelalters.

Die deutsche Landschaft, die all dies verkörperte wie keine andere, war das mittlere Rheintal zwischen Bonn und Bingen, das mit zahllosen Gedichten und Lobliedern bedacht wurde. Ruinen standen hoch im Kurs, denn unzerstörte Burgen gab es hier – mit Ausnahme von Pfalzgrafenstein bei Kaub (s. S. 176 ff.) und der Marksburg (s. S. 165 ff.) – nicht mehr. Die Kriege des 16. und 17. Jhs. mit ihren Kanonen hatten den Burgen große Schäden zugefügt, sodass man sie vielerorts anschließend nur noch als Steinbrüche nutzen konnte.

Doch die Begeisterung für das Mittelalter brachte manchen Burgenliebhaber dazu, sich für den Erhalt der Ruinen einzusetzen. Einige wohlhabende Zeitgenossen kauften nicht nur die Reste der alten Gemäuer, sondern ließen sogar Teile der Burgen wieder aufbauen.

Zu den bedeutendsten Ruinensammlern gehörten die Prinzen der preußischen Königsfamilie, die sich gerade im Rheintal sehr engagierten. 1823 schenkte die Stadt Koblenz dem Kronprinzen Friedrich Wilhelm – später als König Friedrich Wilhelm IV. auch »Romantiker auf dem Thron« genannt – die Ruine der Burg Stolzenfels (s. S. 173 ff.). Daraus sollte in den nachfolgenden Jahren ein prächtiges neugotisches Schloss nach englischen und italienischen Vorbildern werden. 1834 kaufte Friedrich Wilhelm gemeinsam mit seinen Brüdern die ruinöse Burg Sooneck am Rhein, und die Herren verwandelten sie in ein nobles Jagdschlösschen.

Die Liebe zu Burgruinen ging im 19. Jh. sogar so weit, dass man nach dem Ausverkauf aller zur Verfügung stehender Originale damit begann, künstliche Ruinen in Schlossparks zu errichten. Vom Schlosspark in Wiesbaden-Biebrich bis zum Ruinenberg in den Parkanlagen von Potsdam findet man noch Zeugnisse dieser romantischen Leidenschaft. Auch die Löwenburg auf der Kasseler Wilhelmshöhe (s. S. 113 ff.) ist ein solches Beispiel. In England war diese Mode bereits in der zweiten Hälfte des 18. Jhs. aufgekommen; seitdem gehörten zu den verschiedenen Gebäuden, die in einen Landschaftspark gesetzt wurden, auch Ruinen, die vergangenen Zeiten wie dem Mittelalter oder auch der Antike huldigten. Etwas Exotisches in seinen Park zu setzen, galt als äußerst schick.

› Schloss- und Burgenbau der Moderne

Auch in der heutigen Zeit beschäftigen sich Architekten und andere Bauspezialisten mit Schlössern und Burgen. Dabei geht es nicht unbedingt nur um Fragen der Absicherung ruinöser Gebäude, des Denkmalschutzes oder einer geeigneten neuen Nutzung. Nach den Zerstörungen des Zweiten Weltkriegs, teils auch noch viel später, wurden einzelne historische Anlagen zu großen Teilen wieder rekonstruiert, wie z. B. das ehemalige Residenzschloss der Fürstbischöfe in Münster. Das Äußere des Hauptgebäudes wurde dabei ganz nach dem historischen Vorbild renoviert, während das umgebaute Innere den Anforderungen einer modernen Universität genügt.

Auch für das 21. Jh. steht noch ein vieldiskutierter Wiederaufbau an: Das 1950 abgerissene Berliner Stadtschloss, die einstige Residenz der preußischen Könige und deutschen Kaiser, soll neu errichtet werden; in welchem Ausmaß dabei Historisches wiedererstehen soll, ist noch nicht ausdiskutiert. Ebenso bleibt die Frage offen, wann das vom Deutschen Bundestag beschlossene Projekt in die Tat umgesetzt werden kann. Die Finanzierung ist das große Problem, aber trotzdem sprechen Optimisten davon, dass das neue Schloss etwa im Jahr 2015 fertiggestellt sein könnte.

Warum ist eine Burg so wehrhaft?

› Optimal die Landschaft genutzt

Schon mit der Wahl des Bauplatzes konnte der Burgherr seinen potenziellen Feinden einen späteren Angriff erschweren: Im Gebirge setzte man die Burg möglichst auf einen Gipfel oder an einen schwer zugänglichen Hang, um so die Vorteile des Geländes für eine Höhen- bzw. Hangburg zu nutzen. Im Flachland war dagegen eine Burg, die man durch einen oder mehrere breite Wassergräben schützen konnte, die ideale Lösung. Solch eine Niederungsburg, aber auch die Höhenburg umgab man stets mit mindestens einer Ringmauer.

Beim Bauen im Bergland war es in der Regel leichter, das Baumaterial zu beschaffen, denn manches fiel schon bei den vorbereitenden Arbeiten auf dem Bauplatz an. Wurde zur Sicherung ein Graben angelegt, um den Zugang vom Hang besser zu schützen, konnte man das herausgebrochene Gestein gleich für die Mauern der Burg weiterverwenden. Auch Bäume, die im Weg standen und abgeholzt werden mussten, verarbeitete man gleich auf der Baustelle für die weitere Nutzung.

› Von Ringmauern und Zwingern

Mehr als nur eine gewöhnliche Mauer ist die Ringmauer (Bering) einer Burg. Mit einer Reihe von Details wie Wehrgängen, Zinnen und Schießscharten war sie ganz und gar für die Verteidigung der Burg ausgelegt. Ihre empfindlichste Stelle war das Burgtor, das

> Die Veste Coburg, so wehrhaft wie dauerhaft, wurde nie erobert

deshalb durch weitere Maßnahmen gesichert werden musste. Dazu umgab man das Tor mit einem Gebäude, aus dem Angreifer gut zu beschießen waren. Selbstverständlich hatte die Burgmannschaft vorher die Zugbrücke hochgezogen und das Fallgatter heruntergelassen, das die hölzernen Torflügel mit ihren Eisenbeschlägen zusätzlich schützte.

War es den Feinden dann doch gelungen, das Hindernis Burgtor zu überwinden, befanden sie sich erst einmal in einem Zwinger. Durch diesen Bereich zwischen zwei Wehrmauern und einem nächsten Tor mussten sich die Eindringlinge ohne Deckung durchschlagen. Die Burgbewohner standen dagegen im Schutz von Mauern und Zinnen oder an den Schießscharten des Torbaus und konnten so die ungebetenen Gäste von verschiedenen Seiten unter Beschuss nehmen.

› Von Wehrerkern und Pfefferbüchsen

Aber auch außerhalb der Tore war es für einen Eindringling nicht leicht, die Ringmauer zu überwinden. An die buckeligen Steine der schützenden Mauern ließen sich nur sehr schlecht Leitern anlegen, um an einer anderen Stelle in die Burg zu klettern. Selbst fern von gut geschützten Toren und Türmen konnten die Verteidiger aus einer sog. Pfefferbüchse heraus schießen, einem kleinen Türmchen, das wie ein Erker aus dem Bering herausragte. So konnten die Burgbewohner das Vorfeld der Burg überblicken und sich von der Seite gegen Feinde an der Burgmauer wehren. Über den Eingängen, Burgtoren oder an Türmen hielt man sich zusätzlich mit Wehrerkern die unerwünschten Zeitgenossen vom Leibe: Durch ein Loch in deren Boden wurde heißes Öl oder Wasser auf die Köpfe der Angreifer geschüttet.

› Letzte Abwehr vom Bergfried

Waren die Angreifer dann doch in den innersten oder obersten Burghof gelangt, blieb den Bewohnern als allerletzte Rückzugsmöglichkeit und finaler Schutz nur noch der Bergfried. Dieser mächtige Turm eignete sich nicht zum ständigen Bewohnen, da er sehr eng war und nur wenig Platz bot.

In der üblichen Abfolge nutzte man sein unterstes Geschoss mit den dicksten Mauern, die bis zu 4 m mächtig sein konnten, als Verlies. Dazu benötigte man keinen eigenen Eingang von außen, was die Sicherheit natürlich erhöhte. Der Gefangene wurde einfach durch eine Öffnung im Boden des ersten Turmgeschosses, das sogenannte Angstloch, in diesen Kerker geworfen. Im ersten Obergeschoss, das in einer Höhe von 6 bis 12 m über dem Burghof lag, befand sich der Zugang zum Bergfried, den man nur über eine Leiter erreichte. Auf dieser Etage wurden die Wachen einquartiert, während die Räume darüber der Familie des Burgherrn als Zuflucht dienten. Der oberste Boden des Bergfrieds diente als Wehrplatte, von der man sich im Schutz von Zinnen, Ecktürmen oder auch Pfefferbüchsen verteidigte.

Ein Schloss, viele Zimmer

60, 70 und mehr Zimmer auf einer Schlossetage, rund 200 Räume in einer Residenz – und alle wurden gebraucht.

› Repräsentation in jedem Winkel

Wenn auch in einem Schloss überall aufwendige Ausstattung zu finden ist, so erreicht sie doch im *corps de logis*, dem Hauptgebäude des Schlosses, ihre größte Üppigkeit. Hier liegen die Prunk- und Paraderäume, die allesamt noch im Sinne einer Steigerung aufeinander bezogen sind, das heißt alle Pracht gipfelt in dem großen, meist über zwei Geschosse reichenden Festsaal. Nur wenig bescheidener wurde der Weg dorthin durch das Treppenhaus und einen Vorsaal gestaltet. Heutigen Betrachtern fällt das geringe Schwinden von Pracht inmitten der barocken Üppigkeit wahrscheinlich kaum auf, aber für den Zeitgenossen des 17./18. Jhs. waren da schon feine Unterschiede zu erkennen.

Um Nuancen schlichter als der große Festsaal mussten die kleineren Säle gestaltet sein, wie zum Beispiel ein Gartensaal oder ein Speisesaal. In einem Thronsaal durfte natürlich auch an nichts gespart werden und kein kleineres Audienzzimmer durfte einen Festsaal übertrumpfen. Für alle diese hoch offiziellen Räumlichkeiten gab es Vorzimmer, wo der gemeine Gast warten durfte, bis die Hoheiten zu empfangen geruhten. Paraderäume für allerhöchste Besucher, wie Kaiser und Könige, musste ein Landesfürst beim Bau seines Schlosses ebenfalls berücksichtigen. Dabei handelte es sich selbstverständlich nicht nur um einzelne Räume, sondern um fürstliche Appartements mit fast allen Zimmern, die auch der Hausherr für seinen Alltag benötigte.

› Halb öffentliche Privatgemächer

Durchwandert man die Räume eines Schlosses, fällt auf, dass man in der Regel von einem Zimmer in das nächste gelangt, ohne über einen Flur zu gehen. Eine solche Raumfolge ist typisch für das barocke Schloss, sie kam Mitte des 17. Jhs. in Frankreich in Mode. Diese Folge, eine sogenannte *enfilade* – französisch für Aufreihung – bedeutet, dass die Türen alle in einer Achse liegen. Somit kann man, wenn sie alle geöffnet sind, durch ein ganzes langes Stockwerk schauen. Mit diesem architektonischen Trick wirkt die ganze Anlage noch größer.

Im Alltag bedeutete das, dass man durch mehrere Räume gehen musste, um ein bestimmtes Gemach zu erreichen. Dabei blieb es nicht aus, dass man hin und wieder jemanden störte, denn schließlich wurden die Zimmer genutzt. Bevorzugt wurden die Räumlichkeiten mit den Kabinetten, Salons oder privaten Zimmern des Schlossherrn und seiner Gemahlin in Form einer Enfilade aneinandergereiht.

Die große Zahl der privaten Zimmer in einem Schloss ergibt sich daraus, dass sie fast alle doppelt vorhanden sind. Schließlich brauchte man einen eigenen Wohnflügel für den Schlossherrn und auf der anderen Seite der Prunksäle denjenigen der Damen. Und die Herrschaften benötigten mehr als nur ein Schlafzimmer und einen Salon als privates Wohnzimmer! Da gab es das Arbeits- oder Schreibkabinett, daran anschließend vielleicht eine Bibliothek. Ein Musikzimmer für die private Hausmusik war eingerichtet, für die Zerstreuung beim Karten- oder Brettspiel gab es ein Spielzimmer mit edlem Mobiliar, wie Spieltischchen aus seltenen Hölzern mit aufwendigen Einlegearbeiten.

Die Sammelleidenschaft (s. S. 22 f.) füllte wiederum andere Räumlichkeiten: ein Jagdzimmer mit Trophäen und Bildern erlegter Tiere oder Jagdszenen, Salons mit besonders kostbarer Ausstattung. Groß in Mode und höchst standesgemäß waren z. B. private Porzellan- und Fayencen-Kollektionen. Spiegelkabinette, Galerien mit Gemäldesammlungen zu bestimmten Themen wie der Jagd, den Helden der Antike und natürlich auch die Ahnengalerie gehörten ebenso zur standesgemäßen Ausstattung eines Schlosses.

Für das Privateste, das Schlafen, gab es meist auch nur ein Durchgangszimmer in der Enfilade. Aber mit einem einzigen Raum kam man hierbei auch nicht aus: Ein zusätzliches Ankleidezimmer und eine kleine Kammer nebenan für den Leibdiener, der bereitstehen musste, wenn Seine Hoheit einen Wunsch oder Befehl äußerten, waren das Mindeste. Sehr anspruchslos waren die Herrschaften dagegen,

› Prunkvolle Raumfolgen in Schloss Friedenstein in Gotha

wenn es um die Hygiene ging. Badezimmer bzw. ihre Vorläufer findet man sehr selten in einem Schloss, höchstens sehr diskret versteckt ein Mini-Räumchen – aber das wenigstens nicht in der Enfilade!

Ein ähnliches Raumprogramm von Salons, Schlafzimmern, Dienerkammern gab es für die Gäste. Und man musste immer auf umfangreicheren Besuch eingerichtet sein, denn wer als Gast in ein Schloss kam, pflegte selbstverständlich nie allein zu reisen.

Küchengeschichten

› Von Herren- und Bauernspeisen

Die Standesunterschiede, die das Alltagsleben im Mittelalter und lange Zeit danach prägten, waren selbst für die Kochtöpfe und den Backofen gültig. Bereits beim Brotgetreide gibt es wesentliche Unterschiede: Während die feinen Herren natürlich Brot aus Weizenmehl auf ihrer Tafel erwarteten, holte die Bäuerin Hafer- oder Roggenbrot aus dem Ofen. Auch Getreidebreie gehörten auf dem Bauernhof zur Grundnahrung.

Fleisch kam meist nur an Sonn- und Feiertagen auf den Tisch, auch wenn man selber Vieh hielt. Doch dieses gehörte meist dem Herrn, dessen Bauernhof man nur bewirtschaftete. Die Tiere mussten als Naturalabgaben abgeliefert werden, Eier, Milch und Milchprodukte durfte die Bauernfamilie dagegen für ihren Bedarf nutzen.

Die herrschaftliche Fleischküche kannte in jener Zeit eine erstaunliche Vielfalt, besonders beim Geflügel. Nicht nur Wildvögel wie Wachteln, Rebhühner, Fasane, Reiher, Kraniche oder Wildenten kamen auf den Teller, auch Drosseln, Kiebitze und Sperlinge konnten dort landen, ebenso das Wild, das fast nur in der Küche des Adels verarbeitet wurde – schließlich war die Jagd ein Privileg der obersten Gesellschaftsschicht.

Lukullischer Luxus in diesen Kreisen waren Gewürze aus fernen Ländern, zum Beispiel Pfeffer, Zimt, Muskat, Ingwer oder Safran. Der einfache bäuerliche Speiseplan kam mit den heimischen Kräutern aus dem Garten und dem Wald aus.

› Herzstück jeder Burgküche – hier auf Burg Eltz – war die Feuerstelle

› Essen nach und außerhalb der Saison

Obst und Gemüse gab es damals nur zur Erntezeit in frischer Form. Dem vergleichsweise üppigen Speisezettel im Sommer und Herbst stand die magerere Zeit des Winters und Frühlings gegenüber, in der man sich weitgehend von den Vorräten ernährte.

Von großer Bedeutung waren deshalb die verschiedenen Möglichkeiten, Lebensmittel zu konservieren. Im Mittelalter nutzte man das Trocknen, das Einsalzen oder Pökeln und das Räuchern. Magere Fleischsorten und Fische trocknete man ebenso wie Hülsenfrüchte und Obstsorten (Kirschen, Äpfel, Birnen, Pflaumen, Weintrauben). Fettes Fleisch und Würste, aber auch manche Fische ließen sich durch Räuchern am besten konservieren.

Selbst beim Fleisch bestimmte der Jahreslauf den Küchenzettel. Rinder, Schweine und Schafe wurden bevorzugt im Oktober und November geschlachtet: Zum einen ersparte man sich die Futtervorräte für den Winter, zum anderen waren in der kühleren Jahreszeit die Bedingungen für die Fleischverarbeitung besser. So erklärt sich auch, dass zum Martinstag (11. November) das Wirtschaftsjahr begann und die Bauern deshalb Anfang November, in den ersten kalten Tagen, ihre Naturalabgaben, d. h. Schlachtvieh und Geflügel, an ihren Herrn abliefern mussten. Die heute noch gepflegte Tradition des Martinsgans-Essens stammt aus dieser Zeit.

› Ein Festtagsschmaus

Viele Menüfolgen von großen Banketten und Rittergelagen sind durch Kochbücher aus dem späten Mittelalter und detaillierte Beschreibungen von Festen und Staatsempfängen überliefert.

Mit diesen Festessen wurde manches Mal ein solch unglaublicher Aufwand getrieben, dass sich sogar einige Landesherren genötigt sahen, per Gesetz festzulegen, wie viele Gänge bei einem Festschmaus serviert werden durften. So bestimmte König Philipp III. von Frankreich 1279, dass ein Essen nicht mehr als drei Gänge haben solle. Mit knurrendem Magen wird danach dennoch niemand von der Tafel aufgestanden sein, denn ein Gang konnte damals mehrere, bis zu zehn verschiedene Speisen umfassen – so viele eben, wie das Personal auf einem Gang von der Küche zur Tafel schleppen konnte!

Abwechslung war bei den Banketten selbstverständlich garantiert. Ein Blick auf die Speisekarte eines Festessens, das der Magistrat der Stadt Weißenfels 1303 zu Ehren des Bischofs Benno von Zeitz gab, zeigt dies. Man servierte Eiersuppe mit Safran, Pfefferkörnern und Honig, Hirsegemüse, Schaffleisch mit Zwiebeln, gebackenes Huhn mit Zwetschgen, Stockfisch mit Öl und Rosinen, gerösteten Bückling mit Leipziger Senf, sauer zubereitete Fische, gebackene Barben, in Schmalz gebratene kleine Vögel mit Rettich und Schweinskeule mit Gurken. Süßes Gebäck und Süßspeisen aus gekochtem Obst bildeten den Abschluss des feudalen Menüs.

Vom Burggärtchen zum Landschaftspark

Praktisches zur Selbstversorgung und fürs Wohlbefinden

Schon unter der Herrschaft Karls des Großen im frühen 9. Jh. machte man sich Gedanken um die Nutzpflanzen auf dem Feld und im Garten. Aus dieser Zeit sind die ersten Kloster- und Burggärten mit ihren Beständen an Bäumen und Kräutern überliefert.

Während die Mönche eines Klosters selten mit Platzmangel für ihren Garten zu kämpfen hatten, konnte dies für Bewohner einer Höhenburg zum Problem werden. Trotzdem musste es auch dort einen Heilkräuter- und Gemüsegarten geben, denn in Kriegs- und Belagerungszeiten konnte nur das in den Topf wandern, was innerhalb der eigenen Mauern wuchs. Zu einem Burggarten gehörte gewöhnlich ein »Wurzgarten« mit Heilkräutern, Gewürz- und Gemüsepflanzen sowie ein Blumengarten, in dem man die Farben und Düfte genießen konnte.

Im späten Mittelalter wurden – wenn es irgend möglich war, den wehrhaften Charakter der Burg aufzugeben – die Nutzgärten zur Selbstversorgung zunehmend in Blumengärten umgewandelt. Die Freude an der Blütenpracht allein war jedoch nicht der Grund dafür: Der Symbolgehalt der Pflanzen war den Menschen sehr bewusst, und sie schätzten sie deshalb noch mehr. So standen Blumen wie Rosen und Lilien, die mit der Muttergottes in Verbindung gebracht wurden, besonders hoch im Kurs. Und was wäre der Minnegesang gewesen ohne seine Sprache »durch die Blume«?

Repräsentative Pflanzenpracht

Bei den italienischen Schlossherren der Renaissance kam es im ausgehenden 15. und im 16. Jh. in Mode, einen Garten als Kunstwerk zu betrachten, so wie man es schon in der Antike getan hatte. Terrassengärten mit Wasserspielen entstanden, deren Wege mit exakt geschnittenen, Schatten spendenden Hecken oder Pergolen – von Wein, Glyzinien oder Geißblatt umrankt – betont wurden. Statuen von Göttinnen und Helden der Antike zierten solche Gärten zusätzlich.

Im 17. Jh. wurde in Frankreich der Schlosspark von Vaux-le-Vicomte zum Vorbild für die Gartenbaukunst. Der Sonnenkönig Ludwig XIV. war einerseits so fasziniert und andererseits so neidisch auf den Bauherrn Nicolas Fouquet, der hier Prächtigeres geschaffen hatte, als er selbst besaß, dass er Fouquet nach dem rauschenden Einweihungsfest 1661 verhaften und bis an sein Lebensende einkerkern ließ. Den Gartenarchitekten André Le Nôtre, der das Meisterwerk gestaltet hatte, warb er gleich für seine Großbaustelle in Versailles ab. So wurde nicht nur Ludwigs Sommerresidenz vor den Toren von Paris, sondern auch der zugehörige Schlosspark zum Vor-

› Vollendet barockes Gartenparterre von Schloss Augustusburg bei Brühl

bild für Architektur und Gartenkunst in Frankreich und in ganz Europa.

Die barocke Gartenarchitektur unterstreicht die Einheit von Schloss und Schlosspark. Man muss beides zusammen betrachten, denn die Mitte des Schlosses mit dem Prunksaal des Herrschers ist auch der Punkt, in dem alle Achsen und Alleen das Gartens zusammenlaufen. Der Schlossherr kann sich so als Mittelpunkt verstehen, und umgekehrt reichen die Achsen über den Park hinaus ins scheinbar Unendliche – so wie es dem Weltbild eines absolutistischen Herrschers entsprach.

Die Flächen, die sich direkt an das Versailler Schloss anschließen, gestaltete Le Nôtre mit einem Parterre (franz. »am Boden«), mit niedrig gehaltenen Blumenbeeten in kunstvollen geometrischen Formen. Vom Festsaal und den anderen Räumen des *corps de logis* aus betrachtet, setzte sich hier das üppige Dekor des Schlosses in Form von Pflanzen fort. Wasserbecken, Wege mit Skulpturenschmuck und weitere Parterres bilden, streng symmetrisch angeordnet, den nächsten Bereich. Dessen äußerer Rand wird durch kunstvoll geschnittene Hecken, Bäume oder Pergolen besonders herausgehoben. Auf diesen Abschnitt folgt in der Regel ein Wald, den ein exakt geplantes Wegenetz durchzieht.

› Der Englische Landschaftspark

Die strenge geometrische Ordnung wurde ab der Mitte des 18. Jhs. allmählich von einer neuen Mode abgelöst: In England fand man inzwischen mehr Gefallen an Landschaftsparks, zu deren namhaftesten Gestaltern Lancelot Capability Brown zählt. Auf den ersten Blick sehen solche Parks aus, als hätte man kaum in die Natur eingegriffen. Doch der Schein trügt! Auch der so natürlich wirkende Wechsel von Rasenflächen und Baumgruppen stammt von der Hand eines Gärtners.

Sammelleidenschaften

Das Kabinett

Sammeln galt für die Herrschaften als standesgemäßes Hobby und wurde mit großem Eifer betrieben, da wertvolle Kollektionen den repräsentativen Wert des Schlosses noch steigern konnten. Eigene Räume waren dafür vorgesehen, die sogenannten Kabinette. Sie waren kleiner und intimer als die allgemeinen Prunkräume. An den Wänden ließen sich Gemäldesammlungen anbringen oder in kunstvollen Regalen kostbare Porzellangegenstände aufstellen.

Kleinformatige Schätze bewahrte man in den Kabinettschränken auf. Schon diese Schränke waren Kunstwerke, wahre Meisterstücke der Tischlerkunst, mit unzähligen Fächern und Schubladen ausgestattet und innen wie außen verschwenderisch verziert. Einlegearbeiten aus kostbaren Materialien, beispielsweise aus Ebenholz, Mahagoni und Perlmutt, sowie feinste Schnitzereien umgaben die Raritäten eines Naturalienkabinetts oder einer kleinen, wertvollen Kunstsammlung.

In einem solchen intimen Raum ließen sich einst Fürsten und Könige von ihren Räten informieren und unterweisen. Den Kreis der engsten Berater und Vertrauten des Regenten nannte man nach dem Ort der nichtöffentlichen Versammlungen das »Geheime Kabinett« oder auch nur »Kabinett« – ein Begriff, der sich bis heute, bis in demokratische Regierungsformen hinein, gehalten hat.

Der Hang zum Exotischen

Kunst aus fernen Ländern war, vor allem als im späten 17. Jh. die Chinamode aufkam, an jedem europäischen Fürstenhof zu finden. Das chinesische Porzellan war besonders begehrt. Wer sich die weit gereisten kostbaren Originale nicht leisten konnte, schmückte seine Räume mit Fayencen, die das wertvollere Vorbild kopierten. Natürlich war auch hierbei der Sonnenkönig

› Porzellankabinett im Berliner Schloss Charlottenburg

Ludwig XIV. Vorreiter, als er 1670/72 ein kleines Versailler Lustschloss mit Fayencen im chinesischen Stil schmücken ließ. Nach der europäischen Erfindung des Porzellans 1710 in der Albrechtsburg zu Meißen (s. S. 142 ff.) wurde das weiße Gold zum beliebten Sammelobjekt, wobei auch hier die Chinoiserien – nach deutschem Verständnis – einen großen Anteil hatten.

› Pflanzen aus aller Welt

Die Sammelleidenschaft an den Höfen machte aber auch vor größeren Dingen nicht Halt. Pflanzen aus anderen Klimazonen, wie Orangen- und Zitronenbäumchen, Hibiskuspflanzen oder Granatapfelsträucher, standen hoch im Kurs. Im Sommer konnten die empfindlichen Gewächse in Kübeln draußen aufgestellt werden, doch im Winter mussten die an das milde mediterrane Klima gewöhnten Pflanzen geschützt werden. So erfand man für sie die Orangerien als frostgeschützte Winterquartiere. Solche Orangerien waren jedoch weit mehr als nur Gewächshäuser: Sie ließen sich bei Bedarf in ein Gartenhaus oder einen Festsaal verwandeln.

Mit der Verbreitung der englischen Landschaftsparks im späten 18./19. Jh. setzte sich die Mode durch, Gärten und Parks mit großen exotischen Bäumen aus aller Herren Länder zu schmücken. Möglichst große und alte Mammutbäume, Magnolien und andere prächtige Gewächse wurden zu neuen Statussymbolen.

› Tempel von chinesisch bis römisch

Andere begehrte Objekte fürstlicher Sammelleidenschaft waren exotische Gebäude, die man in den Schlosspark setzen ließ. Ein Tempelchen reichte dabei selten aus – je nach Platzangebot und Finanzmitteln sollte möglichst ein ganzes Sortiment an Gebäuden in den Park gestellt werden.

Dazu gehörten zu Zeiten der Chinamode asiatisch anmutende Gebäude, wie zum Beispiel das Chinesische Teehaus in Sanssouci (s. S. 69 ff.), das chinesische Dorf in Kassel-Wilhelmshöhe oder die Pagodenburg im Nymphenburger Schlosspark (s. S. 215 ff.). Auch Orientalisches war gefragt, wie die Moschee im Schwetzinger Park zeigt (s. S. 182 ff.).

An antik wirkenden Gebäuden hatten die Herrschaften ebenso ihre Freude. So entstanden beispielsweise die Römischen Bäder in Sanssouci. Aus England gelangte mit den Landschaftsparks auch die neue Mode der künstlichen Ruinen auf den Kontinent. Neu-Mittelalterliches entstand, wie z. B. die Löwenburg auf der Kasseler Wilhelmshöhe (s. S. 113 ff.) oder die Moosburg im Schlosspark von Biebrich bei Wiesbaden.

Aber auch Neu-Antikes ließen sich die Schlossherren gern in ihre Parks setzen, wie noch heute der Merkurtempel und die Ruine einer römischen Wasserleitung im Schwetzinger Schlossgarten zeigen. Ein oder mehrere Tempelchen gehören seitdem zur unverzichtbaren Grundausstattung eines jeden Schlossparks, mag er auch klein und bescheiden sein.

Freud und Leid eines Burg- und Schlossbesitzers

Wer hat nicht schon einmal davon geträumt, Prinzessin oder Ritter zu sein oder ein Schloss bzw. eine Burg sein Eigen zu nennen? Auf den ersten Blick ist es natürlich großartig, ein solches Gebäude zu besitzen – sofern es bestens renoviert und mit zeitgemäßem Komfort ausgestattet ist. Aber es gibt auch andere Seiten!

›› Fürst Sayn-Wittgenstein, war es nicht eine fürchterliche Last für Sie und Ihre Frau, mit einem solchen Familienerbe, einer Burg- und einer Schlossruine, geschlagen zu sein?

›› Oft werde ich gefragt, was mich bewogen hat, 1975 ein geordnetes Leben als Banker in München aufzugeben und mit meiner Frau und damals zwei Kindern nach Sayn zu ziehen. Uns erwartete ein defizitärer landwirtschaftlicher Betrieb mit einer Trümmerlandschaft an historischen Gebäuden. Die Burg war bereits im Dreißigjährigen Krieg zerstört worden und schlummerte zugewuchert in einer Art Dornröschenschlaf. Das erst 1850 völlig umgebaute Schloss am Fuß des Burgbergs zerstörte eine misslungene Brückensprengung durch deutsche Soldaten kurz vor Ende des Zweiten Weltkriegs; es verfiel von Jahr zu Jahr mehr zu einer hässlichen Ruine. »Sayn oder nicht Sayn« wurde für uns zur Frage – wir entschieden uns für Sayn.

›› Fast jeder Burgbesitzer klagt über die hohen Unterhaltskosten seines historischen Gemäuers. Sie besitzen eine Burg und dann bauen Sie noch ein komplettes Schloss wieder auf? Wie schafft man das finanziell?

›› In unserem Fall war es einfach unumgänglich, nach der Revitalisierung der Burganlage auch an den Wiederaufbau des Schlosses zu gehen. Um unseren durch verschiedene Kriege sehr zerstörten Sayner Denkmalbesitz zu retten, mussten wir alles auf eine Karte setzen, auf den Kulturtourismus. Jahrzehntelang klaffte die Schlossruine wie eine hässliche Wunde in der mit be-

› Fürstin Gabriela, Fürst Alexander mit Falkner Manfred Bröhldick

sonderen Kulturstätten reich gesegneten Denkmallandschaft von Sayn. Der ausgeprägte Wille zum Wiederaufbau des Schlosses war also da. Es musste noch der Weg gefunden werden, die finanzielle Hürde zu meistern. Dabei hat uns das Land Rheinland-Pfalz sehr wesentlich geholfen. Im Gegenzug haben wir uns verpflichtet, das Schloss einige Jahrzehnte lang zum Großteil einer öffentlichen Nutzung zuzuführen. So konnten die Kosten des Wiederaufbaus bewältigt werden. Die Nutzung mit Museum, Restaurant und Veranstaltungsräumen hilft, die täglichen Kosten zu tragen. Das Modell kann man als gelungene Public-Private-Partnership bezeichnen.

›› Welche Summen waren nötig für die Renaissance Ihres Schlosses?

›› Rund 15 Mio. DM, also 7,5 Mio. Euro, hat der Wiederaufbau gekostet.

›› Wurde das Schloss originalgetreu wieder aufgebaut?

›› Äußerlich wurde weitgehend das sehr romantische Bild von 1850 wiederhergestellt. Im Inneren findet man eine gelungene Kombination von alten Elementen und moderner Architektur, von Räumen, die heutigen Nutzungs- und Komfortansprüchen genügen, und den fürstlichen Salons mit wertvollen Möbeln und Gemälden.

›› Wie wird das Schloss genutzt?

›› Etwa ein Drittel des Gebäudes belegt das Rheinische Eisenkunstguss-Museum mit einem schönen Museumsshop und der Touristinformation der Stadt. Darüber liegen die Seminarräume der Europäischen Wirtschaftsakademie Demos. In der Beletage des Parkflügels zeigen wir die Fürstlichen Salons, die vom darunter liegenden Schlossrestaurant bei Feiern und Veranstaltungen mitbewirtschaftet werden können. Ein Highlight ist die neugotische Schlosskapelle mit ihrem »goldenen Altar«, in dem das kostbare mittelalterliche Armreliquiar der hl. Elisabeth ausgestellt ist. Zu einem Besuch des Schlosses gehört aber auch ein Rundgang durch den Schlosspark mit seinem berühmten Garten der Schmetterlinge und der Aufstieg zur Burg mit Falknerei und Burgschänke über den Rheinsteig.

›› Damit sind Sie und Ihre Frau nun zu Museumsdirektoren und Restaurantchefs geworden – also zu Tourismus-Managern?

›› Uns macht es viel Freude, eine ständig wachsende Zahl an Besuchern in unseren verschiedenen Sehenswürdigkeiten zu begrüßen. Wir haben dazu beigetragen, dass Sayn einer der attraktivsten Fremdenverkehrsorte am Mittelrhein ist. Das erforderte unseren ganzen Einsatz und wird auch weiterhin Ziel unserer Bemühungen bleiben.

›› Werden Ihre Kinder diese neue Familientradition weiterführen? Studiert eines dafür schon Betriebswirtschaft oder Tourismus?

››Drei meiner Söhne sind Banker. Ich gehe davon aus, dass einer unsere Arbeit fortsetzen kann und will.

Burgen und Schlösser in allen vier Himmelsrichtungen

Die Romantische Straße

Zwischen dem Residenzschloss in Würzburg und Schloss Neuschwanstein bei Füssen vereint eine 350 km lange touristische Route in Nord-Süd-Richtung viele Schlösser, Burgen, bedeutende Kirchen und malerische Altstädte: die Romantische Straße. Dazu gehören, um nur einige Schlösser und Burgen neben den berühmten am Ausgangs- und Zielpunkt zu nennen, das Renaissanceschloss von Weikersheim, das Deutschordensschloss in Bad Mergentheim, das Barockschloss der Fürsten zu Hohenlohe-Schillingsfürst oder die Harburg oberhalb des gleichnamigen Städtchens.

1950, als in Deutschland noch vieles in Trümmern lag, gründete man diese Ferienstraße, u. a. um das schlechte Deutschland-Image nach dem Zweiten Weltkrieg aufzubessern. Besonders die Familien der amerikanischen Besatzungssoldaten, von denen viele deutsche Vorfahren hatten, wollte man so in das Land ihrer Ahnen locken. Die Rechnung ging auf, und die Romantische Straße wurde zu einem beliebten Ziel ausländischer Touristen. Auch die Deutschen konnten sich zunehmend Urlaub leisten und lernten die Ferienstraße ebenso zu schätzen. Da in den 1950er-Jahren viele Bundesbürger noch kein Auto besaßen bzw. die Touristen aus Übersee per Flugzeug anreisten, wurde eine Buslinie entlang der Romantischen Straße eingerichtet. Bis heute existiert diese Verbindung: Der Europabus EB 190 »Romantische Straße« fährt sie täglich vom 2. Mai bis 20. Oktober. Auch Fahrräder können im Bus mitgenommen werden.

Die Burgenstraße

Vier Jahre nach Gründung der Romantischen Straße schlossen sich 1954 die Städte Mannheim, Heidelberg, Rothenburg ob der Tauber, Ansbach und Nürnberg zu einer Arbeitsgemeinschaft zusammen, aus der die Burgenstraße hervorgehen sollte. Die in West-Ost-Richtung verlaufende Burgenstraße verbindet mittlerweile mehr als 70 Burgen und Schlösser, immer wieder schließen sich neue Orte mit interessanten historischen Bauwerken an. Als jüngste Mitglieder kamen Bad Colberg – Heldburg und das »fränkische Rothenburg« Seßlach hinzu, ab 2009 wird u. a. Bad Friedrichshall dazugehören. 1994, zum vierzigjährigen Jubiläum der Burgenstraße, konnte dank der veränderten politischen Lage die Burgenstraße nach Tschechien verlängert werden. Prag wurde zum neuen Endpunkt der Route, die im Laufe der Jahre von ursprünglich 320 km auf fast 1000 km angewachsen ist.

Zu den Höhepunkten der Burgenstraße zählen z. B. das Schwetzinger

› Sonnentempel und Orangerie der Eremitage vor den Toren von Bayreuth

Schloss, das Heidelberger Schloss und die Burgen des Neckartals, darunter die Kaiserpfalz von Bad Wimpfen. Außerdem gehören Nürnberg mit seiner Burg – ebenfalls eine Kaiserpfalz –, Bamberg mit einer Reihe von Schlössern, Coburg und seine große Veste, Kulmbach mit der Plassenburg sowie Bayreuth mit dem Alten Schloss und der Eremitage dazu.

Auf dem weiteren Weg Richtung Cheb/Eger wird dann die Landesgrenze nach Tschechien überquert. Wie schon bei der Romantischen Straße ist es von den Anfängen an und auch heute noch möglich, die Burgenstraße ohne Auto zu bereisen: Während des Sommerhalbjahrs verkehrt täglich ein Linienbus auf der Ferienroute.

› Geschichte live

Beide touristische Straßen bieten weit mehr als nur alte Gemäuer! Viele Veranstaltungen machen Geschichte lebendig. So manches historische Gebäude wird bei Freilichtspielen zur authentischen Kulisse. Mittelalter- und Barockfeste profitieren von der Atmosphäre alter Mauern. Ein klassisches Konzert in einem festlichen Schlosssaal oder bei Kerzenschein auf einer Burg ist ein wahrer Genuss! Altes Brauchtum, wie die Leonhardi-Ritte, Fest- und Trachtenumzüge und die breite Palette der malerischen Märkte vom Mittelaltermarkt über Kunsthandwerker- bis hin zu Viehmärkten, wirkt in solcher Umgebung überzeugend und verspricht eine wunderbare kleine Flucht aus dem Alltag.

Rettung für altes Gemäuer?

Denkmalschutz

Für den einen sind Denkmalschützer mit ihren Meinungen und Forderungen ein rotes Tuch, für den anderen hingegen Retter in höchster Not, wenn es darum geht, ein Denkmal vor dem Verfall zu bewahren. Es ist wirklich eine schwierige Aufgabe, die die Denkmalbehörden zu leisten haben!

Der Unterhalt oder gar die Rettung eines alten Gemäuers werden schnell zum kostspieligen Unternehmen: Die Restaurierungskosten sind meist hoch, da die Arbeiten oft nur von Spezialisten erledigt werden können, die mit den alten ebenso wie mit den neuesten Handwerkstechniken vertraut sind. Auch die Materialien und das passende Zubehör gibt es nicht preisgünstig im nächsten Baumarkt. Die finanzielle Belastung, die der Bauherr und Besitzer eines Denkmals tragen muss, fing in guten Zeiten ein ordentlicher Zuschuss aus der Kasse der zuständigen Denkmalbehörde auf, aber damit ist es wohl erst einmal vorbei.

Einige Stiftungen, wie zum Beispiel die Deutsche Stiftung Denkmalschutz unter Schirmherrschaft von Bundespräsident Horst Köhler, werden durch Spenden, Nachlässe und Stiftungen von Privatpersonen und Gemeinschaften finanziert, die damit praktische Arbeiten zum Schutz bedrohter Denkmäler unterstützen.

Eine ganz neue Geldquelle verdankt der Denkmalschutz den Richtern und Staatsanwälten, die zunehmend auch

› Die Marksburg ist im Besitz der Deutschen Burgenvereinigung

der Rettung historischer Gebäude Bußgelder zukommen lassen, wenn Steuersünder für gemeinnützige Organisationen spenden müssen.

› Die Deutsche Burgenvereinigung

1899 gründete der Architekt und Burgenforscher Bodo Ebhardt die Deutsche Burgenvereinigung e.V. (DBV) als älteste überregional tätige Denkmalschutz-Initiative in Deutschland. Ihr Ziel war und ist es, den Erhalt von Burgen und anderen historischen Wehr- und Wohnbauten zu fördern, aber auch fehlgeplante Restaurierungen zu verhindern.

Der Austausch unter Denkmalinhabern – es müssen nicht unbedingt Burgbesitzer sein –, die Beschäftigung mit der Baugeschichte, Denkmalpflege in Theorie und Praxis und das Kennenlernen des kulturellen Erbes gehören zu den Aktivitäten des Vereines. Hier treffen sich Kunsthistoriker, Architekten, Restauratoren und Museumsleute ebenso wie Eigentümer profaner Baudenkmale, aber auch viele Menschen, die einfach Spaß am Besuch einer Burg oder eines Schlosses haben. Mitglied werden kann jeder – und damit wird man sogar zum Mitbesitzer einer echten Burg (s. S. 165 ff.) im romantischen Mittelrheintal!

› UNESCO-Weltkulturerbe

Nicht nur herausragende historische Gebäude, wie das Brühler Schloss Augustusburg (s. S. 105 ff.) oder der Kölner Dom, können diese Auszeichnung erhalten. Auch ganze Altstädte, so zum Beispiel diejenige von Bamberg, oder Kulturlandschaften, wie das obere Mittelrheintal mit seiner abwechslungsreichen Natur und seinen Burgen, Städtchen und Weinorten, sind in diese international höchste Liga aufgestiegen. Doch wie profitieren die weltberühmten Denkmäler davon?

Geld steuert die UNESCO in reichen Staaten keines bei, aber der verheißungsvolle Antrag zur Aufnahme in das Weltkulturerbe lässt andere Quellen sprudeln. Vor allem die Ministerien der Länder setzen ein solches Unternehmen in ihren Etat und stellen Gelder für eine umfangreiche wissenschaftliche Bestandsaufnahme und für Denkmalschutz- und Baumaßnahmen bereit, um die wichtigsten historischen Gebäude zu restaurieren oder vielleicht auch Störendes abzureißen.

Aber es geht bei einer solch umfangreichen Aktion nicht nur darum, das Bestehende zu bewahren: Auch die Zukunft des potenziellen Welterbes muss »denkmalverträglich« gesichert werden, um »ihm eine Funktion im öffentlichen Leben zu geben«, so § 5 des Übereinkommens zum Schutz des Kultur- und Naturerbes der Welt. Sonst könnte sich das Objekt auf der Roten Liste des bedrohten Weltkulturerbes wiederfinden, wie es mit dem Dresdner Elbtal oder dem Kölner Dom (dieser ist mittlerweile wieder von der Roten Liste verschwunden) geschehen ist. Von den Vorteilen, die die begehrte Auszeichnung bringt, ist vor allem der Werbeeffekt für den Tourismus sehr bedeutend geworden.

Schloss Glücksburg

» Ein dramatischer Auftritt: Das weiße Gebäude scheint direkt aus dem Wasser emporzuwachsen und spiegelt sich an drei Seiten im Schlossteich.

» Schloss Glücksburg war eines der ersten Renaissanceschlösser in Schleswig-Holstein. Heute noch zeigt sich sein Äußeres in dieser Form. Im Inneren überrascht eine sehr familiäre Atmosphäre, die mancher sicher schon aus dem Fernsehen kennt: Das Wasserschloss war Drehort der ZDF-Serie »Der Fürst und das Mädchen«.

› Logenplätze in der Schlosskapelle

Der Kapellenraum stammt noch aus der Erbauungszeit des Schlosses 1582 bis 1587 und gilt damit als eines der frühesten protestantischen Gotteshäuser in Schleswig-Holstein. Um die für einen Kirchenbau angemessene Höhe zu erreichen, wurde die Schlosskapelle über zwei Geschosse angelegt: das Keller- und das Erdgeschoss. Von der Eingangsdiele steigt man die Treppe hinunter und blickt auf das im 16. Jh. bemalte Kreuzgratgewölbe, das sich auf einer Ebene mit den Decken der Erdgeschossräume befindet.

1717 wurde die Schlosskapelle barock ausgestattet, dabei entstanden die Westempore, der Kanzelaltar rund um einen Altaraufsatz aus der Mitte des 17. Jhs. und das Gestühl. Besondere Sitzgelegenheiten erhielten die Herrschaften: die Logen zu beiden Seiten des Altars. Durch Vorhänge vor neugierigen Blicken von der Seite geschützt, konnten die bedeutendsten Familienmitglieder in der ersten Reihe am Altar sitzen. Es war sogar möglich, den Zugang zu den Herrschaftslogen, den Gang hinter dem Kanzelaltar, durch Vorhänge abzuschließen – die Gemeinde in den Kirchenbänken musste ja nicht unbedingt mitbekommen, wer zu spät zum Gottesdienst kam oder früher nach Hause ging. Bis 1965 diente die Schlosskapelle als offizielle Gemeindekirche, heute wird sie nur noch gelegentlich, z. B. bei Hochzeiten auf dem Schloss, genutzt.

In einem Nebenraum der Kapelle zeigt eine kleine Sammlung Funde aus dem Schlossteich: Relikte des Rüdeklosters, das Zisterziensermönche 1209 in der direkten Nachbarschaft erbaut hatten und das 1583 vollständig abgetragen wurde.

› Der Wahlspruch des Herzogs: GGGMF

Über dem Eingang des Schlosses prangt das Motto von Herzog Johann von Schleswig-Holstein-Sonderburg bei seinem Wappen: GGGMF, Gott gebe Glück mit Frieden. Von diesem Wahlspruch leitet sich auch der Name des Schlosses ab. 1582–1587 wurde es von Baumeister Nikolaus Karies für Herzog Johann (Hans) den Jüngeren (1545–1622) errichtet. Nahe der exponierten Stelle hatte vor dem Aufstauen des Schlossteiches ein Zisterzienserkloster gestanden. Die Granitquader der mittelalterlichen Klosterkirche wurden teilweise für das Fundament und viele der Ziegelsteine für den später weiß verputzten Backsteinbau wieder verwendet. In einer Gegend, die arm an Naturstein ist, konnte man schließlich wertvolles Baumaterial nicht ungenutzt liegen lassen – Recycling in seiner frühesten Form!

Wie zur Zeit seiner Fertigstellung präsentiert sich das Schlossgebäude auch heute noch in konsequent durchgehaltener Symmetrie – nicht nur von außen, sondern auch im Inneren. Die Grundrisse aller Geschosse weisen eine markante Dreiteilung auf, wie auch die drei parallelen Dächer des quadratischen Gebäudes belegen. Mit den vier Ecktürmen wird die Regelmäßigkeit noch zusätzlich unterstrichen – lediglich die Anordnung der einstigen Aborterker stört diese durchdachte Komposition. Das Glücksburger Schloss, das nach französischen Vorbildern jener Zeit errichtet wurde, wirkt somit sehr kompakt und fast schon wieder wehrhaft.

In der Mitte jeder Ebene findet sich ein großer, durchgehender Raum von 30 x 10 m – im Erdgeschoss die Grüne Diele und darüber der Festsaal, der Rote Saal. Von diesem mittleren ungeteilten Raum gehen zu beiden Seiten wiederum spiegelbildlich kleinere Gemächer ab.

Bemerkenswert sind in allen Räumen die gewölbten Decken. Der Bauherr muss wirklich eine große Schwäche für Kreuzgratgewölbe gehabt haben. Im Roten Saal und in den angrenzenden Räumen zählen die erhaltenen Stuckdecken an den Gewölben zu den frühesten ihrer Art in Schleswig-Holstein.

Im ersten Obergeschoss befinden sich neben dem Festsaal die herzoglichen Wohn- und Schlafgemächer.

Über die ursprüngliche Nutzung des zweiten Obergeschosses ist man sich nicht einig. Sicher weiß man, dass sich hier ab 1857 die Ess-, Wohn- und Schlafzimmer der Prinzen und Prinzessinnen sowie ihrer Erzieher befanden. Heute werden die Räumlichkeiten für Ausstellungen kostbaren Interieurs, wie z. B. Ledertapeten und Gobelins, genutzt. Auch Wechselausstellungen aus der Graphiksammlung der herzoglichen Familie sind auf dieser Ebene zu sehen.

Unter dem Dach, wo einst die Dienerschaft in ihren Kammern wohnte, hat man, an diese Historie anknüpfend, ein Dienerschaftsmuseum sowie ein Kinderzimmer mit historischem Spielzeug eingerichtet.

› Das Schloss erleben

Die herzogliche Familie zu Schleswig-Holstein (sie lebt nicht im Schloss) hat großen Wert darauf gelegt, dass der persönliche, intime Charakter der Räume und der gesamten Ausstattung erhalten bleibt. So bewegen sich Besucher in einem lebendigen Haus, in dem alles so wirkt, als wären die Schlossbewohner gerade nur kurz ausgegangen. Dieser Eindruck wird noch dadurch verstärkt, dass man individuell durch die Räumlichkeiten spazieren kann. Studiert man ein wenig die zahlreichen Porträts von Familienmitgliedern vom 16. Jh. bis zur Gegenwart, wird die Geschichte des Schlosses und seiner Bewohner lebendiger. So stößt man z. B. im Roten Saal, den heute jedoch keine rote Tapete mehr auskleidet, auf den Bauherrn – in sein Bildnis setzte der Künstler selbstverständlich die Initialen »GGGMF«.

Eine der besonderen Attraktionen des Schlosses ist die bedeutende **Sammlung niederländischer Tapisse-**

› Ganz typisch für Glücksburg: die gewölbten Decken

rien und flandrischer Ledertapeten im zweiten Obergeschoss.

Bei den **Kinderführungen** im Juli und August bzw. während der Sommerferien (Mo 11 Uhr) werden Antworten auf die wichtigsten Fragen über den Alltag des königlichen Nachwuchses gegeben. Hatte der kleine Prinz einen eigenen Diener, womit hat er gespielt? In welche Schule ist die Prinzessin gegangen, welches Zimmer hat sie bewohnt oder welche Streiche sind ihr eingefallen? Während die Kinder unter fachkundiger Leitung diese Dinge erforschen, gibt es für die Eltern eine Kurzführung.

Einen unvergesslichen **Geburtstag** können Kinder auf Schloss Glücksburg feiern. Zuerst geht es in historische Kostümen gewandet auf eine spannende Zeitreise zu den kleinen Prinzen und Prinzessinnen, anschließend erwartet die kleinen Gäste eine königlich gedeckte Tafel mit Saft und Kuchen.

Zum Schloss gehört trotz seiner engen Verbindung zum Wasser ein **Schlosspark.** 1733 waren französische Barockgärten in Europa modern, und auch auf Glücksburg ließ der Hausherr einen solchen am Nordufer des Schlosssees errichten. Später waren dann englische Landschaftsgärten gefragt und der Park wurde entsprechend umgestaltet. 1827 entstand die klassizistische Orangerie. Das **Schleswig-Holstein-Musikfestival** nutzt das unvergleichliche Ambiente für Konzerte, auch andere Open-Air-Veranstaltungen finden im Schlosspark statt. Dazu gehört auch die kleine, aber feine **Lebensart-Messe** im August für den eleganten Lifestyle rund um Haus und Garten. www.lebensart-messe.de

In der Umgebung

Rosarium

Auf dem Gelände der ehemaligen Schlossgärtnerei blüht es in allerschönster, farbenfroher Pracht. Seit 1991 sind hier mehr als 500 Rosensorten zu sehen und ihr einzigartiger Duft zu genießen – sowohl historische wie moderne Sorten, zudem auch Wild- und Kletterrosen. Ein Höhepunkt des Rosengartens ist die große Sammlung englischer Rosen des namhaften Züchters David Austin, eine der größten in Deutschland. Gemeinsam mit mehr als 200 Sorten Staudenpflanzen fügen sich die edlen Blumen zu einer romantischen Gartenlandschaft, die etwas größer ist als ein Fußballfeld. So gibt es beispielsweise einen Lavendelgarten vor dem historischen Gärtnereigebäude, eine Allee mit 20 Rosenbögen oder üppig blühende Clematis. www.rosarium-gluecksburg.de

Allgemeine Infos

Adresse: Stiftung Schloss Glücksburg, Schlossallee, 24960 Glücksburg, Tel. 0 46 31/44 23 30, www.schloss-gluecksburg.de

Lage und Anfahrt: Glücksburg befindet sich 10 km nordöstlich von Flensburg. Das Schloss liegt an der Kreisstraße 94, die als Große Straße durch den Ort führt.

Öffnungszeiten: Mai–Sept. tgl. 10–18 Uhr, Okt. Di–So 10–18 Uhr, Nov.–April Sa/So 10–17 Uhr.

Essen und Unterkunft

Restaurant Schlosskeller, im Schloss Glücksburg, 24960 Glücksburg, Tel. 0 46 31/38 58. Das modernisierte Restaurant, seit Oktober 2007 unter neuer Leitung, verspricht eine »Renaissance der guten Küche«: Auf den Tisch kommen regionale Produkte und mediterrane Spezialitäten. ❍❍

Rosencafé, Am Schlosspark 2a, 24960 Glücksburg, Tel. 0 46 31/60 10 21. Kaffee und hausgemachten Kuchen genießt man mit herrlichem Blick auf das Rosarium (s. o.). Winter Mo geschl.

Alter Meierhof Vital Hotel, Uferstr. 1, 24960 Glücksburg, Tel. 0 46 31/6 19 90, www.alter-meierhof.de. Luxuriös-romantische Zimmer mit herrlichen Aussichten aufs Wasser und auf die dänische Küste bietet das von viel Grün umgebene Anwesen an der Flensburger Förde. Ein 1400 m^2 großer Wellness-Bereich mit original türkischem Hamam, Saunalandschaft und orientalischem Tropenbad ist in diesem Fünf-Sterne-Haus selbstverständlich. Restaurant, Brasserie und Strandterrasse laden zu höchsten kulinarischen Genüssen ein. ❍❍❍

Strandhotel Glücksburg, Kirstenstr. 6, 24960 Glücksburg, Tel. 0 46 31/6 14 10, www.strandhotel-gluecksburg.de. Direkt an der Förde gelegen, verfügt das historische Gebäude über liebevoll eingerichtete, helle Zimmer. Erker, Loggien, Balkone und stuckverzierte Decken spiegeln die herrschaftliche Eleganz des Hauses wider. Für einen längeren Aufenthalt kann man eines der voll ausgestatteten Appartements mieten. Restaurant mit ambitionierter Küche, Café, Strandterrasse. ❍❍

Schloss Gottorf

» Ein Schloss, ein Barockgarten und ein Park, mehrere Museen sowie viele Veranstaltungen für Kinder und Erwachsene.

Majestätisch erhebt sich das große weiße Schloss, die ehemalige Residenz der Herzöge von Schleswig-Holstein-Gottorf, über der wasserreichen Landschaft der Schlei, einem Meeresarm der Ostsee. Einst war die Residenz ein Kulturzentrum von europäischem Rang, und auch heutzutage ist sie wieder ein Ort voller Leben, in dem Geschichte auch vergnüglich und spielerisch vermittelt wird. Dafür sorgt die Stiftung Schleswig-Holsteinische Landesmuseen Schloss Gottorf.

Der Gottorfer Globus

800 Männer waren nötig, um den alten Globus, der einen Durchmesser von drei Metern hatte, von Gottorf nach St. Petersburg zu bringen; dreieinhalb Jahre dauerte der Transport. Der Grund für dieses Mammut-Unternehmen: 1713, im Nordischen Krieg zwischen Dänemark und Schweden, musste der minderjährige Gottorfer Herzog Carl Friedrich vor den Dänen kapitulieren. Zusammen mit dem dänischen König Friedrich IV. marschierte im Februar 1713 der russische Zar Peter der Große als Verbündeter Dänemarks in Schleswig ein. Gemeinsam inspizierten die Monarchen Schloss Gottorf, das an Dänemark fiel. Von dem weltberühmten Riesenglobus aus der Mitte des 17. Jhs. war Peter der Große so beeindruckt, dass er ihn unbedingt besitzen wollte, denn der Zar war wissenschaftlich sehr interessiert. Der originale Globus befindet sich heute noch in St. Petersburg.

Für das Verladen des riesigen Erdballs musste man Teile des barocken Globushauses abreißen, weil die gigantische Kugel durch kein Fenster, keine Tür passte. Daraufhin verfiel das Haus, und auch die angrenzende Gartenanlage, die als erster Terrassengarten des Barocks nördlich der Alpen gilt, wurde ein Opfer der Jahre. 2007 ist sie endlich wieder in ihrer historischen Form zu sehen.

Seit 2005 präsentiert sich bereits das Globushaus wieder in alter bzw. neuer Pracht – samt der berühmten Erdkugel. Aus dem barocken Bau wurde ein modernes Globushaus, in dem eine Rekonstruktion des technischen Wunderwerks, bereichert um die Anforderungen heutiger Sicherheitstechnik, seinen Platz fand. Die Außenseite des Globus schmücken historisch getreue Abbildungen der im 17. Jh. bekannten Erdgeografie, im Inneren ist der Himmel mit Sternzeichen und Gestirnen seitenrichtig abgebildet.

Wie vor 350 Jahren kann man auch heute in den Globus hineinsteigen, um den Lauf der Gestirne zu verfolgen (Globusfahrt).

Öffnungszeiten: 20. März bis Okt. tgl. 10–18 Uhr, Einlass zu jeder vollen Stunde, Aufenthaltsdauer 1 Stunde (inklusive Audio-Guide und begleiteter Globusfahrt), Voranmeldung empfohlen unter Tel. 0 46 21/81 32 22.

Von Hirschen und Kunstsammlungen

Hinter der heutigen barocken Gottorfer Schlossfassade verbirgt sich eine große Vierflügelanlage, die bis ins Mittelalter zurückreicht. Die mächtige

› Der rekonstruierte Riesenglobus zeigt den Stand der Erforschung von Erde und Himmel Mitte des 17. Jhs.

Ringmauer dieser Burg ist noch in Teilen erhalten und an manchen Stellen im Schloss zu entdecken. 1161 wurde Gottorf erstmals in den Urkunden genannt, rund ein Jahrhundert später kam es per Tausch in den Besitz der Herzöge von Schleswig.

1523 wurde Herzog Friedrich I. dänischer König. Er behielt Gottorf als Residenz bei und ließ einen neuen Westflügel, das Neue Haus, im damals aktuellen Stil der Renaissance errichten. Dieser prachtvolle Trakt blieb erhalten und prägt den Innenhof des Schlosses.

Friedrichs Sohn, Herzog Adolf (1526–1586), verdankt das Schloss weitgehend sein heutiges Aussehen. Der Herzog ließ in den 1580er-Jahren den Nordflügel umbauen, in dem die Schlosskapelle und der Hirschsaal, ein großer Fest- und Bankettsaal, entstanden. Neben den Landschaftsbildern mit ihren eingesetzten naturalistischen Hirschplastiken fällt an der Wand über dem Kamin eine lebensgroße Hirschfigur mit echtem Geweih auf. Eine Inschrift verrät, dass dieser kapitale 24-Ender 1595 auf der Ossenfelder Heide zur Strecke gebracht wurde. Verschwiegen wird dagegen, dass einer Dame dieser Erfolg gelang: Herzogin Augusta war das beachtliche Waidmannsglück vergönnt!

Seine Glanzzeit erlebte Schloss Gottorf im 17. Jh., in der Regierungszeit von Herzog Friedrich III. Die Raumfolge, die Friedrich mit reichen Stuckdecken ausgestalten ließ, zeugt bis heute von der prachtvollen Ausstattung des Schlosses während seiner Regentschaft.

Friedrich III. machte die Residenz an der Schlei auch zu einem bedeutenden Hort der Kultur. Unterstützt von seinem Hofgelehrten Adam Olearius legte er eine umfangreiche Kunstkammer an, in der neben kostbaren Kunstgegenständen auch Naturalia, also Zeugnisse aus der belebten und unbelebten Natur, sowie Ethnografika, Zeugnisse menschlicher Handwerkskunst aus aller Herren Länder, gesammelt wurden. Als Hofbibliothekar erweiterte Olearius auch die Gottorfer Bibliothek beträchtlich, sodass sie zu einer der größten Nordeuropas wurde. Das bedeutendste Werk des Gelehrten sollte jedoch der Riesenglobus werden – ein Meisterstück der zeitgenössischen Naturwissenschaft, Technik und Handwerkskunst.

Nachdem das Schloss 1713 an die dänische Krone gefallen war, mussten die wertvollen Teile der Ausstattung und die Sammlungen nach Kopenhagen überführt werden. Zar Peter der

Große nahm sich den Globus als Kriegsbeute. In das Schloss zog ein dänischer Statthalter ein. Mitte des 19. Jhs. wurde aus der Residenz eine Kaserne, zunächst eine dänische, ab 1864 eine preußische. 1950 wurden in dem restaurierten Schloss die Sammlungen der Schleswig-Holsteinischen Landesmuseen eröffnet.

› Das Schloss erleben

Das Landesmuseum für Kunst und Kulturgeschichte: In den historischen Schlossräumen werden verschiedene Sammlungen gezeigt, wie zum Beispiel die Kunst des Mittelalters in der »Gotischen Halle« von 1490 oder die Raumausstattungen und das Kunsthandwerk des Barocks. Die Wohnkultur des Biedermeiers wird ebenso behandelt wie die des norddeutschen Jugendstils. Malerei des Nordens mit den wichtigsten Vertretern des Goldenen Zeitalters der dänischen Malerei zeigt die »Galerie des 19. Jahrhunderts«. Das 20. Jh. ist mit Hauptwerken der drei großen norddeutschen Expressionisten vertreten: Emil Nolde, Ernst Barlach und Christian Rohlfs.

Im umgebauten Kreuzstall sind moderne Kunst und Kunsthandwerk ausgestellt, in den anschließenden ehemaligen Wirtschaftsgebäuden des Schlosses residiert die Stiftung Rolf Horn mit Kunst des 20. Jhs. (Klassische Moderne und zeitgenössische Kunst).

In der ehemaligen Archivhalle hat die Sammlung »Reiseleben – Lebensreise« mit historischen Pferdewagen und -schlitten ihr Zuhause gefunden. Ein besonderes Schmuckstück ist die

» Allgemeine Infos

Adresse: Stiftung Schleswig-Holsteinische Landesmuseen, Schloss Gottorf, 24837 Schleswig, Tel. 0 46 21/81 30, www.schloss-gottorf.de

Lage und Anfahrt: Das Schloss befindet sich in Schleswig und ist über die B 76 direkt zu erreichen.

Öffnungszeiten: 16.3.–31.10. tgl. 10–18 Uhr, wegen der Landesgartenschau 2008 ab 25.4. bis 19 Uhr, Nov. bis März Di–Fr 10–16 Uhr, Sa, So 10–17 Uhr.

» Essen und Unterkunft

Hotel und Restaurant Zollhaus, Lollfuß 110, 24837 Schleswig, Tel. 0 46 21/ 29 03 40, www.zollhaus-schleswig.de. Großzügige, gemütliche Zimmer mit schöner Aussicht in den Hotelgarten oder auf den Dom. Restaurant (norddeutsche und internationale Küche) mit großer Sonnenterrasse, Mo geschl. ○○

Wikingerschänke Runenstein, Am Margarethenwall, 24866 Busdorf, Tel. 0 46 21/3 21 90, www.am-runenstein.de. Im Wintergartensaal oder in der Wikinger-Grotte genießt man Aal aus der eigenen Räucherei oder füllt donnerstags ab 19 Uhr Holzbrett, Trinkhorn und Tonschüssel am Haithabu-Büffet. Mo geschl. ○○

Hotel Waldschlösschen, Kolonnenweg 152, 24837 Schleswig, Tel. 0 46 21/38 30, www.hotel-waldschloesschen.de. Moderne Hotelanlage in schöner Landschaft mit großem Wellnessbereich. ○○

in den 1590er-Jahren im Stil der Spätrenaissance errichtete Schlosskapelle, in der heute noch Gottesdienste, aber auch Konzerte stattfinden.

Vor der Kulisse der Schlossinsel und der Schlei präsentiert ein Skulpturenpark moderne Kunstwerke.

Schlossrundgang mit Prinzessin Anna Dorothea: Die Prinzessin im historischen Kostüm stellt die barocke Residenz der Gottorfer Herzöge vor und führt Besucher in das Leben bei Hofe und höfisches Zeremoniell ein.

Ein Fest im Barock: Ihren Geburtstag oder einen anderen besonderen Tag können Kinder auf Schloss Gottorf als barockes Fest erleben. Gekleidet in Kostüme der Barockzeit werden sie zu herzoglichen Prinzen und Prinzessinnen und lernen das Schloss in seiner barocken Pracht kennen. Dazu gibt es eine Einführung in das höfische Zeremoniell, die Kinder lernen, ein Menuett zu tanzen, und eine fürstliche Tafel gehört auch dazu.

Leben auf der Burg: In zeittypische Kostüme gekleidet können Kinder als Ritter, Burgfräulein, Page, Mönch oder Gaukler die Vergangenheit hautnah erfahren. Räume, Rüstungen und Mobiliar bringen das Leben auf einer Burg nahe. Mit Spielen der Zeit, Musik, Tanz und einer ritterlichen Tafelrunde endet dieses Mittelalterfest.

Weitere Angebote der Museumspädagogen: Dazu zählen spezielle Projekte und Führungen für Familien und für Kinder, z. B. eine »Archäologische Zeitreise«. In den Sommerferien gibt es jeden Dienstag-, Mittwoch- und Donnerstagnachmittag Ferienspaß-Aktionen für Kinder. An sechs Sonntagen im Jahr steht eine Führung zu wechselnden Themen mit anschließendem Brunch auf dem Programm. museumspädagogik@schloss-gottorf.de, Tel. 0 46 21/81 32 33, Termine für alle Führungen auf der Website unter »Museumspädagogik«.

» In der Umgebung

Wikinger Museum Haithabu

Haithabu war in der Wikingerzeit einer der wichtigsten Siedlungsplätze Nordeuropas. Heute noch umschließt ein mächtiger Halbkreiswall das ehemalige Siedlungsgebiet. Neben dieser historischen Stätte am Ufer der Schlei befindet sich das Wikinger Museum Haithabu am Südrand der Stadt Schleswig. Hier bieten zahlreiche originale Funde, Rekonstruktionen und Modelle einen guten Einblick in das Wikingerleben während des frühen Mittelalters. Glanzstück ist die Schiffshalle mit dem Wikingerschiff, das Archäologen im Hafen von Haithabu ausgruben. 2007 werden hier sieben Häuser des einst so bedeutenden nordeuropäischen Handelsplatzes originalgetreu neu entstanden sein. Vorführungen und Veranstaltungen, z. B. die Vorführung wikingerzeitlicher Handwerkstechniken oder ein Mitsommerfest, ergänzen das Angebot.

Wikinger Museum Haithabu,
Haddeby bei Schleswig, Tel. 0 46 21/
81 32 22, April–Okt. tgl. 9–17 Uhr,
Nov.–März Di–So 10–16 Uhr,
www. haithabu.de, Veranstaltungstermine unter www.schloss-gottorf.de/wmh/termine.htm

Schloss Eutin

Vom Lebensgefühl
protestantischer Fürstbischöfe hinter
alten Backsteinmauern.

Lange Zeit wurde die Burg bzw. das Schloss als Nebenresidenz der Lübecker Bischöfe und der Gottorfer Herzöge genutzt. Wie die Herrschaften hier einst lebten, kann man noch in den prächtig ausgestatteten herzoglichen Appartements erahnen. Im 18. Jh. kamen Landschaftsparks in Mode, und das Schloss erhielt eine aufwendig gestaltete Parkanlage vor der herrlichen Kulisse des Eutiner Sees.

Das Weltbild im Schlafzimmer der Fürstbischöfin

Nach der Reformation amtierten im Norden Deutschlands protestantische Fürstbischöfe und diese durften im Gegensatz zu ihren katholischen Berufskollegen heiraten.

Dem Schlafzimmer der Eutiner Fürstbischöfin trug das ovale Deckengemälde, das den Raub der Europa auf dem Stier zeigt, den Namen Europazimmer ein. Aber auch der Rest der – damals bekannten – Welt wird in künstlerischer Form präsentiert. In der Stuckdecke finden sich die Darstellungen der Kontinente in Form von Hochrelieffiguren. Für den italienischen Stuckateur Carlo Enrico Brenno und für viele seiner Zeitgenossen und Auftraggeber waren die Allegorien der Erdteile ein beliebtes Thema, mit dem sich die vier Seiten oder Ecken eines Saales perfekt schmücken ließen. 1721/22 bestand das Weltbild der meisten Europäer noch aus nur vier Erdteilen. Einige europäische Seefahrer hatten in jener Zeit zwar schon den fünften Kontinent betreten, aber ins Bewusstsein rückte er erst 1770, als Captain Cook ihn für die britische Krone in Besitz nahm. Ähnlich großer Beliebtheit wie die Darstellung der Kontinente erfreute sich unter den Schlossbesitzern des Barocks übrigens das Motiv der vier Jahreszeiten.

Allgemeine Infos

Adresse: Stiftung Schloss Eutin, Schlossplatz 5, 23701 Eutin, Tel. 0 45 21/ 7 09 50, www.museen-sh.de

Lage und Anfahrt: Das Schloss liegt am Altstadtrand, am Großen Eutiner See.

Öffnungszeiten: Besichtigung nur mit Führung, 16.3.–26.10. Mo–Fr 12, 14, 15 Uhr, Sa/So 11, 12, 14, 15, 16 Uhr, 14.6.–24.8. tgl. 11–16 Uhr (stündl.) sowie nach Bedarf und Voranmeldung.

Essen und Unterkunft

Schloss-Café, Im Schloss Eutin, 23701 Eutin, Tel. 0 45 21/77 66 60. Schön für Kaffee und Kuchen in einem lichtdurchfluteten Saal im alten Gemäuer oder am Springbrunnen im Schlosshof.

Eut-In Hotel, Lübecker Landstr. 53–55, 23701 Eutin, Tel. 0 45 21/77 88 10, www.eut-in-hotel.de. Kleines Hotel in der Alten Straßenmeisterei. Die reizenden Räume mit französischen Betten tragen Namen wie »Romantikzimmer«, »Dachstübchen« oder »Gartenzimmer«. Kleiner Sandstrand am hoteleigenen Teich. Das Restaurant TAC mit Teichterrasse verströmt italienisches Flair, die Küche ist mediterran-badisch-österreichisch. ○○

› Von kaum befestigten Burghäusern zum Sommerschloss

Die Anfänge des Eutiner Schlosses liegen im 12. Jh., als die Lübecker Bischöfe hier eine Burg errichteten. Dabei handelte es sich jedoch nicht um eine wehrhafte Anlage wie sonst üblich: Die Bischöfe durften erst Mitte des 14. Jhs. ihre Burg durch einen Wassergraben sichern. Die holsteinischen Grafen hatten nämlich in einem Vertrag von 1272 festgelegt, dass Eutin ohne Befestigung zu bleiben habe. Erst in der zweiten Hälfte des 15. Jhs. wurde auf der offenen Burg eine Wehrmauer zur Stadtseite hin errichtet.

Mitte des 16. Jhs. begannen sich die nun evangelischen Bischöfe von Lübeck wieder für die Eutiner Burg zu interessieren und renovierten sie. In der Barockzeit wurde sie zum Schloss um- und ausgebaut. Danach entstand unter Fürstbischof Christian August Anfang des 18. Jhs. das Schloss in seiner heutigen Form nach Plänen des schwedischen Baumeisters Rudolf Matthias Dallin. Aus dieser Zeit sind noch die Appartements mit ihrer prächtigen Ausstattung erhalten.

Viel Aufmerksamkeit widmete man im Laufe des 18. Jhs. den Gartenanlagen: Ab 1716 entstand ein französischer Barockgarten, der zwischen 1787 und 1803 zu einem englischen Landschaftsgarten umgestaltet und dabei vergrößert wurde. Darin zeigt sich auch ein Wandel in der Aufgabe des Schlosses, das sich von der Residenz zum Sommersitz entwickelte: Ohne einen Landschaftspark mit künstlichen Wasserfällen und chinesischem Tempelgarten ging es nun nicht mehr!

› Das Schloss erleben

Die Innenräume im Südflügel (samt Europazimmer) können im Rahmen einer **Führung** (ca. 1 Std.) besichtigt werden. Eine wunderbare Gelegenheit, den Landschaftspark vom Wasser zu betrachten, bieten **Schiffstouren,** www.eutiner-seerundfahrt.de

Alljährlich im Juli und August ist der Schlosspark Schauplatz der Eutiner Festspiele **Oper im Schlossgarten.** Auch leichte Muse in Form von Operetten findet hier eine schöne Kulisse.

Für Prinzen und Prinzessinnen auf Zeit werden **Kindergeburtstage** als »Fest bei Hofe« angeboten.

» In der Umgebung

Gartenrouten zwischen den Meeren

Die Gartenroute 3 (200 km Rundtour, für Rad-, aber auch für Autofahrer) beginnt in Eutin. Vom Landschaftspark des 18. Jhs. bis zum Kurpark des 20. Jhs. sind auf dem Weg bedeutende Gartenanlagen zu besichtigen. Wer nur einen kleinen Abschnitt befahren will, radelt ca. 10 km bis zum hübschen Jagdschlösschen (1776) am Ukleisee. Schloss Mitte Mai–Mitte Sept., Park ganzjährig, www.gartenrouten-sh.de

Die Bräutigamseiche

Westlich der Stadt an der B76, steht eine über 500 Jahre alte Eiche – wohl der einzige Baum der Welt mit eigener Postadresse: Bräutigamseiche, Dodauer Forst, 23701 Eutin. Die Deutsche Post steckt die Briefe in ein Astloch, und wer einen Partner oder Brieffreund sucht, kann sie herausnehmen.

Archäologisches Freilichtmuseum Groß Raden

Rekonstruktion eines altslawischen Tempelorts des 9. und 10. Jhs. mit der Frühform einer Burg.

In der Mecklenburgischen Seenplatte wurde am originalen Standort eine frühmittelalterliche Siedlung wieder aufgebaut. Hier entsteht ein lebendiges Bild davon, wie unsere Vorfahren vor 1000 Jahren zwischen Burgwall und Flechtwänden einer Motte (s. S. 7) am Seeufer lebten. Viele Aktionen und Veranstaltungen im Archäologischen Freilichtmuseum machen die Vergangenheit greifbar.

› Ein arabischer Reisender des 10. Jhs.:

»So bauen die Slawen die meisten ihrer Burgen: Sie gehen zu Wiesen, reich an Wasser und Gestrüpp, stecken dort einen runden oder viereckigen Platz ab nach Form und Umfang ihrer Burg, wie sie beabsichtigen, graben ringsherum und schütten die ausgehobene Erde auf, wobei sie mit Planken und Pfählen nach der Weise der Bastionen gefestigt wird, bis die Mauer die beabsichtigte Höhe erreicht. Auch wird für die Burg ein Tor abgemessen, an welcher Seite man will, und man geht auf einer hölzernen Brücke aus und ein.« (Ibrâhîm ibn Ja'qûb im Jahre 960/965)

› Wehrhafte Inseln

Zur Zeit der slawischen Besiedlung waren die Burg und das Dorf durch hölzerne Brücken miteinander verbunden. Der Burgwall lag auf einer Insel; er war durch einen 4,50 m breiten Graben von der Halbinsel getrennt, auf der man zur Zeit der Gründung etwa 40 Wohnhäuser errichtet hatte. Inzwischen ist der Sternberger Binnensee stärker verlandet, sodass die beiden Ortsteile heute auf einer Halbinsel vereint liegen. Um die Beziehung

Allgemeine Infos

Adresse: Archäologisches Freilichtmuseum Groß Raden, Kastanienallee, 19406 Groß Raden bei Sternberg/Meckl., Tel. 0 38 47/ 22 52, www.gross-raden.de

Lage und Anfahrt: Auf halber Strecke zwischen Schwerin und Güstrow nördlich von Sternberg in Groß Raden am Sternberger Binnensee. Parkplatz in Groß Raden, Fußweg zum Freigelände, zur Ausstellung und zur Elchwiese.

Öffnungszeiten: April–Okt. Di–So 10–17.30 Uhr, Nov.–März 10–16.30 Uhr.

Essen und Unterkunft

Zum Burgwall, Kastanienallee 38, 19406 Groß-Raden, Tel. 0 38 47/24 61. In dem Restaurant mit schöner Terrasse gibt es vor allem Fisch aus den Mecklenburger Seen. Spezialität des Hauses (auf Vorbestellung): die Räucherfischplatte. Im Winter Mo geschl. ❍–❍❍

Seehotel am Neuklostersee, Seestr. 1, 23992 Nakenstorf, Tel. 03 84 22/45 70, www.seehotel-neuklostersee.de. Im Landschaftsschutzgebiet direkt am Wasser gelegen, viele Wassersportangebote. Alle Zimmer sind individuell mit eigens für das Hotel gefertigten Möbeln eingerichtet; besonders schön für Familien sind die kleinen Holz-Ferienhäuser auf dem Gelände. Wellnessbereich mit tollem Ambiente in einer alten Scheune. ❍❍

› Arbeiten wie früher in Groß Raden

Von 1973 bis 1980 erforschten Archäologen die Bodenfunde von Groß Raden und beschlossen, die einzigartige Burgsiedlung als Freilichtmuseum wiedererstehen zu lassen. Sie bauten originalgetreue, wissenschaftlich abgesicherte Rekonstruktionen, die die beiden Phasen der Siedlung mit ihren jeweils charakteristischen Bauweisen deutlich machen: Für das 9. Jh. stehen die Häuser mit verputzten Flechtwänden, im 10. Jh. hatte dann der stabilere Blockbau Einzug gehalten.

des befestigten Ortes zum Wasser deutlich zu machen, hat man jedoch einen neuen Graben angelegt. Wie vor 1000 Jahren umgibt nun wieder eine Wasserfläche die mit einem Flechtzaun geschützte Wohninsel.

Der Burgwall mit einem Durchmesser von 50 m fungierte zunächst als Niederungsburg. Später wurde der gut geschützte Platz für ein Heiligtum genutzt, indem man einen aus Holz gebauten Tempel von der Siedlung hierher verlegte. Man verstärkte den Wall und erhöhte ihn auf acht und schließlich auf zehn Meter. Den Zugang zu dieser Tempelburg, einen mit Bohlen ausgelegten Tunnel durch den Wall, sicherte zusätzlich eine Bastion. Spuren von Opfern, wie zum Beispiel mehrere Pferdeschädel, belegen, dass es sich um eine Tempelburg handelte. Ende des 10. Jhs. wurde Groß Raden aufgegeben, vielleicht in Folge eines Feldzugs König Ottos III. gegen die in Mecklenburg ansässigen Slawen.

› Groß Raden erleben

Die Rekonstruktion der frühmittelalterlichen Anlage kann man individuell erkunden, nach Voranmeldung gibt es auch **Führungen.** Archäologen bieten **spielerisches Erkunden** der Zeit vor rund 1000 Jahren für alle Altersgruppen. Dazu gehören Arbeiten aus dem frühmittelalterlichen Alltag, wie Brotbacken, Filzen, Töpfern, Spinnen, Weben, Korbflechten oder Schnitzen mit den Werkzeugen der damaligen Zeit.

Kinder lieben das der Anlage angeschlossene **Elchgehege,** wo drei der sympathischen Großhirsche leben.

» In der Umgebung

Mecklenburgische Seenplatte

Den Gletschern der Eiszeit ist die reizvolle Endmoränenlandschaft mit zahllosen kleineren und größeren Seen und Flüssen zu verdanken. Die Region ist ein Paradies für Wassersportler. Mit dem Kanu, dem Hausboot oder auf Fahrgastschiffen lässt sich das Land von der Wasserseite erkunden.

Residenzschloss Schwerin

Die berühmten Loireschlösser – vor allem Chambord – standen Pate für das Schweriner Residenzschloss.

» Malerisch liegt das einstige Residenzschloss der Großherzöge von Mecklenburg-Schwerin auf seiner kleinen Insel im Schweriner See, und nicht minder pittoresk ist sein Äußeres mit einer Vielzahl an Türmen und Türmchen. Seit 1990 hat der Landtag von Mecklenburg-Vorpommern seinen Sitz im Schloss, aber auch für Besucher gibt es noch viel Schlossherrlichkeit zu bestaunen.

› Der Schlossgeist Petermännchen

Auf einer Schranktür im Schlossmuseum ist er zu sehen – ein Zwerg, gekleidet nach der Mode in der ersten Hälfte des 17. Jhs. mit hohem, federgeschmücktem Hut, breiter Mühlsteinkrause aus fein gefälteltem Stoff und Stulpenstiefeln: Das berühmte Petermännchen verteidigte das Schloss gegen unerwünschte Gäste.

Seine Bekanntschaft soll auch der Feldherr Wallenstein gemacht haben, der das Schloss auf einem Kriegszug »besuchte«. Er wollte sich hier häuslich einrichten, aber schon in der ersten Nacht kam das Petermännchen, warf die Stühle um und zog dem Schläfer die Decke weg. In der folgenden Nacht zog der sehr abergläubische Herzog in einen anderen Schlossflügel um. Doch auch erging es ihm nicht besser: Im Mondlicht sah er, wie das Petermännchen mit gezücktem Schwert näher kam. Im selben Augenblick löste sich das Bild des rechtmäßigen Herzogs, das über dem Bett an der Wand hing, vom Nagel und begrub den Feldherren unter sich. Am nächsten Tag verließ Wallenstein Schwerin – und er betrat Petermännchens Revier nie wieder.

› 635 Räume und traumhafte Ausblicke auf Parks und Seen

Auf der kleinen Insel, die sich schon von Natur aus für eine Burg anbot, wurde bereits im 10. Jh. eine slawische Burg erwähnt. Ihr folgte im 12. Jh. ein Neubau, den die Herzöge von Mecklenburg ab dem späten 14. Jh. als Residenz nutzten. Umfassende Um- und Neubauten erlebte die Inselburg zur Zeit der Renaissance, im 16. Jh. Aus dieser Phase wurden beim Bau des historistischen Schlosses im 19. Jh. einige Gebäudeteile auf der Seeseite integriert, wie es an den alten Renaissancegiebeln abzulesen ist.

Große Veränderungen löste Großherzog Paul Friedrich aus, als er 1837 den Hof von der Residenz in Ludwigslust (s. S. 56) zurück nach Schwerin verlegte. Er wollte aber nicht auf der Insel residieren, sondern ließ gegenüber auf dem Festland, am Platz Alter Garten, ein Palais beginnen. Doch der Herzog starb während der Bauarbeiten. Das Projekt wurde aufgegeben, denn seinen Sohn und Nachfolger, Friedrich Franz II. (1823–1883), zog es wieder auf die Insel der Vorfahren.

Das Schloss befand sich mittlerweile in schlechtem Zustand, und so entstand zwischen 1843 und 1857 nach Plänen des Schweriner Hofbaurats Georg Adolph Demmler und des Architekten Hermann Willebrand das neue Schloss. Für ihre Entwürfe hatten sich die beiden auf Reisen durch Süddeutschland, England und Frankreich

Anregungen geholt. Den stärksten Eindruck hinterließ das Loire-Schloss Chambord: Es wurde unverkennbares Vorbild für das Schweriner Schloss. Trotzdem schuf Hermann Willebrand mit seinem Bau einen eigenen mecklenburgischen Historismussstil.

Im Mai 1857 wurde die neue Residenz feierlich eingeweiht, und bis heute fasziniert die meisterliche Verbindung von Architektur, Gartengestaltung und Schweriner See.

Ein Großbrand im Dezember 1913 zerstörte ein Drittel des Schlosses. Der Burgseeflügel brannte bis auf die Grundmauern ab und der Schlossgartenflügel in den Obergeschossen aus. Auch der Goldene Saal wurde verwüstet. Nach der Abdankung des Großherzogs 1918 – er hatte das Äußere wiederherstellen lassen – ging das Schloss in Staatsbesitz über. Drei Jahre später wurden die ersten Räumlichkeiten als Schlossmuseum eröffnet.

1948 entstand im Burgseeflügel der Plenarsaal für den Landtag Mecklenburg-Vorpommerns. Ab 1974 begann man, die einstigen großherzoglichen Gemächer und Säle wieder in ihren historischen Zustand zurückzuversetzen. Aber es bleibt viel Arbeit für die Zukunft – bei 635 Räumen auf weit über 23 000 m^2 nicht verwunderlich!

› Die Gärten des Schlosses

Bei einem so großen Schloss fallen auch die Grünflächen üppig aus. Um das Schloss zieht sich, die Insel ganz ausfüllend, der sog. Burggarten. Mit seiner Gestaltung verknüpfte Hofgärtnermeister Theodor Klett nach Plänen Lennés in den 1860er-Jahren die Traditionen der römischen Villen- und Terrassengärten mit Elementen des englischen Landschaftsparks. Als Mittelpunkt der Anlage konzipierte Klett die Orangerie mit ihren drei Sälen.

Über eine Drehbrücke (19. Jh.) gelangt man von der Insel in den Schlossgarten, der zu den bedeutendsten Parks im Norden Deutschlands zählt. Aus einem herzoglichen Obstgarten des 16. Jhs. entwickelte sich im 18. Jh. ein barocker Garten mit dem Kreuzkanal und 14 Skulpturen. Im 19. Jh. wurden Abschnitte des barocken Gartens ebenfalls im Stil eines englischen Landschaftsparks umgestaltet, sodass der Schlossgarten nun fast unmerklich in die freie Uferlandschaft des Schweriner und des Faulen Sees übergeht.

› Das Schloss erleben

Das **Schlossmuseum** mit den fürstlichen Wohn- und Prunkräumen in der Beletage und Festetage lässt sich individuell erkunden (Audioguide). Auf drei Etagen wird hochherrschaftlicher Alltag präsentiert: In den ehemaligen Kinderzimmern ist die Porzellan- und Gemäldesammlung zu sehen. In der Beletage durchwandert der Besucher die Silvestergalerie, das Speisezimmer und die Appartements der Großherzogin. Die Festetage wartet mit der Ahnengalerie, einer Bibliothek und natürlich dem Thronsaal auf.

Es werden auch einstündige **Führungen** zu den Themen historische Wohn- und Festräume, europäisches Porzellan des 18.–20. Jhs., Burggarten auf der Schlossinsel (Flora und Architektur), Schlossgarten auf dem Festland sowie Schlosskirche angeboten.

› Opernerlebnis vor der prächtigen Kulisse des Schweriner Schlosses

Ein Vergnügen für Eltern und ihre 6–12-jährigen Kinder ist das **Familienbrunch** am 1. Sonntag des Monats (10–14 Uhr) im Schlosscafé (Sommer) bzw. im Schlossrestaurant (Winter). Während die Großen frühstücken, gehen die Kinder um 11.30 Uhr unter fachkundiger Leitung auf die Suche nach dem Petermännchen. Dabei steigen sie tief hinab in Kellergewölbe oder hoch unter goldene Kuppeln.

Für die Generation der Großeltern gibt es einen **Museumstag für Senioren** mit speziellen Themenführungen.

Von Ende Juni bis Anfang August finden **Open-Air-Opernaufführungen** im Rahmen der Schlossfestspiele statt. Gespielt wird auf dem Platz vor dem Schloss, dem Alten Garten. An den Spieltagen wird im Schloss jeweils um 17 Uhr eine »Führung vor der Oper« offeriert.

In ungeraden Jahren feiert man das Schweriner Schlossfest mit zahlreichen Veranstaltungen. Von April bis Oktober 2009 wird rund um das Schloss die Bundesgartenschau ihre Tore öffnen (www.schwerin.com).

Ein technisches Denkmal steht am Rand des Schlossgartens am Faulen See: eine rekonstruierte **Steinschleiferei** in einer noch funktionierenden Wassermühle aus dem 18. Jh. (Besichtigung April–Nov. tgl. 10–17 Uhr, www.schleifmuehle-schwerin.de).

In der Umgebung

Altstadt von Schwerin

Auf dem Markt, dem Mittelpunkt der Altstadt, überragt der gotische Backsteindom mit seinem 117 m hohen Turm die historischen Gebäude, darunter das Rathaus mit seiner neugotischen Fassade. Im 18. Jh. wurde Schwerin nach Norden erweitert: Rund um die barocke Schelfkirche entstand das Schelfviertel mit Fachwerkhäusern. Zum repräsentativen Stadtbereich entwickelte sich der Alte Garten. An diesem dem Schloss vorgelagerten Platz stehen das Mecklenburgische Staatstheater und die Gemäldesammlung des Staatlichen Museums.

Schweriner Seenlandschaft
Schwerin liegt am Rand der ausgedehnten Mecklenburgischen Seenplatte. Die Seenlandschaft lädt zum Wandern, Radfahren, Baden, Segeln oder Paddeln ein.

Allgemeine Infos

Adresse: Staatliches Museum Schwerin, Schlossmuseum Schwerin, Lennéstr. 1, 19053 Schwerin, Tel. 03 85/5 25 29 20, www.schloss-schwerin.de
Lage und Anfahrt: Das Schloss liegt auf einer Insel zwischen Schlossgarten und Altstadt. Parkmöglichkeit auf dem Parkplatz »Grüne Straße«. Von dort 10 Min. Fußweg am Anleger der »Weißen Flotte« vorbei.
Öffnungszeiten: Mitte April–Mitte Okt. tgl. 10–18 Uhr, Führungen durch die ehemaligen Wohn- und Prunkräume tgl. 11, 13.30 Uhr, im Juli/Aug. 11, 12, 13.30, 15 Uhr, durch die Schlosskirche Di 15 Uhr; Mitte Okt.–Mitte April Di–So 10–17 Uhr, Führungen Wohn- und Prunkräume Di–Fr 11.30 Uhr, Sa/So 11.30, 13.30 Uhr.

Essen und Unterkunft

Schloss Restaurant & Orangerie-Café, Lennéstr. 1, 19055 Schwerin, Tel. 03 85/ 5 25 29 15, www.schweriner-schloss.com. Ein toller Platz für eine Kaffeepause in mediterranem Flair unter Palmen und Orangenbäumen. Über 20 Kuchen und Torten, Salate, Snacks und Eisbecher, Sonntagsbrunch. In der Festspielzeit bietet das Restaurant im ehemaligen Königssaal und im Turmzimmer Gala-Menüs vor der Oper an. Zusammen mit der Theaterkarte bucht man ein festliches Menü, als Ouverture gibt es eine Schlossführung. ○○
Café Prag, Schlossstraße 17, 19053 Schwerin, Tel. 03 85/56 59 09, www.restaurant-cafe-prag.de. Schon seit 1755 ein beliebter Treff. Torten und Kuchen vom Blech, Herzhaftes vom Grill und aus der Pfanne. ○○
Weinhaus Gebr. Krömer, Großer Moor 56, 19055 Schwerin, Tel. 03 85/56 29 56, www.weinhaus-kroemer.de. In der Großherzoglichen Dampfwäscherei, unweit des Schweriner Sees, ist dieses moderne Weinrestaurant untergebracht. Hier genießt man zu raffiniert zubereiteten Gerichten erlesene Weine, die man im dazugehörigen Weingeschäft auch kaufen kann. Im Sommer lockt ein hübscher Weingarten. ○○
Hotel Niederländischer Hof, Alexandrinenstr. 12–13, 19055 Schwerin, Tel. 03 85/59 11 00, www.niederlaendischer-hof.de. Im Herzen der Stadt, direkt am Pfaffenteich, liegt das exklusive Traditionshotel. Die Zimmer sind mit erlesenem englischen Mobiliar und luxuriösen Marmorbädern eingerichtet. ○○

Schloss Güstrow

Mecklenburgs größtes erhaltenes Renaissanceschloss, ein aufwendig verputzter Klinkerbau nach italienischem Vorbild.

Hinter den Mauern des Güstrower Schlosses wurde einiges vom Interieur aus dem 16. Jh. rekonstruiert, manches ist aber auch noch original erhalten. Ein einzigartiges Beispiel alter – wiederhergestellter – Gartenkunst der Renaissance ist der Schlossgarten, in dem heutzutage, besonders während der alljährlichen Lavendelblüte, wieder lebendiges Treiben herrscht.

Ein Lustgarten nach italienischem Vorbild

Mit seinem in den 1970er-Jahren vollständig wiederhergestellten Schlossgarten besitzt Güstrow den einzigen Renaissancegarten in Mecklenburg und einen der wenigen in ganz Deutschland. Eine Vorstellung von dieser Epoche der Gartenarchitektur vermittelt auch, jedoch in schlichterer Art, der einstige Hortus Palatinus am Heidelberger Schloss (s. S. 181).

Um 1570 wurde südlich des Schlosses auf einer eingeebneten Fläche ein Garten angelegt, der nun wieder fürstliche Gartenkunst aus der Übergangszeit von der Renaissance zum Barock zeigt. Über Treppen steigt man hinunter ins 100 x 100 m große Gartenparterre mit seiner wohlkomponierten Anordnung von Blumenbeeten und Wegen. Die ornamentartigen Rabatten begrenzt ein den gesamten Garten umgebender Laubengang aus Hainbuchen, der wiederum von einem Wassergraben begleitet wird.

So abwechslungsreich gestaltet, war der Garten ein beliebter Ort der Erbauung und auch der gepflegten Konversation – nicht nur die vielen Statuen lieferten reichlich Gesprächsstoff. Gern suchten die Herrschaften ihren Garten auch zur Zerstreuung auf. Er war eine standesgemäße »Spielwiese« für Erwachsene. Hier fanden Wettrennen und Vogelschießen statt, die Herren und der Nachwuchs übten sich im Fechten, man vergnügte sich bei Maskeraden, Serenaden oder kleinen künstlerischen Darbietungen und nutzte die eine oder andere Gelegenheit für ein romantisches Tête-à-Tête in einem schützenden Laubengang.

Das muntere historische Treiben im Schlossgarten wird in Güstrow alljährlich am 3. Samstag im Juli, im »Sommertraum am alten Schloss«, wieder lebendig. Umrahmt von Blütenpracht und Duft des Lavendels finden ein Gartenfest und ein Internationales Kleinkunstfestival statt. Zauberer, Artisten, Jongleure, Clowns, Stelzenläufer, Musikanten und andere Künstler aus vielen Ländern treten auf und verwandeln den Garten in eine fantastische Welt. Dazu gibt es kulinarische Überraschungen und als Finale ein musikalisch untermaltes Feuerwerk.

Internationale Mecklenburger Renaissance

An die Stelle einer im 14. Jh. erstmals erwähnten Burg setzte Herzog Ulrich von Mecklenburg ab 1558 eine Residenz im Stil der Renaissance. Es wurde eine internationale Baustelle, denn neben dem aus der Lombardei stammenden Architekten Franz(iskus) Parr arbeiteten hier noch weitere italienische und deutsche, aber auch niederländische Handwerker und Künstler. Einiges an Mehrarbeit bedeutete die Gestaltung der Fassade mit Putzquadern, die massive, aufwendig gehauene Natursteine vortäuschen. Aber die Arbeitskraft war für den Bauherrn billiger als die teuren echten Steinblöcke!

Zu den Architekturidealen der Renaissance gehörte eine vierflügelige Schlossanlage. Am Rundturm in der Ostecke des Innenhofs ist zu erkennen, dass einst auch hier ein Ostflügel das Geviert abschloss. Als der Baumeister Parr 1567 Güstrow verließ, beauftragte der Herzog als Nachfolger den Niederländer Philipp Branden, der nach dem Schlossbrand 1586 den Neubau des nördlichen und östlichen

» Allgemeine Infos

Adresse: Staatliches Museum Schwerin, Schloss Güstrow, Franz-Parr-Platz 1, 18273 Güstrow, Tel. 0 38 43/75 20, www.schloss-guestrow.de

Lage und Anfahrt: Das Schloss befindet sich am südlichen Rand der Güstrower Altstadt mit Zugang vom Franz-Parr-Platz und Schlossberg (Parkmöglichkeiten).

Öffnungszeiten: Mitte April–Mitte Okt. tgl. 10–18 Uhr, Mitte Okt.–Mitte April Di–So, Fei 10–17 Uhr, öffentliche Führungen Di–So 14 Uhr.

» Essen und Unterkunft

Hotel & Restaurant Weinberg, Bölkower Str. 8, 18273 Güstrow, Tel. 0 38 43/8 33 30, www.weinberg-hotel.de. Hotel in ruhiger Lage, ca. 10 Gehminuten zur Innenstadt und zum See. Familiäre Atmosphäre, gemütlich eingerichtete Zimmer und eine kleine Sauna. Zum schönen Restaurant mit einer großen Auswahl an mecklenburgischen Spezialitäten, Wild- und Fischgerichten, z. B. Zander aus der Müritz, gehören eine hauseigene Schauräucherei, ein Holzbackofen sowie ein idyllischer Biergarten. ❍❍

Hotel & Restaurant Kurhaus am Inselsee, Heidberg 1, 18273 Güstrow, Tel. 0 38 43/85 00, www.kurhaus-guestrow.de. Ruhig und idyllisch liegt das Vier-Sterne-Haus, das sogar als Außenstelle des Standesamts genutzt wird, südlich der Stadt am Inselsee. Der Seeblick ist allgegenwärtig: in vielen der großzügigen, hellen Zimmer, im Restaurant mit regionalen Wild- und Fischspezialitäten oder auf der Gartenterrasse. Zur ultimativen Entspannung steht ein großer Wellnessbereich zur Verfügung. Es werden auch Pauschal-Arrangements angeboten, z. B. »Auf Barlachs Spuren«. ❍❍

Gästehaus am Schlosspark, Neuwieder Weg, 18273 Güstrow, Tel. 0 38 43/ 24 59 90, www.gaestehaus-guestrow.de. In ruhiger Citylage gegenüber vom Güstrower Schloss bietet das Gästehaus Zimmer mit Miniküche, davon sind 16 behindertengerecht. Zusätzlich gibt es Familienzimmer. Radfahrer sind herzlich willkommen: Das Haus verfügt über einen abschließbaren Fahrradraum und einen Reparaturservice für kleinere Pannen, man kann hier auch Räder leihen, um die schöne Umgebung zu erkunden. ❍

Flügels leitete. Der Abschluss des Renaissancebaus fand unter der Leitung von Claus Midow statt.

Die Schlossbrücke und das barocke Torhaus entstanden erst 1671 nach Plänen des französischen Architekten Charles Philippe Dieussart. Zum Ende des 17. Jhs. wurde das Schloss jedoch schon kaum mehr genutzt. Rund ein Jahrhundert später, 1795, musste der baufällig gewordene Ostflügel abgebrochen werden. Anfang des 19. Jhs. diente das Gebäude zunächst als Lazarett, dann als »Landarbeitshaus«. 1952 zog ein Altenheim ein. Erst in den 1960er-Jahren sollte sich das Schicksal des Schlosses wieder zum Besseren wenden, denn 1963 begann eine groß angelegte, detailreiche Restaurierung des Renaissancejuwels.

Seit jeher gehören die Stuckgewölbe des Erdgeschosses zu den bemerkenswertesten im Norden Deutschlands. Jeder Raum wurde individuell gestaltet, am aufwendigsten die beiden Hofstuben. Die Ornamentik verweist auf italienische und niederländische Vorbilder. Darin wird der Anspruch Herzog Ulrichs deutlich, eine Residenz von internationaler Bedeutung zu schaffen und seine Position in einen europäischen Rahmen zu setzen.

Von besonderer Bedeutung sind die im Schloss erhaltenen Stuckarbeiten aus dem 16./17. Jh. Der Bruder des ersten Schlossarchitekten, Christoph Parr, schuf um 1570 im Festsaal einen bemerkenswerten Hirschfries. Die Hirsche und Rehe treten halbplastisch aus der Wand heraus und tragen auf ihren Köpfen sogar echte Geweihe. Exotisches ist in den 43 Bildfeldern der Stuckdecke desselben Saals zu sehen: Jagd- und Kampfszenen aus Europa, Asien und Afrika. Bären kämpfen hier mit Rittern in voller Rüstung!

› Das Schloss erleben

In den historischen Räumen des Renaissancegebäudes bietet das **Schlossmuseum** interessante Einblicke in das internationale Kunstschaffen vergangener Jahrhunderte bis hinein in die Gegenwart. Mehrere Sammlungen schlagen hier zeitlich einen Bogen von der Antike bis in die Moderne.

Die **Antikenkollektion** erwarb der Schweriner Großherzog persönlich auf seinen Italienreisen in Rom. Vor allem griechische schwarz- und rotfigurige Keramik trug er zusammen, ein berühmtes Stück ist der Skyphos des Malers Pistoxenos.

In der Sammlung **Kunst des Mittelalters** werden Exponate aus Kirchen des einstigen Großherzogtums gezeigt, von Altären über Skulpturen, Glasfenster und Mobiliar bis hin zu liturgischem Gerät. Einmalig in Deutschland sind Umfang und Vielfalt der Kleinbildwerke des Rostocker Zisterzienserinnenklosters zum Heiligen Kreuz, u. a. mit der ältesten in Deutschland erhaltenen Hinterglasmalerei.

Von der herzoglichen Sammelleidenschaft kündet die **Renaissance-Abteilung** mit deutscher, niederländischer und italienischer Malerei, Majolika der italienischen Renaissance und – passend zu den Jagdmotiven in den Stuckarbeiten – einer reichhaltigen Waffensammlung. Manche der Waffen eigneten sich nicht für das standesgemäße Freizeitvergnügen, sondern waren ausschließlich als repräsentative Prunkwaffen gedacht.

Im sog. Frauenzimmer, den Räumen der Herzogin und ihres Hofstaates, wird die Jahrtausende umfassende **Geschichte der Glaskunst** präsentiert. Sie beginnt in der Antike und endet im 20. Jh. mit Glasplastiken namhafter DDR-Künstler. Besonders kostbar ist das Jugendstilglas, z. B. Vasen, aus Frankreich und Österreich.

Ein Zeugnis der **Designgeschichte** bildet eine moderne Besteckssammlung der Firma C. Hugo Pott.

Kinderführungen greifen verschiedene Themen auf, darunter das Leben der Ritter und ihrer Damen, Spiele in der Renaissance oder die Mode des 16,/17. Jhs. Sie enden mit einem praktischen Angebot, z. B. der Herstellung eines Spielzeugs.

» In der Umgebung

Auf den Spuren von Ernst Barlach

Güstrow nennt sich stolz Barlachstadt. Hier verbrachte der Bildhauer, Dichter und Grafiker Ernst Barlach (1870 bis 1938) seine produktivste Zeit, von 1910 bis kurz vor seinem Tod. Zwei Gebäude sind besonders eng mit seinem Schaffen verbunden und heute zu besichtigen: das Atelierhaus mit dem Grafikkabinett und einem Ausstellungsforum sowie die mittelalterliche Gertrudenkapelle, in der ein Barlach-Museum eingerichtet ist.

Das berühmteste Kunstwerk Barlachs ist im Güstrower Dom zu sehen: Den »Schwebenden Engel«, der die Gesichtszüge von Käthe Kollwitz trägt, schuf der Künstler 1926/27 als Ehrenmal für die Gefallenen des Ersten Weltkriegs. Das Original dieser Figur wurde von den Nazis als entartete Kunst eingeschmolzen, das Metall als Rohstoff für Rüstungszwecke genutzt.
www.barlach-stiftung.de

› Barlachs »Schwebender Engel«

Natur- und Umweltpark Güstrow

»Abenteuerzeit für große und kleine Naturfreunde« verspricht der Park südöstlich von Güstrow. Der Zugang erfolgt über ein Umweltbildungszentrum, in dem Wasser das Hauptthema ist. Im 12 m langen Aquatunnel wandern Besucher durch einen Fluss, ohne nass zu werden. Das Damwild im begehbaren Wildfreigehege wird gegen 13 Uhr gefüttert. Auf einem Hochweg kann man das Wolfsgehege betrachten. Für Mutige gibt es in der »Güstrower Wolfsnacht« bei Vollmond eine geführte Nachtwanderung zu den Eulen, zu den Wölfen und durchs Moor. 2006 wurde ein Bärengehege eingeweiht, 2007 das unterirdisches Bodenlabyrinth »Subterra«.
www.nup-guestrow.de

Schloss Ludwigslust

Einst Residenz, dann Sommersitz der Herzöge von Mecklenburg-Schwerin – das »mecklenburgische Versailles« präsentiert sich als prächtiges Barockschloss mit Sandsteinverkleidung.

» Zwei Herzöge wirkten hier als Landschafts- und Städteplaner: Der erste legte beim Dörfchen Klenow ein Jagdrevier mit einem kleinen Schlösschen an, der zweite fand so viel Vergnügen an diesem Fleckchen Erde, dass er nach Planungen im großen Stil gleich eine ganze Stadt und anschließend ein neues Schloss errichten ließ.

› Schloss und Stadt als Gesamtkunstwerk

Als Herzog Friedrich von Mecklenburg-Schwerin 1756 die Regierungsgeschäfte übernahm, wollte er an dem schönen Platz, dem sein Vater zwei Jahre zuvor den Namen »Ludwigs Lust« gegeben hatte, seine Residenz besitzen. Nur hier schien es dem sehr religiösen Herrscher möglich, fern vom Trubel ein besinnliches Leben zu führen und sich den Künsten und Wissenschaften zu widmen. Schon sein Vater, Christian II. Ludwig, hatte den idyllischen Ort sehr geschätzt.

Friedrich der Fromme begann, seinem Beinamen gerecht werdend, den Bau der neuen Residenz mit einem Gotteshaus: In ein kunstvoll angelegtes Wegenetz südlich des alten Jagdschlosses setzte er 1765–1770 die Hofkirche (heute Stadtkirche) mit einer außergewöhnlichen Tempelfront und einem separaten, ägyptisch anmutenden Glockenturm. Nach Plänen des Baumeisters Johann Joachim Busch sollte auf dem Terrain des Dorfes Klenow ein »mecklenburgisches Versailles« entstehen. Wie in der Residenz eines absolutistischen Herrschers sollten auch hier die Straßen sternförmig auf das Schloss als Mittelpunkt des Ganzen zulaufen. Um reichlich freien Baugrund zu schaffen, mussten nur die wenigen Bauernhöfe von Klenow abgerissen werden.

Die ersten Wohnhäuser entstanden am Bassin und am Kirchplatz, sodass der Herzog vom alten Jagdschloss aus beobachten konnte, wie sein Traum von einer Residenz Wirklichkeit wurde. Mit Gebäuden für den Hofstaat, für Handwerker und Künstler, die am Hofe arbeiteten, und zunehmend auch mit Wohnhäusern für andere, die sich in Ludwigslust Einkommen versprachen, entwickelte sich eine richtige kleine Stadt. Ab 1756 entstanden die barocken Häuser, zwischen 1808 und 1826 die klassizistischen.

› Das Spar-Schloss

Wie die Stadt wurde auch das Schloss (1772–1776) aus kostengünstigem Backstein errichtet. Da dieser aber für eine herzogliche Residenz eigentlich nicht standesgemäß war, brachte man Sandstein aus der Sächsischen Schweiz nach Ludwigslust, um das Schloss damit zu verkleiden. Die Hauptfassade erhielt strengen Bauschmuck, der zeigt, dass sich damals der Wandel vom Barock zum Klassizismus vollzog. Den oberen Abschluss des Gebäudes, das Kranzgesims, ziert dagegen eine höchst malerische Reihe von 18 überdimensionalen Vasen und 40 überlebensgroßen Statuen – alles aus Pirnaer Sandstein gefertigt. Die Figuren symbolisieren Tugenden, Wissenschaft, Technik und die Schönen Künste.

Obwohl sich der Bauherr beim Außenbau schon modern zeigte, so mochte er bei der Gestaltung des Goldenen Saals in der Mitte des Schlosses nicht auf die traditionelle Pracht des Louis-Seize und des Rokokos verzichten. Zwischen den mächtigen, halb vergoldeten Säulen des über zwei Geschosse reichenden Raumes wurden die Wandflächen mit Girlanden geschmückt. Vergoldeter Stuck prangt an der Decke – doch der Schein trügt: Die aufgesetzten Schmuckformen bestehen aus Ludwigsluster Carton, preiswertem Papiermaschee.

Rauschende Feste sollte der Goldene Saal unter Friedrich dem Frommen jedoch noch nicht erleben, denn seine Hofkapelle durfte nur geistliche Musik spielen. Die Schlichtheit des Klassizismus kam dem frommen Herrscher bei der Ausstattung der herzoglichen Gemächer, den Appartements der Gemahlin im Westflügel und seinen eigenen im Ostflügel, zupass. Einige Stücke des historischen Mobiliars befinden sich heute wieder im Schloss und vermitteln in den bereits zugänglichen Räumen einen Eindruck vom höfischen Leben im 18. und 19. Jh.

› Ein Kamin aus Meissener Porzellan

1837 hatte das Schloss als Residenz bereits ausgedient, denn Großherzog Paul Friedrich verlegte den Hof wieder nach Schwerin. Schloss Ludwigslust wurde daraufhin nur noch als Sommer- oder Alterssitz genutzt. Nach 1945 zogen Verwaltungen in die Räumlichkeiten, seit 1986 wird das Schloss nach und nach als Schlossmuseum eingerichtet.

› Park und Kaskaden

Der barocke Garten, der ab 1730 beim Jagdschloss Klenow angelegt worden war, reichte Herzog Friedrich für seine Residenz nicht aus: Ihm fehlte noch eine besondere Attraktion. Diese schuf Hofbaumeister Busch, indem er einen 28 km langen Kanal mit vielfältigen Wasserspielen anlegte. Unter Ausnutzung des natürlichen Gefälles werden die Kaskade auf dem Schlossplatz, die Walze an der Steinernen Brücke, die Fontäne, »Mönch« genannt, und die 24 Wassersprünge (»Nonnen«) betrieben. Als Baumaterial für Brücken und Wasserhindernisse diente zunächst Holz, doch schon nach rund 20 Jahren mussten die vom Verfall bedrohten Teile durch Granit ersetzt werden.

Mitte des 19. Jhs. gestaltete Peter Joseph Lenné den auf 132 ha erweiterten Schlosspark in einen Landschaftspark nach englischem Vorbild um.

› Das Schloss erleben

Die herzoglichen Säle und Gemächer kann man auf eigene Faust erkunden oder sich einer Führung anschließen. Im Goldenen Saal sowie in 20 weiteren

Räumen und Salons sind Möbel, Gemälde, Büsten und Uhren zu bewundern, die nicht nur einen anschaulichen Eindruck von höfischer Wohnkultur und Kunst des ausgehenden 18. Jhs. geben, sondern auch von der Sammelleidenschaft der Herzöge.

Da Herzog Friedrich sehr preisbewusst baute, blieb ihm noch Geld, um Kunst zu sammeln und in Auftrag zu geben, wie es die **fürstlichen Sammlungen** belegen. Schon Friedrichs Vater Christian II. Ludwig hatte begonnen, Gemälde – u. a. des französischen Hofmalers Jean Baptiste Oudry – sowie Werke der niederländischen Malerei und Grafiken zu kaufen, Friedrich leistete sich mit Georg David Matthieu sogar einen eigenen Hofmaler. Seine Porträts der herzoglichen Familie mit ihren feinen Details sind wunderbare Zeugnisse aus dem höfischen Alltag. Ein anderer Schwerpunkt der Ausstellungen ist dem **Ludwigsluster Carton** gewidmet. Es ist erstaunlich, was einst alles aus Papier hergestellt wurde und wie vielfältig sich das empfindliche und vergängliche Material gestalten lässt.

Bereits der erste Nachfolger des frommen Herzogs, Großherzog Friedrich Franz I., schätzte festliches Leben im Schloss. In dieser Tradition stehen das **Barockfest** im Mai im Schloss und im Schlosspark sowie die **Konzerte** im Goldenen Saal. Jährlich im August gibt es als »Kleines Fest im großen Park« ein internationales **Kleinkunstfestival.** Zur Kunst- und Museumsnacht (13. September 2008) werden wieder viele Besucher erwartet, die hinter die Kulissen schauen möchten.

In der Umgebung

Barockstadt Ludwigslust

Backstein- und Fachwerkhäuser aus dem 18./19. Jh. bestimmen noch heute das Stadtbild, auch das historische Straßennetz ist vielerorts noch erkennbar. Ein Bummel lohnt sich durch die Schlossfreiheit mit dem Kutschenmuseum und der Alten Wache. In der Schlossstraße stehen die Backsteinhäuser der barocken Stadtplanung, entlang der Kanalstraße reihen sich klassizistische Bürgerhäuser.

Die Grünanlagen erstrecken sich in einer Linie vom Schloss über den ovalen Platz Am Bassin bis zum Kirchplatz. Diesen quadratischen Platz umrahmen eingeschossige Fachwerkhäuser aus dem Jahr 1767, in denen Hofbedienstete wohnten. www.stadt-ludwigslust.de

Redefin

Seit Anfang des 18. Jhs. ist dieser Name untrennbar mit der mecklenburgischen Pferdezucht verbunden. Schon 1710 gab es in Redefin ein landesherrschaftliches Gestüt, das unter anderem das Schweriner Herzoghaus mit edlen Pferden versorgte. 1812 gründete dann Herzog Friedrich Franz I. von Mecklenburg-Schwerin das erfolgreiche Landgestüt Redefin.

Die größten Attraktionen für das Publikum sind die Hengstparaden im September. Zweimal im Jahr gastieren die Festspiele Mecklenburg-Vorpommern in Redefin, dann bietet die Kombination aus klassischer Musik und Reitkunst einen Genuss für Augen und Ohren. www.landgestuet-redefin.de

Allgemeine Infos

Adresse: Staatliches Museum Schwerin, Schloss Ludwigslust, Schlossfreiheit, 19288 Ludwigslust, Tel. 0 38 74/5 71 90, www.schloss-ludwigslust.de, www.stadtludwigslust.de.

Lage und Anfahrt: Ludwigslust liegt ca. 40 km südlich von Schwerin und ist sowohl mit dem Auto als auch per Bahn (ICE-Halt) aus allen Richtungen gut zu erreichen. Die B 5 teilt das Gelände zwischen Schloss und Stadtkirche. Parkplätze an der Bleiche oder an der Schlossgärtnerei.

Öffnungszeiten: Mitte April–Mitte Okt. tgl. 10–18 Uhr, Führungen Mo–Fr 14 Uhr, Sa/So 11, 14, 15 Uhr; Mitte Okt.–Mitte April Di–So, Fei 10–17 Uhr, Führungen Sa/So 14 Uhr.

Essen und Unterkunft

Le Café, Schloss Ludwigslust, 19288 Ludwigslust, Tel. 0 38 74/62 09 19. Im ehemaligen Jagdsaal genießt man heute Torten oder das hauseigene Sanddorneis. Sommerterrasse mit Blick auf den Schlosspark.

Café Schweizerhaus, Schlosspark 7, 19288 Ludwigslust, Tel. 0 38 74/2 19 86. Mitten im Schlosspark, umgeben von Riesen-Mammutbäumen, Scheinzypressen und verschiedenen Lärchenarten, steht das Schweizerhaus, 1789/90 als Landhaus für Herzogin Louise errichtet. Heute genießt man in dem Fachwerkgebäude oder auf der Gartenterrasse Kaffee, Kuchen, kleine Gerichte und den Blick auf den Park. ❍

Gaststätte Zum Forsthof, Lindenstr. 16, 19288 Glaisin, Tel. 03 87 54/2 05 50, www.forsthof-glaisin.de. Ländlich-mecklenburgisch ist die Atmosphäre in diesem Ensemble aus Backstein- und Fachwerkgebäuden. Rund um das alte Forsthaus mit Viehhaus, Kulturscheune, Steinofen-Backhaus und Ziehbrunnen gibt es viel zu sehen und zu erleben. Im Mittelpunkt steht natürlich die Küche mit deftigen regionalen Gerichten, aber auch mit Kaffee und selbstgebackenem Kuchen. Brotbacktage, Hoffeste, Ausstellungen, Konzerte und Theateraufführungen auf Plattdeutsch finden regelmäßig statt. ❍

Landhotel de Weimar, Schlossstr. 15, 19288 Ludwigslust, Tel. 0 38 74/41 80, www.landhotel-de-weimar.de. Das einstige herzogliche Gästehaus bietet modern bzw. historisch eingerichtete Gästezimmer. Ein Glasdach überspannt den Innenhof des Backsteinhauses von 1773 und gibt dem Restaurant sein besonderes Ambiente. Gekocht wird mit Produkten der Region: Spargel, Lamm von der Insel Rügen, Enten, Wachteln und Perlhühner aus Rosenow, Fische aus der Müritz. Aus den ersten Holunderblüten wird Nektar bereitet und zu Marmeladen, Gelees, Vinaigrettes und dem berühmten Holunderblütensorbet verarbeitet. ❍❍

Hotel Erbprinz, Schweriner Str. 38, 19288 Ludwigslust, Tel. 0 38 74/2 50 40, www.hotel-erbprinz.m-vp.de. Ein Vier-Sterne-Haus mit liebevoll eingerichteten Zimmern und attraktiven Pauschalangeboten für kürzere und längere Aufenthalte in Ludwigslust. Das dreitägige »Rendezvous mit Lulu« beinhaltet eine ausgiebige Schlossbesichtigung; ein Tipp für Pferde- und Musikliebhaber ist das Arrangement »Picknick – Pferde – Sinfoniekonzerte im Landgestüt Redefin«. ❍❍

Schloss Rheinsberg

Die »Residenz des Bruders« – ein Schloss des preußischen Königshauses in schönstem Friderizianischem Rokoko.

Malerisch umrahmen Schloss und Park Rheinsberg das Nordostufer des Grienericksees. Die schönste Seite des Schlosses mit den beiden Rundtürmen und dem verbindenden Säulengang zeigt sich zum See hin. Hier, fernab der Amtsgeschäfte, konnten sich die preußischen Prinzen ganz ihren persönlichen Interessen widmen.

Der märkische Musenhof

Schon für Kronprinz Friedrich II., später Friedrich der Große, der bis zu seiner Amtsübernahme 1740 hier lebte, war das Rheinsberger Schloss ein Ort der Künste und der höfischen Unterhaltung. Für den Wiederaufbau des Musenhofs, der ein Wasserschloss im Stil der Renaissance ersetzte, war Johann Gottfried Kemmeter engagiert worden, dem Friedrichs Vater König Friedrich Wilhelm I. Sparsamkeit verordnet hatte. So bezog Kemmeter Teile des Renaissanceschlosses und einen Turm einer älteren Burg in den Neubau ein. Für die Symmetrie der Anlage setzte er einen zweiten Turm an den westlichen Gebäudeflügel.

Ab 1737 übernahm Georg Wenzeslaus von Knobelsdorff, aus Italien zurückgekehrt, die Bauleitung. Aus dem Rheinsberger Schloss wurde ein schönes Beispiel für das frühe Rokoko in Brandenburg. Dies zeigt sich vor allem in Spiegel- und Muschelsaal mit ihren Stuckarbeiten und dem Deckenfresko von Antoine Pesne im Spiegelsaal.

1744 schenkte Friedrich, der nun in Potsdam residierte, seinem Bruder Heinrich das Schloss, holte aber drei Jahre später die umfangreiche Bibliothek nach Potsdam. Bis zu seinem Tod 1802 lebte der Prinz in Rheinsberg und führte den geselligen Musenhof fort. Auch Heinrich hatte eine Vorliebe fürs Exotische und ließ in den Amalienzimmern ein Kabinett mit chinesischen Lackmalereien gestalten.

Nach Heinrichs Tod 1802 geriet das Schloss in Vergessenheit. Zu DDR-Zeiten war hier eine Klinik untergebracht, erst 1991 wurden die ersten Räume als Schlossmuseum wieder genutzt.

Schloss und Park erleben

Bei einer Besichtigung mit Führung oder individuell mit Audioguide (Nov. bis März nur mit Führung) wandelt man durch die eleganten Räume. Eindrucksvoll ist das Deckengemälde Pesnes, » Der Tag vertreibt die Finsternis«, im Spiegelsaal. Das Paradeschlafzimmer von Prinz Heinrich steht dem Saal in seiner Pracht kaum nach.

Das **Kurt Tucholsky Literaturmuseum** im linken Seitenflügel erinnert an den Schriftsteller, der Rheinsberg in seiner fröhlich-melancholischen Sommergeschichte »Rheinsberg – Bilderbuch für Verliebte« (1912) ein literarisches Denkmal setzte.

Die **Schlossgärten** profitieren wie das Schloss von ihrer Lage am See. Sie sollten aber auch Praxiswert haben: So ließ Kronprinz Friedrich auf der Schlossinsel neben Blumenrondellen Obstbäume pflanzen. Nach 1753 wurde der Park erweitert und mit etlichen Gebäuden und Denkmälern versehen, wie zwei Grotten, dem Gartenportal, einem Gartensalon und einem Heckentheater. Der Park dokumentiert damit besonders gut den Übergang vom französischen Barockgarten zum englischen Landschaftspark – einem der ersten auf deutschem Boden. Noch heute lassen sich bei einem Spaziergang unschwer die geometrisch angelegten Abschnitte von den Arealen des Landschaftsparks unterscheiden.

Nicht nur im Schloss finden **Konzerte** z. B. der Landesmusikakademie Rheinsberg statt, auch im Park genießt man Aufführungen des internationalen Opernfestivals »Kammeroper Schloss Rheinsberg« im Heckentheater oder im Kavaliershaus. Das Feuerwerk **Rheinsberg in Flammen** rückt die Szenerie in ein besonderes Licht.

In der Umgebung

Naturpark Stechlin-Ruppiner Land
Große Buchenwälder und mehr als 150 Seen charakterisieren den brandenburgischen Naturpark, in dessen Zentrum Rheinsberg liegt. Der bedeutendste seiner typischen nährstoffarmen Klarwasserseen ist der Große Stechlin mit 425 ha Wasserfläche. Im Naturpark erleben Besucher eine unverfälschte Landschaft, so wie sie Fontane im 19. Jh. in seinen »Wanderungen durch die Mark Brandenburg« beschrieb. Die Naturparkverwaltung bietet auch geführte Touren, z. B. »Auf Fontanes Spuren – Naturpark erleben mit allen Sinnen«. www.naturparke.de

Allgemeine Infos

Adresse: Schloss Rheinsberg, Mühlenstr. 1, 16831 Rheinsberg, Tel. 03 39 31/72 60, www.spsg.de
Lage und Anfahrt: Rheinsberg liegt ca. 85 km nordwestlich von Berlin und ist über die E 251/L 223 zu erreichen. Das Schloss befindet sich zwischen der Stadt und dem Grienericksee. Parkplätze in Schlossnähe.
Öffnungszeiten: Ende März bis Ende Okt. Di–So 10–18 Uhr, Nov. bis Ende März Di–So 10–16 Uhr. Kurt Tucholsky Literaturmuseum Di–So 9.30–12.30, 13–17 Uhr. Der Park wird bei Einbruch der Dunkelheit geschlossen.

Essen und Unterkunft

Hotel Restaurant Schloss Ziethen, 16766 Kremmen OT Groß Ziethen, Tel. 03 30 55/9 50, www.schloss ziethen.de. 38 km südlich von Rheinsberg auf dem Weg nach Berlin liegt dieses märkische Herrenhaus inmitten eines großen Parks. Das repräsentative Gebäude mit Salons, Bibliothek und Kaminzimmer hat elegante Zimmer im Schloss und im Gästehaus. Das Restaurant mit Orangerie und Gartenterrasse bietet eine ausgezeichnete brandenburgische Herrenhausküche. Regelmäßig finden stimmungsvolle Lesungen oder Sonntagskonzerte im Schloss statt. ❍❍

Restaurant & Pension Holländermühle, Scharnoer Str., 16831 Rheinsberg, Tel. 03 39 31/23 32, www.hollaender-muehle.rheinsberg.de. Die Küche bietet nichts Besonderes, aber das Ambiente der 100 Jahre alten Windmühle ist wirklich einmalig. Zu empfehlen: der selbstgebackene Kuchen. Zimmer im Mühlenturm sowie im modernen Anbau. ❍–❍❍

Schloss Charlottenburg

Die prächtige barocke Anlage von Schloss und Park Charlottenburg ist eine der bedeutendsten Attraktionen Berlins.

» Im Zweiten Weltkrieg zerstört, wurde das Schloss mit seiner markanten Kuppel in rund 20-jähriger Arbeit wieder in seinen glanzvollen Zustand zurückversetzt – ebenso der Schlosspark und die anderen historischen Gebäude. Zwei berühmte Frauen sind eng mit dem Barockschloss verbunden: Sophie Charlotte und Luise.

› Die unvergessliche Luise

Bereits als 16-Jährige zog Luise von Mecklenburg-Strelitz mit ihrer Natürlichkeit alle in ihren Bann. König Friedrich Wilhelm II. wurde auf das reizende Mädchen aufmerksam und beschloss, sie als Braut für seinen Sohn Kronprinz Friedrich Wilhelm an den preußischen Hof zu holen, und Heiligabend 1793 fand die Hochzeit statt. 1798, ein Jahr nach der Krönung Friedrich Wilhelms, wurde als viertes von zehn Kindern Tochter Charlotte im Charlottenburger Schloss geboren.

Es kamen schwere Zeiten für das junge Königspaar, denn Napoleon war gerade dabei, die europäische Landkarte neu zu gestalten. Im Oktober 1806 zog der Kaiser der Franzosen in Berlin ein. Die preußische Königsfamilie flüchtete nach Königsberg. Dort, am äußersten Rand ihres zerbrechenden Reiches, wurde Luise als Königin politisch aktiv. Sie bat den mächtigsten Mann Europas um Gnade für ihr Land. Im Dezember 1809 konnte das Königspaar auf Wunsch Napoleons wieder im Schloss Charlottenburg einziehen.

Ein halbes Jahr später starb Luise in Mecklenburg an einer Lungenentzündung. Im Dezember 1810 fand die beliebteste Königin Preußens in einem Mausoleum im Charlottenburger Schlosspark ihre letzte Ruhestätte.

› Königlich-preußisches Lebensgefühl

Die prachtvolle Ausstattung des großen Schlosses lässt kaum erahnen, dass es sich um eine Rekonstruktion handelt. Nach dem Zweiten Weltkrieg entstand das dreiflügelige Gebäude mit seiner imposanten Länge von 505 m quasi neu. Heute gibt das Schloss einen Einblick in das Leben am preußischen Hof und den Kunstgeschmack der Hohenzollern, der sich z. B. in der größten Sammlung französischer Kunst des 18. Jhs. außerhalb Frankreichs spiegelt.

Namenspatronin für das Schloss war Sophie Charlotte, die Gemahlin des Kurfürsten Friedrich III. Der fürsorgliche Gemahl ließ 1695–1699 für seine Gattin eine Sommerresidenz nach Entwürfen Arnold Nerings erbauen, den Mitteltrakt des heutigen Schlosses (Neringbau). Damals trug es noch den Namen Lietzenburg, erst nach dem frühen Tod der Königin 1705 wurde es Charlottenburg getauft.

Nachdem sich der Kurfürst 1701 zum König gekrönt hatte, begann er, das Lustschloss zur Residenz auszubauen. 1713 waren die Arbeiten unter der Leitung von Eosander von Göthe abgeschlossen: Er hatte die langen Seitentrakte angebaut, den Ehrenhof angelegt und diesen mit einem prächtigen Gitter abgegrenzt.

1740–1742 errichtete Georg Wenzeslaus von Knobelsdorff im Auftrag Friedrichs II. den Neuen Flügel. Die Appartements der Königin Elisabeth Christine, die Friedrich 1733 geheiratet hatte, wurden im Erdgeschoss eingerichtet, im darüberliegenden Stock diejenigen Friedrichs. Doch der König nutzte sie nur wenige Jahre, dann bevorzugte er Sanssouci als Wohnsitz.

Im späten 18. Jh., zur Zeit Friedrich Wilhelms II., entstand das Schlosstheater. Als Architekten verpflichtete der König Carl Langhans, den Erbauer des Brandenburger Tors. Große Veränderungen gab es auch im französischen Barockschlosspark. Langhans errichtete das dreigeschossige Belvedere. 1810 kam das Mausoleum von Königin Luise hinzu, in dem 1840 ihr Gatte Friedrich Wilhelm III. ebenfalls seine letzte Ruhe finden sollte.

1824/25 errichtete Karl Friedrich Schinkel für den verwitweten König den italienisch anmutenden Neuen Pavillon. Damit wollte Friedrich Wilhelm III. zum einen die Erinnerung an eine Italienreise im Jahr 1822 pflegen, zum anderen aber auch für sich und seine neue, 30 Jahre jüngere Gemahlin Auguste einen privaten Platz schaffen.

Berühmt wurde das Schloss auch durch das legendäre Bernsteinzimmer. 1701–1709 gefertigt, befand es sich einige Jahre in Charlottenburg, bis es Friedrich Wilhelm I. dem russischen Zaren zum großzügigen Geschenk machte. Im Zweiten Weltkrieg wurden die kostbaren Bernsteinvertäfelungen von St. Petersburg nach Königsberg gebracht; seither gilt das originale Bernsteinzimmer als verschollen.

› Das Schloss erleben

Mindestens einen ganzen Tag sollte man für Schloss Charlottenburg einplanen, denn es gibt so viel zu sehen!

Die barocken Wohnräume von Sophie Charlotte und Friedrich I. im im Erdgeschoss des **Alten Schlosses** zeigen, dass man auch an der Spree die Chinamode der Zeit pflegte – chinesische Lackmöbel bestimmen das Bild. Im Porzellankabinett steigerte man die Wirkung der empfindlichen Kostbarkeiten noch, indem man Teile der vergoldeten Wände mit Spiegeln verkleidete. Diese Räume sind nur mit Führung oder einem Audio-Guide zu besichtigen. Im Obergeschoss wandelt man durch die königlichen Gemächer Friedrich Wilhelms IV. sowie durch die Hoftafel- und Silberkammer.

Im **Neuen Flügel** entfaltet sich in den königlichen Gemächern Friedrichs des Großen die ganze Pracht des Rokokos, u. a. im Weißen Saal, der kurzzeitig als Bankett- und Thronsaal diente. Gipfel der Eleganz ist die Goldene Galerie mit grünen Wänden aus Stuckmarmor, vergoldeten Spiegeln und der feinen Dekoration aus Rocaillen sowie Blätter- und Blütenbändern, die alle Wände und die Decke des Saales überzieht. Vornehmste klassizistische Strenge zeigt das Schlafzimmer der Königin Luise. Im Neuen Flügel hängen zahlreiche Meisterwerke des französischen Rokokos von Künstlern wie Watteau, Lancret und Chardin.

Außerordentliche Schätze hütet das **Museum für Vor- und Frühgeschichte** im ehemaligen **Schlosstheater,** dem Langhansbau, darunter die Grabungsfunde Schliemanns aus Troja.

› Karl Friedrich Schinkel gestaltete das Schlafzimmer von Königin Luise

Auch einige Gebäude im Schlosspark lohnen eine Innenbesichtigung. So beherbergt der **Belvedere** eine **Porzellansammlung** von Weltrang. Sie präsentiert die kostbare Produktion der ehemals drei Berliner Manufakturen. Friedrich II. hatte eine davon 1763 erworben und aus der Konkursmasse die bis heute existierende Königliche Porzellan-Manufaktur (KPM) geschaffen.

Der **Neue Pavillon** mit einer **Kunst- und Möbelsammlung** der Schinkelzeit bleibt wegen Restaurierung voraussichtlich bis 2010 geschlossen

Die vielen Attraktionen und die weite Schlossanlage werden bei **Familienführungen** auch 6- bis 10-Jährigen nahegebracht. Viel zu entdecken gibt es bei spielerischen Schlossbesuchen, z. B. »Mit Flora durch glanzvolle Festsäle« oder »Fremde Welten«. Erwachsene können sich z. B. auf »Die Führung mit dem Kammertürken Ali« begeben.

In der Umgebung

Sammlung Berggruen

»Picasso und seine Zeit« ist der Schwerpunkt dieser Sammlung im westlichen Stülerbau mit Werken der Klassischen Moderne. Auf drei Etagen werden 100 Exponate von Picasso gezeigt – Gemälde, Skulpturen und Arbeiten auf Papier. Als zweiter Künstler erhält Paul Klee mit seinen kleinformatigen Arbeiten ein besonderes Forum. Daneben sind auch Werke bedeutender Zeitgenossen ausgestellt, so Cézanne, Matisse, van Gogh, Braque und Giacometti.
www.smb.spk-berlin.de

Bröhan Museum

Jugendstil, Art déco und Funktionalismus aus der Zeit von 1889 bis 1939 zeigt dieses international ausgerichtete Spezialmuseum gleich neben der Sammlung Berggruen. Seine zwei Hauptgebiete sind Kunsthandwerk und Bildende Kunst. In Raumensembles werden anhand ausgewählter Beispiele aus Glas, Keramik, Porzellan, Silber und Metall in Kombination mit Möbeln, Teppichen, Beleuchtungskörpern, Graphiken und Gemälden die verschiedenen Epochen dargestellt. Schwerpunkte sind dabei Arbeiten des französischen und belgischen Art Nouveau, des deutschen und skandinavischen Jugendstils sowie Ensembles des französischen Art déco. Wechselnde Sonderausstellungen kommen hinzu. www.broehan-museum.de

Allgemeine Infos

Adresse: Altes Schloss, Spandauer Damm 10–22, 14059 Berlin, Tel. 0 30/32 09 11, www.spsg.de

Lage und Anfahrt: Das Schloss liegt im Westen Berlins, im Stadtteil Charlottenburg. Von der U-Bahn-Station Richard-Wagner-Platz oder S-Bahn-Station Jungfernheide gelangt man mit dem Bus oder nach ca. 15 Minuten Fußweg zum Schloss. Die Buslinie M 45 hält vor dem Schloss.

Öffnungszeiten: Altes Schloss nur mit Führung oder Audio-Guide, Di–So 10–18 Uhr.

Neuer Flügel: Ende März bis Ende Okt. Mi–Mo 10–18 Uhr, Nov. bis Ende März Mi–Mo 10–17 Uhr.

Neuer Pavillon (Kunst und Möbel): wegen Restauierung geschlossen bis 2010.

Belvedere (Porzellansammlung): April–Okt. Di–So 10–18 Uhr, Nov.–März Di–So 12–17 Uhr.

Mausoleum: April–Okt. Di–So 10–18 Uhr, Nov.–März Di–So 12 bis 17 Uhr.

Langhansbau (Museum für Vor- und Frühgeschichte): Di–Fr 9–17, Sa/So 10–17 Uhr.

Schlosspark: im Winter 6 bis max. 20 Uhr, im Sommer 6 Uhr bis zum Einbruch der Dunkelheit.

Essen und Unterkunft

Lutter & Wegner, Schlüterstr. 55, 10629 Berlin, Tel. 0 30/8 81 34 40, www.restaurantlutterundwegner.de. 1851 wurde ein Nachfahre des Herrn Lutter zum Königlichen Hoflieferanten ernannt, man trinkt hier also aus Tradition guten Wein. Die regionale Küche mit italienischem Touch bringt auch ganz Bodenständiges hervor, z. B. Brandenburger Landentenbraten mit Apfelrotkohl und Kartoffelklößen. ❍❍

Zillemarkt, Bleibtreustr. 48a, 10623 Berlin, Tel. 0 30/8 81 70 40, www.zillemarkt.de. Ein uriges Lokal ehrt den berühmten Berliner Milieumaler Heinrich Zille (1858–1929). Dementsprechend stehen auch Berliner Spezialitäten auf der Karte, beispielsweise Kartoffelsuppe, Bouletten, Hackepeter, Sülze und Kohlrouladen – einfache deftige Speisen, wie sie das Volk gern aß, das Zille mit spitzer Feder in Zeichnungen, aber auch schon in Fotografien festhielt. ❍

Hotel Orion, Dahlmannstr. 7, 10629 Berlin, Tel. 0 30/3 10 13 90, www.hotel-orion.de. 51 komfortable Zimmer mit großen Fenstern in einer ruhigen Nebenstraße nahe dem S-Bahnhof Charlottenburg. Zu den Pluspunkten des Hauses gehört das üppige Frühstücksbuffet. ❍❍

Schloss Sanssouci

Sans souci – ohne Sorgen – konnte Friedrich II. hier fern von den Zwängen des Hofzeremoniells seine Liebe zur Kultur ausleben.

» **Natur und Kunst zu vereinen, das gelang Friedrich dem Großen und seinem Architekten Georg Wenzeslaus von Knobelsdorff am ehemals »Wüsten Berg« in Potsdam. Zum harmonischen Gesamtbild tragen auch die ungewöhnlichen Aus- und Einblicke bei, die sich in der sanft gewellten Landschaft immer wieder bieten.**

› Der erste Musikus bei Hofe

Der erste Musikus von Sanssouci war niemand Geringerer als Seine Majestät König Friedrich II. alias der Große (1712–1786). Schon als Kind lernte er Querflöte spielen, und nach seiner Thronbesteigung 1740 ließ er in Berlin ein neues Opernhaus bauen, gründete ein Hoforchester und stellte seinen Flötenlehrer Johann Joachim Quantz als Flötenbauer und Komponist bei Hofe an. Ein Sohn Johann Sebastian Bachs, Carl Philipp Emanuel, bekam den Posten des Hofcembalisten.

Der König komponierte auch selbst: Rund 120 Stücke, hauptsächlich für Querflöte mit Cembalobegleitung, schrieb er in Sanssouci.

› Friedrichs Herren- und Hundegesellschaft

Georg Wenzeslaus von Knobelsdorff errichtete Sanssouci 1745–1747 als relativ kleinen, nur eingeschossigen Bau. Dieses Hauptwerk der deutschen Rokoko-Architektur ließ Friedrich II. auf den Wüsten Berg bei Potsdam setzen, der daraufhin in einen Terrassengarten und den nördlichsten Weinberg des Landes umgestaltet wurde.

Das Schlösschen sollte dem preußischen König 40 Jahre lang als bevorzugte Sommerresidenz dienen, wo er in einer sorgfältig ausgewählten Gesellschaft von Musikern, Literaten, Philosophen und einem Dutzend Hunde weilte. Repräsentative Pracht war dafür nicht nötig, und so zeichnet Sanssouci gerade die feine, dezente Eleganz in der Gestaltung der Räume aus. Viele Schmuckmotive stehen in Zusammenhang mit dem Garten, wie Blumen und Ranken, oder mit den Hobbys des Königs: Instrumente oder Hunde wurden filigran in vergoldete Schnitzereien gesetzt.

› Die Innenräume

Nur ein einziges Arbeits- und Schlafzimmer beanspruchte Friedrich für sich privat. Hier starb er auch am 17. August 1786 in einem Armsessel. Das Zimmer besitzt jedoch nicht mehr seine originale Ausstattung, denn es war so verwohnt, dass es Friedrichs Nachfolger im klassizistischen Stil modernisieren ließ.

Zum Gebäudetrakt des Königs gehört in dem sich anschließenden Rundbau eine umfangreiche Bibliothek mit vielen kostbaren Bänden. Auf der anderen Seite des Arbeits- und Schlafzimmers folgen das Konzertzimmer sowie ein schmales Speisezimmer als Übergang zum Marmorsaal. Dieser Saal bildet den Mittelpunkt der symmetrischen Schlossanlage. Korinthische Doppelsäulen aus grau geädertem Carrara-Marmor tragen eine mit reichem Golddekor geschmückte Kuppel, in den Marmorboden wurden farbige Ranken eingelegt.

Im Damenflügel auf der anderen Seite des Marmorsaales brachte Friedrich seinen Hofstaat unter – für seine ungeliebte Gemahlin Elisabeth Christine war hier kein Platz vorgesehen.

Friedrich wollte sein Sanssouci auch nach dem Tode nicht verlassen und ließ noch zu Lebzeiten am Terrassenrand östlich des Schlosses für sich und seine Hunde eine Gruft ausheben. Doch sein Nachfolger Friedrich Wilhelm II. verweigerte ihm den letzten Willen und ließ nur die elf Hunde Friedrichs hier beerdigen. Friedrich fand seine letzte Ruhe zunächst in der Potsdamer Garnisonkirche. Erst 1991 gelangte sein Sarkophag wieder nach Sanssouci, und Friedrich wurde nun endlich unter der marmornen Statue der Blumengöttin Flora beigesetzt.

› Das Chinesische Teehaus im Schlosspark entstand 1754–1757

› Der Schlosspark

Sanssouci ist weit mehr als nur das Lieblingsschloss Friedrichs des Großen: In der 290 ha großen Parkanlage stehen weitere Schlösser und kleinere Gebäude. Dazu zählen das Neue Palais, die Bildergalerie, das Schloss Neue Kammern, eine historische Windmühle, das Chinesische Haus, Schloss Charlottenhof, die Römischen Bäder, das Orangerieschloss und die Friedenskirche.

Die bekannteste Ansicht von Sanssouci sind die in der Mitte des 18. Jhs. angelegten geschwungenen Weinbergterrassen. Kurz danach entstand der anschließende Lustgarten mit einem System von Fontänen und Wasserkünsten. Aus dieser Bauperiode stammen die Thetisgrotte und die Neptungrotte. Im Westen schließt sich an diesen Lustgarten das ehemalige Jagdrevier an, der Rehgarten. Hier bestimmen Waldflächen das Bild, aber auch einige architektonische Staffagen und Skulpturen: Höhepunkt ist das reizende Chinesische Teehaus, einer der schönsten Bauten der Chinamode des 18. Jhs., und nun Ausstellungsort einer Porzellansammlung (Anfang Mai bis Ende Okt. Di–So 10–18 Uhr).

› Das Schloss erleben

Als Einstieg für Sanssouci-Anfänger empfiehlt sich der Spaziergang von der Stadt über den Luisenplatz in den Park, um dann vom Französischen Rondell die mit Weinstöcken und Feigenbäumchen bepflanzten Terrassengärten zum Schloss hinaufzusteigen.

Schloss Sanssouci – eines der bedeutendsten Ziele des internationalen Tourismus in Deutschland – kann man nur mit einer **Führung** besichtigen, die durch die Wohn- und Prunkräume Friedrichs des Großen führt. Zur Hochsaison werden im 10-Minuten-Takt Gruppen geführt, und trotzdem sind an Wochenenden oder Feiertagen die Termine oft ausgebucht. Da Karten nur für den laufenden Tag verkauft werden, eine Vorausbuchung also nicht möglich ist (außer für Gruppen), sollten Sie möglichst früh kommen, um noch einen Führungstermin zu ergattern. Die Zeit bis zur Führung lässt sich dann wunderbar im Park verbringen.

Neben den Standardführungen bietet die Stiftung Preußische Schlösser und Gärten (SPSG) auch eine Reihe von **Themenführungen** durch den Schlosspark und die anderen königlich-preußischen Bauten.

Die meisten der **Gebäude im Park** sind ebenfalls zu besichtigen.

Immer wieder gibt es **Ausstellungen** zur Geschichte der Schlösser und ihrer Bewohner, aber auch zu Fragen der Denkmalpflege, die von Veranstaltungen begleitet werden.

Im unvergleichlichen Ambiente der Schloss- und Parklandschaft finden auch **Theateraufführungen** des Potsdamer Hans Otto Theaters statt. Während der Potsdamer Schlössernacht im August erklingen Konzerte verschiedenster Genres (Tickets im Vorverkauf ca. Anfang Dezember besorgen!).

» In der Umgebung

Altstadt von Potsdam

Königlich-Preußischer Stadtplanung verdankt Potsdam einige historische Stadtviertel. Das bekannteste ist das Holländische Viertel, das Friedrich Wilhelm I. um 1740 errichten ließ. Damit wollte er holländische Ingenieure und Handwerker ins Land locken die helfen sollten, das sumpfige Land rund um Potsdam zu erschließen. Heute tragen viele kleine Läden und Cafés zum Charme des Viertels bei.

Zwei anderen barocken Stadterweiterung in der ersten Hälfte des 18. Jhs. entstammt das Viertel rund um die Brandenburger Straße zwischen dem Brandenburger Tor und der Kirche St. Peter und Paul. Bei einem Bummel durch die Fußgängerzone fallen noch heute die nach einem einzigen Bauplan errichteten Häuser auf. In den Dachgeschossen ließ der König 25 m^2 große Stuben einrichten, in denen seine Soldaten einquartiert werden konnten. www.potsdam.de

Preußische Schlösser und Gärten

Schlösser und Gärten bietet Potsdam in großer Vielfalt, und einige der Schlösser erhalten durch ihre Lage an Seen noch einen ganz besonderen Reiz. Der Neue Garten um das Marmorpalais (1787–1791) und den Cecilienhof (1914–1917) nimmt das westliche Ufer des Heiligen Sees ein. Auf dem östlichen Ufer des parallel verlaufenden Tiefen Sees dehnt sich der Park von Babelsberg mit dem neugotischen Schloss (1834/35) aus. Aber auch andere, »schlosslose« Parks lohnen den Besuch: der Ruinenberg nördlich von Schloss Sanssouci mit seinen künstlichen Ruinen oder der Pfingstberg mit dem Belvedere mit wunderbarem Blick über die Stadt und die Seenlandschaft. www.spsg.de

Allgemeine Infos

Adresse: Schloss Sanssouci, Maulbeerallee, 14469 Potsdam, Tel. 03 31/9 69 41 90, www.spsg.de Besucherzentrum der Stiftung Preußische Schlösser und Gärten Berlin-Brandenburg (SPSG) in der Historischen Mühle/Schlosspark Sanssouci, Tel. 03 31/9 69 42 02.
Achtung: Eintrittskarten für Schloss Sanssouci gibt es nicht im Besucherzentrum, sondern nur an der Schlosskasse!
Lage und Anfahrt: Westlich der Potsdamer Altstadt befinden sich die ausgedehnten Parkanlagen mit den Schlössern, die ausgeschildert sind.
Mehrere Parkplätze am Schlossgelände. Vom Hauptbahnhof fahren die Busse 695 und X15 zum Schloss.
Öffnungszeiten: Besichtigung nur mit Führung, Park frei zugänglich.
Ende März–Okt. Di–So 10–18 Uhr, Nov.–Ende März Di–So 10–17 Uhr.
Der Park ist täglich von 8 Uhr bis zum Einbruch der Dunkelheit geöffnet. Die Öffnungszeiten der Gebäude im Park sind unterschiedlich; genaue Informationen unter www.spsg.de

Essen und Unterkunft

Restaurant & Café Drachenhaus, Maulbeerallee 4a, 14469 Potsdam, Tel. 03 31/5 05 38 08, www.cafe-drachenhaus.de
1770 wurde das Drachenhaus in Form einer chinesischen Pagode für den Weingärtner Friedrichs des Großen in den Park Sanssouci gesetzt. Heute bietet hier ein Restaurant brandenburgische Küche sowie Kuchen und Torten aus eigener Konditorei. Besonders attraktiv sind die Konzert- oder Kabarettabende mit passenden Menüs. Im Winter Mo geschl. ❍❍
Kleines Schloss Restaurant, Park Babelsberg 9, 14482 Potsdam, Tel. 03 31/ 70 51 56, www.kleinesschloss.de.
1841/42 wurde das Schlösschen Babelsberg im englischen Tudorstil für den Kronprinzen Friedrich Wilhelm errichtet. Auf der Speisekarte steht viel Fisch aus den Seen rund um Potsdam, außerdem Gerichte aus Bioprodukten.
Mo geschl. ❍❍
Hotel Am Luisenplatz, Luisenplatz 5, 14471 Potsdam, Tel. 03 31/97 19 00, www.hotel-luisenplatz.de. Das Vier-Sterne-Haus liegt wenige Schritte vom Eingang zum Schlosspark Sanssouci entfernt. Von einigen der geschmackvoll ausgestatteten Zimmer blickt man in den Park, zur Straßenseite hin ist der Luisenplatz mit dem Brandenburger Tor eine attraktive Kulisse. Das Restaurant Luise lädt zu einer Reise durch die mediterrane Küche ein. Für Familien empfiehlt sich die Dependance »Bed & Breakfast Hotel am Luisenplatz« (auch kleine Appartements). ❍❍
Relexa Schlosshotel Cecilienhof, Neuer Garten, 14469 Potsdam, Tel. 03 31/ 3 70 50, www.relexa-hotel.de.
Geschichtsträchtig ist dieses 1914–17 im Stil englischer Landsitze errichtete Fachwerkschloss, übrigens der letzte preußische Schlossbau: Hier fanden 1945 die Verhandlungen der Siegermächte statt, die zum Potsdamer Abkommen führten. Die Zimmer des heutigen Hotels sind im vornehm-englischen Stil eingerichtet. Entspannung bieten die Sauna, Ayurveda-Anwendungen, Yogastunden und Nordic-Walking-Kurse im Neuen Garten. ❍❍

Schloss Wolfenbüttel

Der mächtige vierflügelige Barockbau mit dem charakteristischen Renaissanceturm war mehr als 300 Jahre lang die Residenz der welfischen Herzöge des Herzogtums Braunschweig-Wolfenbüttel.

» Ein kleines Herzogtum mit knapper Kasse schaffte es, in der großen europäischen Politik mitzumischen, nachdem es einem geschäftstüchtigen Großvater gelungen war, seine Enkelin mit einem Kaisersohn zu verloben. Zu den berühmtesten Abkömmlingen der Familie wurden Maria Theresia und deren Tochter Marie Antoinette.

› Verheiratet, um das Haus Habsburg zu retten

Prinzessin Elisabeth Christine von Braunschweig-Wolfenbüttel (1691 bis 1750) war auserwählt worden, das Aussterben der männlichen Linie der Habsburger und damit den Untergang des Hauses zu verhindern. Ihr Großvater, Herzog Anton Ulrich, hatte die Hochzeit seiner Enkelin mit dem spanischen Thronfolger Karl arrangieren können, da die Damen der Wolfenbütteler Herzogsfamilie für ihre Fruchtbarkeit bekannt waren. Für Anton Ulrich brachte die Ehevermittlung eine schöne Summe in die chronisch leere Kasse seines Herzogtums.

Als Sechszehnjährige begab sich Elisabeth Christine 1707 auf die Reise nach Wien. Erst unterwegs erreichte sie die Nachricht ihrer Erwählung durch Karl. Im Bamberger Dom trat die Protestantin zur katholischen Kirche über und beseitigte damit das letzte Ehehindernis. Am 23. April des folgenden Jahres fand in Wien die Hochzeit statt – übrigens in Abwesenheit des Bräutigams. Zwei Tage später verließ die junge Braut mit großem Gefolge die Kaiserresidenz in Wien, um nach Spanien zu reisen. Karl traf hier zum ersten Mal auf seine junge Frau, verliebte sich sogleich in sie, und das Königspaar wurde am 1. August 1708 in der Kathedrale von Barcelona noch einmal gemeinsam getraut.

Aber die ersehnte Kinderschar wollte sich einfach nicht einstellen. Dazu kamen die langen Monate, wie vom September 1711 bis Juli 1713, in denen Karl mit seinen Truppen ins Feld ziehen musste. 1716 erfüllten sich endlich die Hoffnungen des Kaiserhauses: Ein Sohn wurde geboren, der jedoch bereits nach acht Monaten starb. Im Mai 1717 und im September 1718 schenkte Elisabeth Christine zwei Töchtern das Leben, Maria Theresia und Maria Anna. Doch der Zwang, einen Thronfolger zu gebären, wurde für die Kaiserin zur Qual. Drakonische Maßnahmen zur Förderung der Empfängnis brachten 1724 auch »nur« noch eine weitere Tochter und nicht den ersehnten Erben hervor. Dabei waren all diese Qualen eigentlich längst unnötig geworden, denn 1713 hatte der Kaiser auf Drängen seiner Schwägerin bereits die sogenannte Pragmatische Sanktion erlassen und darin die Möglichkeit der weiblichen Erbfolge festgelegt.

So konnte Maria Theresia Kaiserin werden. Die einst gerühmte Fruchtbarkeit der Wolfenbütteler Herzogsfamilie sollte bei ihr wieder in Erscheinung treten: Sie bekam in 20 Jahren 16 Kinder, davon erreichten sechs Töchter und vier Söhne das Erwachsenenalter. So war der Fortbestand des Hauses Habsburg und anderer Monarchien gesichert.

Geschichte des Schlosses

Anfang des 12. Jhs. wurden die Herren von Wolfenbüttel erstmals genannt. 1255 ging ihre Burg in den Besitz der Braunschweigischen Linie der Welfen über, die 1432 bis 1754 in Wolfenbüttel residierte. Die mittelalterliche Wasserburg wandelte sich im 16. Jh. zum Renaissanceschloss und im 17./18. Jh. zu einem Barockbau, dessen unregelmäßige Steinmauern 1714/15 mit reich dekorierten Fachwerkwänden verblendet wurden. Hinter den Außenwänden, die Steinbauformen vortäuschen, entstanden Galerieräume.

1747 übertrug man den Namen des Schlosses – Wolfenbüttel – auch auf die 1570 gegründete Heinrichstadt östlich des Schlosses. Sieben Jahre später, 1754, verlegten die Herzöge ihre Residenz nach Braunschweig. Das Wolfenbütteler Schloss stand daraufhin fast ein halbes Jahrhundert lang leer. Zwischen 1795 und 1806 fanden hier adlige Revolutionsflüchtlinge aus Frankreich ein Asyl. Im 19. Jh. wurden Teile der einstigen Residenz, darunter die ältesten Wohnflügel und die Schlosskapelle, abgerissen, andere als Fabrik bzw. später als Kindertagesstätte genutzt. Heutzutage befinden sich im Schloss u. a. ein Gymnasium sowie die Bundesakademie für kulturelle Bildung.

Allgemeine Infos

Adresse: Museum im Schloss Wolfenbüttel, Schlossplatz 1, 38304 Wolfenbüttel, Tel. 0 53 31/9 24 60, www.schloss-wolfenbuettel.de

Lage und Anfahrt: Der Schlossbereich schließt sich westlich an die Altstadt bzw. Heinrichstadt an.

Öffnungszeiten: Di–So 10–17 Uhr.

Essen und Unterkunft

Jägermeister-Ratskeller, Stadtmarkt 3, 38300 Wolfenbüttel, Tel. 0 53 31/88 27 34. Seit 400 Jahren gehen die Wolfenbütteler gern in ihren Ratskeller und genießen die solide deutsche Küche. Humorvolle Zeichnungen und Zitate erinnern an Wilhelm Busch, der mehr als 30 Jahre lang seinen Sommerurlaub bei seinem Bruder in Wolfenbüttel verbrachte. ○○

achtzehn38, Bahnhof 1, 38300 Wolfenbüttel, Tel. 0 53 31/9 02 82 83, www.kulturbahnhof-wf.de. Hinter dem Namen achtzehn38 verbirgt sich in Wolfenbüttel nicht nur Eisenbahngeschichte – die erste deutsche Staatsbahnstrecke wurde 1838 zwischen Braunschweig und Wolfenbüttel eröffnet –, sondern auch das schicke Restaurant im Kulturbahnhof. Im Bistro speist man mediterrane Häppchen, im Restaurant raffinierte mehrgängige Menüs. Eine große Wein- und Cocktailkarte rundet das Angebot ab. Mo geschl. ○○

Stadthotel Bayrischer Hof, Brauergildenstr. 5, 38300 Wolfenbüttel, Tel. 0 53 31/50 78, www.bayrischer-hof-wf.de. Uriges Fachwerkhaus mit schönem Gewölbekeller und Biergarten. Die Küche ist deftig, aber auch eine große Fischauswahl steht auf der Speisekarte. Die gemütlichen Zimmer sind charmant-verwinkelt, viele haben schräge Wände. Hunde sind übrigens willkommen! ○○

› Die Gemächer – Feine Unterschiede bei Audienzen

Die herzoglichen Staatsappartements aus dem späten 17. Jh. hat man wieder eingerichtet. Zum Teil waren sie noch weitgehend original erhalten, teils wurden sie authentisch rekonstruiert. Gut zu erkennen ist die charakteristische Aufteilung eines Schlosses in den Flügel mit den Appartements des Herzogs auf der einen und den Trakt mit den Wohnräumen der Herzogin auf der anderen Seite der gemeinschaftlichen Räumlichkeiten.

Das erste Gemach des Herzogsappartements ist ein Vorzimmer, ein Antichambre, in dem Besucher warten mussten, bevor sie ins Audienzgemach vorgelassen wurden. Heute betritt man diesen Vorraum durch eine Tapetentür, die ehemalige Geheimtür vom Gardesaal, durch die einst Wachen oder Diener in das Antichambre gelangen konnten. Im Audienzgemach deuten Lehnsessel und Hocker an, dass der Besucher es sich hier seinem Stand gemäß gemütlich machen durfte. War der Gast gleichen oder höheren Ranges, entfernte man das mehrstufige Podest des Audienzstuhls, und alle nahmen in Lehnsesseln Platz. Adlige von niedrigerem Rang ließen sich auf den Hockern, den Tabouretts, nieder. Sich in Gegenwart des Herzogs überhaupt hinsetzen zu dürfen, war schon eine Auszeichnung, denn normalerweise mussten alle Besucher während der Audienz, die meist von 10 bis 13 Uhr abgehalten wurde, stehen.

Prunkvoller als der Audienzsaal fiel das Anfang des 18. Jh. gestaltete Paradeschlafgemach des Herzogs aus. Das gelbe Paradebett diente dem Herzog bei bedeutenden Audienzen als Thron. Unter den Räumen der herzoglichen Staatsappartements stand dieses Schlafzimmer an erster Stelle – vor dem offiziellen Audienzgemach! Nur die hochrangigsten Personen des Hofes, die engste Familie und gleichrangige oder höhergestellte Herrscher hatten Zugang. Als Zeichen von Prunk darf man auch das Goldgelb des rekonstruierten Bettes verstehen: Anfang des 18. Jhs. besaßen nur Ludwig XIV. von Frankreich, König William III. von England und der preußische König Friedrich I. Betten in dieser Farbe. Bei einem welfischen Herzog hätte man diese Farbwahl als Anmaßung sehen können, aber Anton Ulrich, der seine Enkelin als Kaiserin in spe an den Habsburger Karl VI. vermittelt hatte, befand sich in jener Zeit halt auf diplomatischen Höhenflügen.

› Das Schloss erleben

Durch die Herzoglichen Appartements können Besucher alleine spazieren, aber es werden (nach Anmeldung) auch **Themenführungen** angeboten, wie »Die Welfische Hofkultur in Wolfenbüttel« oder »Tafelkultur im 17. und 18. Jh.«.

Anekdoten, amouröse Geschichtchen und spannende und vergnügliche Details aus dem Hofleben erfährt man in Begleitung eines barock gewandeten Herrn: »Des allergnädigsten und durchlauchtigsten Fürsten, des Herrn Herzog August Wilhelm zu Braunschweig und Lüneburg Tanzmeister, Monsieur de La Marche, empfiehlt sich dem hochgeneigten Publico

› Ein barockes Juwel in der Altstadt von Wolfenbüttel: die Trinitatiskirche

und lädt es ein zu heiteren Touren durch Säle, Gemächer und Kabinette.« (Termine auf Anfrage jederzeit).

1764 verbrachte Giacomo Casanova acht Tage in Wolfenbüttel. Daraus entstand ein exklusives Pauschalangebot: **Ein Abend mit Casanova auf Schloss Wolfenbüttel.** Im Renaissancesaal des Schlosses genießt man ein Menü und erlebt dabei einen Auftritt des Frauenhelden. Feste Termine für Einzelpersonen, für Gruppen nach Voranmeldung bei der Tourist-Information.

Jedes Jahr findet am Wochenende vor Ostern von Freitag bis Sonntag im Schloss ein **Kunsthandwerkermarkt** (»Ostereiermarkt«) statt.

In den Sommerferien wird der Schlossinnenhof stets zur Bühne für Open-Air-Veranstaltungen (Theater, Musik, Comedy) des **KulturSommers**.

Am ersten Adventswochenende (Fr bis So) kann man im Schloss einen romantischen **Kunsthandwerker-Weihnachtsmarkt** besuchen.

In der Umgebung

Altstadt von Wolfenbüttel

In der historischen Altstadt finden sich mehr als 600 denkmalgeschützte Gebäude. Viele davon sind Fachwerkhäuser im Stil der Renaissance – in der prächtigeren Form als Hofbeamtenhäuser, bescheidener als Bürger-, Händler- und Handwerkerhäuser. Auch das Rathaus wurde 1602 in Fachwerkbauweise errichtet. Zu den wenigen historischen Steingebäuden in der Altstadt gehören die Hauptkirche, die Trinitatiskirche und das Lessingtheater. Romantisch ist »Klein Venedig«, der Rest eines Grachtensystems, das holländische Ingenieure im 16. Jh. zur Stadtentwässerung anlegten. Thematische Führungen, z. B. »Wasserwege in Wolfenbüttel«, »Auf den Spuren der Welfenherzöge«, »Über Wall und Graben« oder »Starke Frauen« geben Einblicke in die reiche Stadtgeschichte. www.wolfenbuettel-tourismus.de

Schloss Bückeburg

In malerischer Insellage präsentiert das Meisterwerk der Weserrenaissance Kunst und Kultur aus dem Fürstenhaus Schaumburg-Lippe.

»In seltener Vollständigkeit bietet Bückeburg noch Gebäude, die alle in enger Verbindung zum Schloss und der fürstlichen Herrschaft standen, wie Hofkammer, Alte Kammerkasse und Hofapotheke. Auch ein Marstall voller Leben und eine Hofreitschule, in der heute wieder die hohe Reitkunst mit edlen Pferden gepflegt wird, gehören dazu. Pferdefreunde kommen am Schloss Bückeburg nicht vorbei!

› Ein Hengst der Hofreitschule bei einer Lektion der Hohen Schule

› Von der Hohen Schule über der Erde

Pferde dienten den Herrschaften nicht nur zur Fortbewegung: Edle Tiere hatte man gern als Statussymbol im Marstall stehen. Am prestigeträchtigsten war eine eigene Hofreitschule, in der die begabtesten Pferde in der hohen Reitkunst ausgebildet wurden. Schloss Bückeburg war im 18. Jh. eines der bedeutendsten Reitkunstzentren Europas. Seit 2004 gibt es hier wieder eine Fürstliche Hofreitschule.

Eine Grundübung ist der Spanische Schritt, bei dem ein Vorderhuf besonders hoch gehoben wird. In dieser Position sehen Ross und Reiter besonders majestätisch aus, sodass fast jedes Reiterdenkmal diese vornehme Haltung abbildet.

Zu verschiedenen Gelegenheiten werden Bückeburg-Besucher in die aus dem Französischen abgeleitete Geheimsprache der hohen Reitkunst eingeweiht. Die Besucher können im Marstall edle Hengste aus der Nähe betrachten und im Marstallmuseum mehr über die Geschichte der Reitkunst erfahren. Bei der Morgenarbeit mit den 18 Hengsten darf man zuschauen und im Anschluss die Bereiter mit Fragen löchern. In den Sommermonaten werden Dienstag bis Sonntag im historischen Reithaus die höchsten Lektionen der barocken Reitkunst vorgeführt und erklärt. Zu den Glanzpunkten im Veranstaltungskalender der Hofreitschule gehört die »Gala der Künste«, eine exklusive Pferdegala mit klassischer Musik. Im Winter ist dann Zeit für Seminare zur barocken Reitkunst. Fürstliche Hofreitschule, Schlossplatz 7b, 31675 Bückeburg, Tel. 0 57 22/89 83 50, www.die-hofreitschule.de, Di–So 10 bis 17 Uhr.

› Renaissance bis Neo-Rokoko

1304 wurde eine Wasserburg »Bückeburg« erstmals in den Urkunden genannt. Der Schaumburger Graf Adolf VI. hatte sie errichten lassen und ihr den Namen einer bei Obernkirchen aufgegebenen Burg übertragen.

Seine Nachfolger erweiterten die Wasserburg im 14. und 15. Jh.

Große Veränderungen brachte die Zeit zwischen 1560 und 1563, als Graf Otto IV. die verschiedenen mittelalterlichen Burgteile in einer unregelmäßigen vierflügeligen Schlossanlage im Stil der Renaissance zusammenfassen ließ. Dafür mussten zwei neue Trakte im Osten und Westen errichtet werden. Die Schlosskapelle wurde aufgestockt und erhielt eine Westempore für die gräfliche Familie.

Anfang des 17. Jhs. erhob Graf Ernst, der seit 1619 Fürst des Reiches war, Bückeburg zu seiner Residenz. Als bedeutender Kunstmäzen baute er das Schloss – und auch die Stadt – zwischen 1601 und 1622 prunkvoll aus und erweiterte den Schlossbezirk u. a. um den Marstall. So entstand im Schloss der Goldene Saal, die Schlosskapelle wurde verschwenderisch ausgestattet und ein neues Schlosstor nach allen Regeln der Renaissancebaukunst hinzugefügt.

Der Hausherr engagierte den sächsischen Hofarchitekten Giovanni Maria Nosseni und den Maler Johannes Rottenhammer, der das noch erhaltene Deckengemälde im Goldenen Saal schuf. Es zeigt die vier Elemente Erde, Wasser, Luft und Feuer, verkörpert durch antike Götter.

Nach einem Brand begann 1732 eine neue Bauphase in Bückeburg. Der zerstörte Ostflügel musste wieder aufgebaut werden; hier wie im Südflügel wurden zahlreiche Räume neu ausgestattet, denn der Geschmack hatte sich längst von der Renaissance zum Barock gewandelt.

Die veränderte Mode sollte zum Ende des 18. Jhs. auch dem barocken Schlossgarten im französischen Stil ein neues Aussehen geben. Um 1793 ließ Gräfin Juliane einen englischen Landschaftspark anlegen, der nach einer Erweiterung im Süden um eine Schwefelquelle heute ca. 70 ha umfasst.

Im ausgehenden 19. Jh. erlebte Schloss Bückeburg wieder umfangreiche Arbeiten, denn Fürst Georg regte an, dem unregelmäßig umbauten Schlossvorplatz eine symmetrische Umrahmung zu geben. Durch Fürst Georg hielt auch der Historismus Einzug in die Schlossräume. In dem 1893 bis 1897 errichteten, 9 m hohen Großen Festsaal mischten sich nun Formen des Barocks und Rokokos in einer neuen Interpretation: Mit den hohen Halbsäulen aus Stuckmarmor und den ausladenden Gesimsen wirkt der Saal wie ein neubarocker Raum, von der Eleganz eines echten Rokokos sind die aufgesetzten üppigen Stuckarbeiten, die es bereits andeuten, jedoch weit entfernt.

› Das Schloss erleben

Zunächst empfängt die Besucher im Innenhof die Ansicht des Schlossbaus von 1560. Recht nüchtern zeigt sich die unregelmäßige Anlage in den Formen der Renaissance.

Doch im Inneren wird dieser Eindruck schnell korrigiert: Die **Führung** leitet Gäste durch aufwendig gestaltete Räumlichkeiten. In der Schlosskapelle blieb keine Fläche undekoriert, Wände und Gewölbe sind vollständig bemalt. Ein weiteres Beispiel für verschwenderische Dekoration des frühen 17. Jhs.

ist die Götterpforte im Goldenen Saal. Alabasterweiße Figuren der antiken Götter Mars und Venus sowie weiterer kunstvoll gestalteter Gottheiten in bewegtem himmlischen Treiben gaben dem geschnitzten Prunkportal seinen Namen. Nicht minder eindrucksvoll ist in diesem Saal die prächtige hölzerne Kassettendecke. Auch die Ausstattung mit wertvollem Mobiliar und Gemälden, z. B. von Cranach oder Tischbein, sowie mit zahlreichen Porträts von Mitgliedern des Fürstenhauses vermittelt das historische Lebensgefühl im Hause Schaumburg-Lippe – und ein wenig auch das aktuelle: Fürst Alexander wohnt heute im Schloss, und so werden zu bestimmten Gelegenheiten die Säle auch privat genutzt.

Im Rahmen des Projekts »Erlebniswelt Renaissance« (s. rechts) bietet sich im Gartensaal des Schlosses Gelegenheit, die Lebensgeschichte des Fürsten Ernst von Holstein-Schaumburg (1569–1622), die Menschen aus seiner Umgebung und die Baugeschichte Schloss Bückeburgs auf anschauliche Weise kennenzulernen – unter dem Motto »Adel verpflichtet«.

Die attraktive Umgebung der Schlossinsel bringt eine **Kutschfahrt** in einem eleganten Zweispänner nahe (Schlossparkrundfahrt und Stadtführung ca. 45 Min., März–Okt. Sa/So, in den Ferien Di–So). Auch ein stilvolles Picknick im Grünen ist möglich: Mit zwei PS und Picknickkorb wird man zur Schlosswiese gebracht. www.die-hofreitschule.de

Landpartie (Juni) und **Winterzauber** (Dezember) profitieren vom Ambiente des Schlossparks: Verkaufsausstellungen zu Haus, Garten, Mode und Kunst werden in weißen Pagodenzelten und in der Schlossanlage präsentiert. Dazu gibt es Kulinarisches und ein großes Rahmenprogramm. www.landpartie-schloss-bueckeburg.de

» In der Umgebung

Erlebniswelt Renaissance

In diesem europaweit einzigartigen Pilotprojekt wird die Vergangenheit als modernes Abenteuer inszeniert – mit verblüffenden Effekten, lebensechten Klangkulissen und spannenden Geschichten. Die Multimedia-Inszenierungen in historischer Umgebung sprechen alle Sinne und jede Altersgruppe an. Hier ist man Gast bei einer bäuerlichen Mahlzeit im 16./17. Jh., hört Korrespondenten der Renaissancenachrichten zu, hält das Steuerrad eines großen Entdeckerschiffes in den Händen oder lauscht den Berichten berühmter Zeitgenossen wie da Vinci oder Kopernikus.

An sechs Orten finden die Zeitreisen statt: Stadthagen (»Die Reformation neu entdecken«), Bückeburg (s. links), Rinteln (»Die Liebe stirbt zuletzt«), Hameln (»100 % Renaissance«; derzeit geschlossen), Bevern (»Geld regiert die Welt«) und Höxter (»Tatort Vergangenheit«). Überall wird auch Themengastronomie geboten. www.erlebniswelt-renaissance.de (s. S. 226).

Ausflüge unter die Erde

Noch bis in die 1960er-Jahre wurden 4 km südlich von Bückeburg Erze abgebaut, heute sind im **Besucherberg-**

werk Kleinenbremen spannende Entdeckungsreisen unter Tage möglich. Man sollte sich warm anziehen (unter Tage ganzjährig 10 °C) und feste Schuhe tragen, Schutzkleidung und Helm werden gestellt. Ostern bis Ende Okt. So, Fei 10–16 Uhr, angemeldete Gruppen auch Di, Fr, Sa 10–16 Uhr, www.bergwerk-kleinenbremen.de

In die Welt von Stalaktiten und Kalksteinmakkaroni gelangt man in der **Schillat-Höhle** bei Hessisch Oldendorf-Langenfeld ganz komfortabel in einem verglasten Aufzug. Anschließend wandert man durch eine bizarre Unterwelt (warme Kleidung und gutes Schuhwerk nötig) und erlebt in der Riesenberghöhle eine stimmungsvolle 3-D-Multivisionsshow. (Führung ca. 1 Std., auch für Rollstuhlfahrer möglich). Ganzjährig Sa, So, Fei 10–17 Uhr, www.schillathoehle.de

Allgemeine Infos

Adresse: Schloss Bückeburg, Fürstliche Schlossverwaltung, Schlossplatz 1, 31675 Bückeburg, Tel. 0 57 22/50 39, www.schloss-bueckeburg.de

Lage und Anfahrt: Bückeburg liegt etwa 50 km südwestlich von Hannover und ist über die A 2/B 83 zu erreichen. Das Schloss befindet sich südwestlich der Altstadt (Parkplatz).

Öffnungszeiten: Besichtigung mit Führung (1 Std.) tgl. April–Ende Sept. 9.30 bis 18 Uhr, Okt.–Ende März 9.30–17 Uhr.

Essen und Unterkunft

Hotel & Restaurant Große Klus, Am Klusbrink 19, 31675 Bückeburg, Tel. 0 57 22/9 51 20, www.kluesker.de. Fürstin Juliane ließ sich 1794 ein Lustschlösschen bauen – heute die Große Klus. Das Haus am Waldrand bietet gemütliche, modern eingerichtete Zimmer. In der Bierstube und im Restaurant serviert man von der rustikalen Biervesper bis zum erlesenen Menü mit marktfrischen Produkten und Spezialitäten wie Wild aus heimischer Jagd eine große Palette an regionalen Köstlichkeiten. Unbedingt probieren sollte man das naturtrübe Bier aus der hauseigenen Brauerei. ❍❍

Park-Café, Am Schlossplatz 11, 31675 Bückeburg, Tel. 0 57 22/35 28, www.schloss-bueckeburg.de. Aus einem Schuppen für die Turn- und Spielgeräte der fürstlichen Kinder wurde bereits 1924 ein Café, das heute für die Bückeburger und ihre Gäste ein beliebter Treff mit Restaurant und Biergarten ist. ❍❍

Brauhaus Bückeburg, Braustr. 1, 31675 Bückeburg, Tel. 0 57 22/28 53 37, www.brauhaus-bueckeburg.info. 300 m vom Schloss entfernt, im Herzen von Bückeburg, befindet sich in einem denkmalgeschützten Haus (um 1780) das Brauhaus mit einem kleinen Hotel (auch Familienzimmer). Im Restaurant und Braukeller mit viel historischem Originalgerät aus der Bierherstellung serviert man, wie es sich für ein Brauhaus gehört, deftige regionale und internationale Küche mit saisonalen Spezialitäten. Dazu schmecken Keller- oder Schwarzbier. Ein interessantes Angebot des Hauses sind organisierte Kutschfahrten durch das Schaumburger Land im Sommer. ❍❍

Schloss Pyrmont

» Von der wehrhaften Veste
zur Sommerresidenz mit Kavaliershäusern
und Garten.

Ein barockes Schloss hinter wehrhaften Festungsmauern, zu dem man nur durch düstere Kasematten gelangt – das ist die eine Seite von Schloss Pyrmont. Die andere Seite zeigt mit der Beletage, dem Festsaal, den Fürstengemächern und den Gartenanlagen das freundliche Antlitz eines fürstlichen Sommersitzes.

Emma auf dem Weg zur Königin

Die richtige Heiratspolitik war nicht nur für die Königshäuser wichtig. Auch für die kleinen Fürstentümer war sie von großer Bedeutung, wenn sie im europäischen Hochadel eine Rolle spielen wollten. In einer solchen Position war auch der Fürst zu Waldeck und Pyrmont. Man erzählte sich, dass die waldecksche Fürstin ihre Nervenschmerzen und alle anderen Leiden vergaß, sobald ein passender Bräutigam für eine ihrer Töchter am Horizont erschien.

Ein aussichtsreicher Kandidat kam am 28. Juli 1878 in Gestalt König Willems III. der Niederlande auf das Pyrmonter Schloss. Nach der Familienüberlieferung standen die drei ältesten Töchter des Fürsten zu Waldeck und Pyrmont bei der Ankunft des niederländischen Monarchen am Fenster des Schlosses – vermutlich in einem der Räume der Beletage, aus denen auch heutige Besucher einen Blick nach draußen werfen können. »Ich hab' schon einen anderen!«, sagte Marie, die im Jahr zuvor den späteren König Wilhelm II. von Württemberg geheiratet hatte. »Der ist mir zu alt, den mag ich nicht!«, meinte Pauline, als sie den Gast erblickte. Nur Emma äußerte Mitgefühl: »Man kann den armen Mann doch nicht so allein nach Haus gehen lassen!« Am 29. September 1878 wurde die Verlobung von Emma und Willem III. bekannt gegeben. Am 7. Januar 1879 heiratete die Prinzessin den 41 Jahre älteren König in der Schlosskirche zu Arolsen und wurde damit Königin der Niederlande.

Älteste erhaltene Renaissancefestung in Norddeutschland

Zwischen 1526 und 1562 ließ Graf Friedrich von Spiegelberg in Pyrmont seine erste Residenz errichten. Vor allem auf eine gute Befestigung kam es ihm an. Nach der allerneuesten, aus Italien stammenden Wehrarchitektur ließ er sichern: mit einem bis zu 40 m breiten Wassergraben, mächtigen Erdwällen samt Mantelmauern, Kasematten und einer starken Eckbastion. Diese historische Wehranlage blieb bis zum heutigen Tag original erhalten.

Das vortrefflich geschützte Schloss in diesem abweisenden Geviert erlebte dagegen manche Veränderung – jedoch rein durch die Baufreude seiner jeweiligen Besitzer. Denn nach 1688 war Pyrmont strategisch bedeutungslos geworden, sodass man sich nicht um kriegerische Auseinandersetzungen sorgen musste, sondern sich ganz auf die Stärken des Ortes und seine heilenden Quellen konzentrieren konnte. Um den Hylligen Born entwickelte sich ein kleiner Kurort, und das Schloss wurde dabei zum ersten vornehmen Gästequartier. Dafür wurde es im 18. Jh. entsprechend ausgebaut und diente vornehmlich als Sommerresidenz der Fürsten zu Waldeck und Pyrmont.

› Das Schloss erleben

In den hervorragend restaurierten herrschaftlichen Wohnappartements der Beletage widmet sich heute das **Schlossmuseum,** das man individuell besichtigen kann, der Geschichte der Stadt und des Bäderwesens. Zudem präsentiert das Museum immer wieder beachtenswerte Sonderausstellungen.

Viele spezielle Angebote richten sich an junge Besucher, z. B. Führungen mit dem Schlossgespenst Friedrich und Kinderlesestunden im Winter.

» In der Umgebung

Das Kurviertel

Als älteste Kurpromenade der Welt gilt die im 17. Jh. angelegte Hauptallee mit dem Hylligen Born, der berühmtesten Heilquelle des Ortes. Eine der schönsten Parkanlagen Deutschlands ist der Kurpark mit seiner barocken Alleeanlage, teils im englischen Stil mit einem Palmengarten. Etwa 300 unterschiedliche Baumarten, darunter viele seltene Exemplare, werden hier gepflegt.

In der Hufeland Therme kann man nach dem Schlossbesuch herrlich entspannen. Geboten werden u. a. Außen- und Innenbecken, Saunagarten, Meersalzgrotte, Blütendampfbad oder Ayurveda. www.badpyrmont.de

» Allgemeine Infos

Adresse: Museum im Schloss, Schlossstr. 13, 31812 Bad Pyrmont, Tel. 0 52 81/94 92 48, www.museum-pyrmont.de

Lage und Anfahrt: Bad Pyrmont liegt ca. 20 km südwestlich von Hameln. Das Schloss erreicht man mit dem Auto über Bahnhofstraße, Südstraße und Anzio-Allee.

Öffnungszeiten: Di–So 10–17 Uhr, Karfreitag geschlossen, Ostersonntag, -montag, Pfingstsonntag, -montag, 26.12. und 1.1. geöffnet.

» Essen und Unterkunft

Die Atmosphäre der Hauptallee des Kurorts mit ihren schönen alten Bäumen sollte man in einem der zahlreichen Cafés und Restaurants genießen.

Hotel Steigenberger Bad Pyrmont, Heiligenangerstr. 2–4, 31812 Bad Pyrmont, Tel. 0 52 81/15 02, www.bad-pyrmont.steigenberger.de. Sehr exklusive Zimmer und ein ausgedehnter Wellnessbereich erwarten den Gast in diesem Luxushotel. Auch die Gastronomie lässt keine Wünsche offen: International-kreativ speist man im Restaurant Palmengarten, Kaffee, Kuchen und Snacks in wunderschöner Atmosphäre genießt man auf der Kurparkterrasse bzw. bei schlechtem Wetter im Café Cappuccino. ○○○

Schinkenkrug Café Heil, Hauptallee, Tel. 0 52 81/82 15. Mitten im Zentrum des Geschehens sitzt man im schönen Biergarten des Schinkenkrugs bei rustikalen Gerichten oder Kaffee und Kuchen. Mo geschl. ○○

Kaiserpfalz Goslar

» Das mächtige Gebäudeensemble war im 11./12. Jh. einer der wichtigsten Herrschaftsorte im Deutschen Reich.

»Dem Rammelsberg und seinen Schätzen verdanken die Goslarer fast alles: ihre Kaiserpfalz, ihre malerische Altstadt und ein über 1000 Jahre genutztes Bergwerk. Heute ist all das auf der Liste des Weltkulturerbes der UNESCO vereint.

› Der wandernde Hofstaat

Im Hochmittelalter (925–1250) pflegten weltliche wie kirchliche Landesherren, von Pfalzen (s. S. 7) aus ihre Territorien zu regieren. Mitsamt ihren Familien und dem Hofstaat zogen die Herren von einer Pfalz zur nächsten.

Orte, wo Hoftage und Bischofssynoden abgehalten wurden und wo Kaiser und Könige die wichtigsten kirchlichen Feste feierten, konnten schnell an Bedeutung gewinnen – und Goslar mit seiner Pfalz stand während des 11./12. Jhs. ganz weit oben in der herrschaftlichen Gunst. So überlieferten die Geschichtsschreiber, dass Heinrich IV. in der zweiten Hälfte des 12. Jhs. insgesamt 30-mal in Goslar Hof gehalten und neunmal dort das Weihnachtsfest verbracht habe. Friedrich Barbarossa pflegte regelmäßig zwischen Goslar und Italien zu pendeln. Als letzter König stieg Wilhelm von Holland 1253 auf einer Reise nach Braunschweig kurz in Goslar ab.

Eine Pfalz als »Residenz auf Zeit« musste ihren Bewohnern natürlich die notwendige Versorgung mit Lebensmitteln bieten können. Der Pfalzverwalter setzte sich dafür ein, dass es dem angekündigten hohen Besuch an nichts fehlte und dass die zur Pfalz gehörenden Wirtschaftshöfe, aber auch die Bürger der Städte Lebensmittel, Brennholz etc. ablieferten. Eine besonders große Herausforderung galt es zu meistern, wenn der König samt Gefolge überwintern wollte. Bei den schlechten Wegeverhältnissen der damaligen Zeit war es nämlich vernünftig, bereits im späten Herbst das Winterquartier zu erreichen und dort bis zum Frühjahr nach dem Ende der Schneeschmelze zu bleiben. Wenn die Gemächer in der Pfalz nicht ausreichten, dann wurde ein Teil der Gäste in den umliegenden Bürgerhäusern einquartiert.

Die Geschichte des Wanderkaisertums ist Thema einer umfangreichen Ausstellung in der Kaiserpfalz.

› Erzbergbau als Standortfaktor für die Pfalz

Sich direkt neben einer hervorragenden Geldquelle häuslich niederzulassen, war der Plan Heinrichs II., als er am Fuße des über 600 m hohen Rammelsbergs eine Pfalz errichten ließ. Zwischen 1015 und 1019 entstanden die ersten Gebäude.

In der Mitte des 11. Jhs. folgte unter Heinrich III. die Hauptbauperiode, in der das sogenannte Kaiserhaus und die Stiftskirche entstanden und Goslar zur größten Pfalz der salischen Kaiser wurde. Mit seinen Maßen von ca. 47 x 15 m war der Saalbau – das Kaiserhaus – der Goslarer Pfalz der größte Profanbau seiner Zeit. Das Kaiserhaus in seiner erhöhten Lage weist bemerkenswerte Ähnlichkeiten mit der Pfalz Karls des Großen in Aachen auf: In die Tradition dieses bedeutenden karolingischen Herrschers stellten sich die nachfolgenden Berufskollegen gerne!

Über 200 Jahre lang wurde in der Kaiserpfalz deutsche und europäische Geschichte geschrieben. 23 Reichstage fanden hier statt, Besuche von über 100 Königen und Kaisern verzeichneten die Chronisten. 1056 weilte mit Papst Victor II. allerhöchster Besuch in Goslar. Aber auch private Ereignisse von großer Tragweite sind überliefert: 1050 brachte Agnes von Poitou hier den Thronfolger und späteren Kaiser Heinrich IV. zur Welt.

Allgemeine Infos

Adresse: Kaiserpfalz, Kaiserbleek 6, 38640 Goslar, Tel. 0 53 21/3 11 96 93, www.goslar.de

Lage und Anfahrt: Die Pfalz liegt am südlichen Rand der Altstadt und ist über die Clausthaler Str. zu erreichen (beschildert). Parkplatz vor der Pfalz.

Öffnungszeiten: April–Okt. tgl. 10–17, Nov.–März tgl. 10–16 Uhr.

Essen und Unterkunft

Hotel Restaurant Kaiserworth, Markt 3, 38640 Goslar, Tel. 0 53 21/70 90, www.kaiserworth.de. Am Marktplatz, wo einst die reiche Gilde der Fernhandelskaufleute unter einem höchst pittoresken Dach arbeitete, wohnt man heute in einem 4-Sterne-Haus in stilvoll ausgestatteten, teils urig verwinkelten Zimmern. Im Restaurant speist man unter gotischen Bögen, im Dukatenkeller vor einem Kamin. Es gibt Harzer Spezialitäten, aber auch gehobene internationale Küche. ❍❍

Hotel Das Brusttuch, Hoher Weg 1, 38644 Goslar, Tel. 0 53 21/3 46 00, www.brusttuch.de. Mitten in der Altstadt logiert man in dem 1521 errichteten Patrizierhaus in 13 modern eingerichteten Zimmern. Kaum ein rechter Winkel findet sich an diesem Haus auf trapezförmigem Grundriss, der Zimmermann musste alle Kunstfertigkeit für das Fachwerk und die Dachkonstruktion aufbieten. Am Fachwerk des Obergeschosses hat ein Bildschnitzer seiner Fantasie freien Lauf gelassen. Das I-Tüpfelchen: Unter dem steilen Giebeldach bietet das Schwimmbad des Hotels Entspannung. ❍❍

Paulaner-Wirtshaus, Gemeindehof 3–5, 38640 Goslar, Tel. 0 53 21/2 60 70, www.paulaner-an-der-lohmuehle.de. In früheren Zeiten Wohnsitz des Lohmüllers, zählt das mit altertümlichem Mobiliar urig-rustikal eingerichtete Wirtshaus heute zu den schönsten Restaurants von Goslar. Im Biergarten mit Spielplatz für die Kleinen oder auf der Außenterrasse mit Blick auf die Lohmühle kann man angenehme Stunden verbringen und »deutsch-bayrisch-internationale« Speisen genießen. ❍❍

Die Butterhanne, Marktkirchhof 3, 38640 Goslar, Tel. 0 53 21/ 2 28 86, www.butterhanne.de. In das 500 Jahre alte Gildehaus der Filzhutmacher ist das urige Restaurant eingezogen, benannt nach einer alten Goslarer Darstellung einer Frau, die Butter schlägt und dabei aufreizend ihren Rock bis übers Gesäß hochzieht. Man serviert Harzer Spezialitäten, Wild und deftige Gerichte, die bestens zum Bier passen. Besonders lecker: die Steaks vom Lavasteingrill. ❍

Von besonderer Bedeutung war in einer Pfalz die Kapelle, in der nicht nur die großen Kirchenfeste feierlich begangen wurden. In der Kapelle wurde in der Regel auch der königliche Reliquienschatz aufbewahrt. Die Goslarer Pfalzkapelle St. Ulrich hat eine sehr enge Verbindung zu Heinrich III. Unter einer Grabplatte mit der figürlichen Darstellung des Herrschers ruht das Herz des 1056 gestorbenen Kaisers. Sein Leichnam wurde nach Speyer überführt und im Kaiserdom in der Grablege der Salier beigesetzt.

1289 brannte »das Keyerhus to Gosslar in den grunt«, bis auf die Grundmauern ab. Als Amtssitz des vom Goslarer Stadtrat bestellten Reichsvogts wurde die Pfalz teilweise wiederaufgebaut, doch größere Bedeutung im kaiserlich-königlichen »Wanderzirkus« sollte sie nicht wieder erlangen.

Erst im späten 19. Jh. rückte die einst so bekannte Pfalz wieder in das öffentliche Interesse. Nachdem 1865 ein Teil des Kaiserhauses eingestürzt war, ließ es die Hannoversche Regierung – wie schon vorher die Ulrichkapelle – wieder aufbauen und erhaltene Teile restaurieren.

Im August 1875 besuchte Kaiser Wilhelm I. Goslar und selbstverständlich auch die Pfalz. Er verstand das geschichtsträchtige Gebäude als ein Abbild der Wiederauferstehung des deutschen Kaisertums und beauftragte den Historienmaler Prof. Hermann Wislicenus mit der Ausmalung des Saales im ersten Obergeschoss. Die monumentalen Wandbilder entstanden 1879–1897.

› Die Pfalz erleben

In den Gewölben im Erdgeschoss der Kaiserpfalz wird eine **Ausstellung zur Geschichte des Wanderkaisertums** gezeigt sowie über das wechselhafte Schicksal der Kaiser- und Pfalzgeschichte informiert. Ein anderer Schwerpunkt ist die romanische und gotische Bauskulptur.

Danach besichtigt man den **Kaisersaal** im Obergeschoss sowie die sich südlich anschließende **Pfalzkapelle.** Schlicht und monumental wirken die steinsichtigen (d. h. nicht verputzten) Räume, wie ein Bilderbuch zur Geschichte erscheint dagegen der erst Ende des 19. Jhs. ausgemalte Saal im Kaiserhaus.

Der Museumspädagogische Dienst organisiert auch **Kindergeburtstage** sowie **Kostüm- und Spukführungen** (»Es spukt in der Kaiserpfalz«). Darüber hinaus werden Themenführungen zu den Saliern angeboten.

Es gibt wohl nur wenige Baudenkmäler, an denen man so anschaulich den Unterschied zwischen romanischer und gotischer Architektur anhand von Bögen begreifen lernen kann. Die Pfalz weist eine Vielzahl von Bögen auf: Der Rundbogen steht für die Romanik, der Spitzbogen für die Gotik.

» In der Umgebung

Altstadt von Goslar

Die Altstadt von Goslar gehört gemeinsam mit dem historischen Erzbergwerk Rammelsberg zum Weltkulturerbe der UNESCO. Beide Stätten

› Das Bergwerk Rammelsberg fasziniert auf eigene Weise

sind eng miteinander verbunden, denn ohne den Reichtum aus dem Kupfer- und Silberbergbau hätte die Stadt nie als Standort einer Pfalz sowie als Freie Reichs- und Hansestadt Bedeutung erlangt und eine so große Anzahl bemerkenswerter Gebäude erhalten.

Noch heute kann man in Goslar ein historisches Stadtbild von seltener Vollständigkeit mit einer weitgehend erhaltenen Stadtbefestigung, einem gotischen Rathaus, Gildehäusern und vielen Bürgerhäusern mit kunstvoll geschnitztem Fachwerk bestaunen. Die malerische Silhouette der Türme und Türmchen von 47 Kirchen und Kapellen trägt das Ihre zum Charme der Stadt am nordwestlichen Harzrand bei. www.goslar.de

Rammelsberg

Etwa 2 km von der Goslarer Altstadt entfernt liegt das Bergwerk Rammelsberg. Dieses Erzbergwerk ist als einziges Bergwerk der Welt kontinuierlich über 1000 Jahre in Betrieb gewesen, erst 1988 endete die Förderung. Hier wird heute der Bergbau mit seiner im wahrsten Sinn des Wortes tief reichenden Geschichte anschaulich präsentiert. In den Gebäuden über Tage sind Museumsräume und Ausstellungen zur Erd- und Wirtschaftsgeschichte eingerichtet.

Die Spuren des historischen Bergbaus beginnen mit mittelalterlichen Abraumhalden aus dem 10. Jh. Weitere Sehenswürdigkeiten sind der Rathstiefste Stollen (einer der ältesten und besterhaltenen Stollen des deutschen Bergbaus, 12. Jh.), das Feuergezähe Gewölbe (ältester gemauerter Grubenraum Europas, 13. Jh.), der Maltermeisterturm (ältestes Tagesgebäude des deutschen Bergbaus, 15. Jh.), der Roeder-Stollen (18./ 19. Jh.) mit zwei originalen Wasserrädern sowie die Übergangsanlagen aus den 1930er-Jahren.

Spannend und eindrucksvoll sind die **Fahrten in das Besucherbergwerk.** Auf Kinder warten viele aufregende Touren und Programme rund um den Bergbau, und sogar einen **Kindergeburtstag** kann man hier feiern – Schatzsuche im Bergwerk inklusive. www.rammelsberg.de

Schloss Wernigerode

» In dem Prunkbau des norddeutschen Historismus ist heute ein viel besuchtes Museum zur Kunst- und Kulturgeschichte des 19. Jahrhunderts eingerichtet.

» Wie eine Stadtkrone erhebt sich das vieltürmige Schloss Wernigerode über der gleichnamigen Stadt am nordöstlichen Harzrand. Das Lebensgefühl des 19. Jhs. in wohlhabenden Kreisen wird in den Schlossräumen und in den Sonderausstellungen sehr anschaulich präsentiert, seit die Kunst des Historismus salonfähig geworden ist.

› Ein Schlossherr als moderner Sozialpolitiker

Eine steile politische Karriere absolvierte der studierte Jurist und Verwaltungswissenschaftler Graf Otto zu Stolberg-Wernigerode (1837–1896). Mit gerade 30 Jahren wurde er auf Vorschlag Bismarcks 1867 Oberpräsident der jungen preußischen Provinz Hannover. Im selben Jahr erhielt er einen Sitz im Norddeutschen Reichstag, vier Jahre später im Deutschen Reichstag. 1876 war er Botschafter des Deutschen Reichs in Wien. 1878 stieg er auf zum preußischen Staatsminister, zum Vizepräsidenten des Staatsministeriums und wenig später zum Stellvertreter des Reichskanzlers Otto Fürst von Bismarck.

Neben der Staatspolitik engagierte sich Graf Otto auch in sozialen Fragen und versuchte, die schlechten Lebensverhältnisse der Arbeiter zu verbessern. In seinem Schreibzimmer auf Schloss Wernigerode, wo er mit seiner Familie residierte, entwarf er in den 1870er-Jahren die Stolberger Sozialgesetzgebung, mit der in seiner Grafschaft erstmals eine Arbeiterkrankenkasse, eine Pensionskasse und eine Unfallversicherung eingerichtet wurden. Damit schuf er eine Form der staatlichen Fürsorge, die bis dahin unbekannt war. Verschiedene andere europäische Staaten nahmen sie zum Vorbild für ihre Gesetzgebung.

Sogar als Unternehmer war der vielseitige Graf erfolgreich: Auf internationalen Ausstellungen erhielten seine Fabriken hohe Auszeichnungen, z. B. seine Eisenhütte in Ilsenburg, die 1867 auf der Weltausstellung in Paris geehrt wurde. 1890 wurde Graf Otto in den Fürstenstand erhoben.

› Die Burg

Bereits im frühen 12. Jh. sicherte eine Burg in Wernigerode für den kaiserlichen Hof den Weg von der Goslarer Pfalz zur Jagdpfalz Bodfeld im Oberharz. Die Grafen von Wernigerode fungierten als Stellvertreter des deutschen Königs. Von der romanischen Burg sind vor allem in den Mauern und Gewölben des fürstlichen Weinkellers Reste erhalten. Es handelte sich um eine Ringburg mit einem quadratischen Bergfried in ihrer Mitte.

Eine neue Epoche – nicht nur architektonisch – begann für die Burg im 15. Jh. Die Anlage auf dem Agnesberg wurde vergrößert, ihre Wehrhaftigkeit verbessert. Davon profitierten die Burgherren jedoch nicht lange, denn mit dem Aufkommen von Feuerwaffen und Kanonen war diese Sicherheit dahin. Aber auch andere Sorgen plagten Graf Heinrich: Das Geschlecht der Wernigeröder Grafen drohte in der männlichen Linie auszusterben. 1419 übertrug er deshalb der Verwandtschaft in Stolberg (Südharz) die Grafschaft. 1429, nach dem Tod des letzten Wernigeröder Burgherrn, übernahm die Familie der neu ernannten Grafen zu Stolberg-Wernigerode ihr Erbe am Nordrand des Harzes.

Großes plante Graf Christian Ernst im frühen 18. Jh.: Ein barockes Schloss wollte er haben, und so sollte eine neue Residenz am Fuße des Agnesbergs entstehen. Doch es kam anders: Nur die Gärten wurden angelegt, wie es heute noch der sogenannte Lustgarten und die Orangerie bezeugen.

› Umbau zum Schloss

Unter Graf Otto wandelte sich die Burg Wernigerode zum historistischen Schloss, denn der Graf brauchte einen repräsentativen Wohnsitz nach der neuesten Mode; der Blankenburger Architekt Carl Frühling leitete das Projekt von 1862 bis 1885. Stilelemente von der Romanik über die Gotik bis zur Renaissance bestimmten den Umbau zum Schloss in der heutigen Form.

Zunächst wurde das Neue Haus mit den Zimmern der Gräfin Anna und den darüberliegenden Königszim-

» Allgemeine Infos

Adresse: Schloss Wernigerode, Am Schloss 1, 38855 Wernigerode, Tel. 0 39 43/55 30 30, www.schloss-wernigerode.de

Lage und Anfahrt: B 6/B 244 nach Wernigerode, Parkplatz am nordöstlichen Ortseingang (ausgeschildert als »Am Anger«), weiter zu Fuß oder mit der Schlossbahn, der Wernigeroder Bimmelbahn, im 20- Minuten-Takt zum Schloss.

Öffnungszeiten: Schloss und Terrassengärten: Nov.–April Di–Fr 10–16 Uhr, Sa,So, Fei 10–18 Uhr, Mai–Okt. tgl. 10 bis 18 Uhr. Tiergarten und Lustgarten ganzjährig frei zugänglich.

» Essen und Unterkunft

Café Wien, Breite Straße 4, 38855 Wernigerode, Tel. 0 39 43/ 63 24 09. Im Zentrum der Altstadt ist seit 1897 das Café Wien in einem Fachwerkhaus von 1583 eingerichtet. Der Name ist Programm: Hier wird Wiener Kaffeehauskultur zelebriert.

Restaurant Altes Amtshaus, Burgberg 15, 38855 Wernigerode, Tel. 0 39 43/50 12 00, www.altes-amtshaus-wr.de. Erlebnisgastronomie in rustikalem Ambiente in einem 400 Jahre alten Amtshaus. Auf der Karte stehen saisonale Spezialitäten, zu festen Terminen finden Rittermahle statt (Voranmeldung erforderlich). OO

Hotel Gothisches Haus, Marktplatz 2, 38855 Wernigerode, Tel. 0 39 43/67 50, www.tc-hotels.de/gothisches-haus. Das mittelalterliche Gebäude in direkter Nachbarschaft des malerischen Rathauses wurde in den Neubau des Vier-Sterne-Hotels integriert. Das Hotel vereint Historisches, wie die Kaminbar mit offenem Kamin und den Gewölbekeller »Winkeller 1360«, mit modernstem Komfort. Die Zimmer sind sehr komfortabel eingerichtet und blicken auf den hübschen Innenhof oder auf den wunderschönen Marktplatz. Entspannung bietet ein 500 m^2 großer Wellness-Bereich samt UV-bestrahltem Ostseestrand. OO

› Den Roten Salon nutzte die Gräfin einst als Wohnzimmer

mern fertiggestellt, dann folgten Fahnenturm und Festsaalbau. 1871 kam der alles überragende Bergfried hinzu.

Zehn Jahre wurde an der Schlosskirche nach dem Vorbild gotischer Kathedralen in Frankreich gebaut. Sie birgt den Ursula-Altar aus Kempten im Allgäu, eine Walcker Orgel sowie Kanzel und Altar des hannoverschen Bildhauers Carl Dopmeyer.

› Die Innenräume

Der Schlosskirche gegenüber verteilen sich die Wohnräume der gräflichen Familie im Neuen Haus, im Steinernen Haus und im Hofstuben- oder Festsaalbau. Auf der einen Seite des Haupttreppenhauses schließen sich an den Roten Salon, der seinen Namen der roten Seidentapete verdankt, das Schreibzimmer der Gräfin, ihr Ankleidezimmer und – als Zugeständnis an die Moderne – ein gemeinsames Schlafzimmer der Herrschaften an. Wenn der Herr Graf jedoch einmal an seinem Schreibtisch bis in die Nacht hinein arbeitete und seine Gemahlin nicht mehr hatte stören wollen, konnte er sich in einem Reservebett im Ankleidezimmer zur Ruhe legen. Der größte Raum des Grafen war das sich anschließende Schreibzimmer.

Auf der anderen Seite folgten zwei Bibliotheksräume: Die Neue Bibliothek wurde ursprünglich als Esszimmer genutzt, während die Alte Bibliothek die Büchersammlung Graf Ottos beherbergte.

Von der zu Beginn des 20. Jhs. so umfangreichen Bibliothek der Grafen mit ihren 120 000 Bänden und mittelalterlichen Handschriften ist heute nur noch ein kleiner Teil im Familienbesitz. Die Wernigeröder Schlossbibliothek besaß einmal die größte Bibel- und Gesangbuchsammlung Deutschlands. 1929/30 wurden die kostbarsten Bücher jedoch durch einen Berliner

Auktionator in alle Welt verkauft, um den drohenden Konkurs des damaligen Fürsten Christian Ernst abzuwenden. Inzwischen sind jedoch wieder zahlreiche Exemplare im Besitz des Hauses Stolberg-Wernigerode.

› Das Schloss als Museum

Nach einem Intermezzo des Schlosses als Museum zur Geschichte des Feudalismus und als Sammelstelle für Ausstattungen aus enteigneten Burgen, Herrenhäusern und Schlössern der Provinz Sachsen begann in den 1980er-Jahren eine Neuorientierung. In jenen Jahren wurde in Fachkreisen die Kunst des Historismus überhaupt erst als solche anerkannt und damit salonfähig. Daraufhin wurde in den Schlossräumen die ursprüngliche Innenarchitektur wiederhergestellt.

› Das Schloss erleben

Das **Zentrum für Kunst- und Kulturgeschichte des 19. Jahrhunderts** widmet sich der Zeit zwischen 1815 und 1918. 40 Gemächer mit einer Kombination aus historischem Interieur und Museumspräsentationen sind für Besucher zugänglich. Breitgefächerte Wechselausstellungen beleuchten die Epoche zusätzlich aus unterschiedlichen Blickwinkeln.

Die grüne Umgebung des Schlosses bilden drei Gartenanlagen: nahe beim Schloss die historischen **Terrassengärten,** am nördlichen Fuß des Schlossbergs der sog. **Lustgarten** bei der Orangerie – beides Relikte eines barocken Schlosses, das nie gebaut wurde – und schließlich der **Tiergarten,** der sich bis zum Christianental hinunterzieht. Er wurde im 15. Jh. als Jagdrevier der gräflichen Familie angelegt; heute ist er ein Wald mit seltenen Einzelbäumen, einem Esskastanienwäldchen und Resten einstiger Alleen.

Die **Schlossfestspiele** finden jedes Jahr im Juli/August statt. Dabei wird stets eine eigens für den Innenhof des Schlosses inszenierte Oper aufgeführt. Auch Serenadenkonzerte und Liederabende im Schlosshof sind Teil der Festspiele.

» In der Umgebung

Die bunte Stadt am Harz

Seine zahllosen bunten Fachwerkhäuser brachten Wernigerode diesen Beinamen ein. Die Altstadt steht unter Denkmalschutz. In fröhlichem Orange erstrahlt das ehrwürdige Rathaus mit den markanten Turmspitzen. Auch die benachbarten Häuser am Marktplatz wirken wie aus einem Bilderbuch. Bei Führungen. z. B. »Auf den Spuren von Dichtern und Denkern«, lässt sich Wernigerode entdecken. www.wernigerode-tourismus.de

Unterwegs mit der Dampflok

Von Wernigerode kann man mit der dampfbetriebenen Harzer Schmalspurbahn auf den Brocken (1141 m), den höchsten Berg des Harzes, fahren (34 km, ca. 2 Std.). Doch das Streckennetz der historischen Bahn umfasst noch weitere ca. 100 km. Als Geheimtipp gilt eine Fahrt mit der Selketalbahn zwischen Gernrode und der Eisfelder Talmühle, wo man auf die Brocken-Linie stößt. www.hsb-wr.de

Merseburger Schloss

» Ein Hauptwerk der deutschen Spätrenaissance setzt der tausendjährigen Stadt Merseburg die Krone auf. Die grandiose Silhouette bereichern die Türme des Doms, der ebenfalls auf dem Schlossberg thront.

Die ehemalige Pfalz bzw. das Schloss der Merseburger Bischöfe, ein Dom im Stil der Romanik und Gotik und ein barocker Schlossgarten mit Schlossgartensalon – das alles erwartet Besucher auf dem Schlossberg hoch über der Saale. Im Schloss zeigt ein Museum u. a. Exponate aus den ehemals fürstlichen Kunstsammlungen.

Die Rabensage

Um den großen steinernen Vogelkäfig im Schlossvorhof rankt sich die bekannteste Sage Merseburgs.

Bischof Thilo von Trotha (im Amt 1466–1514) besaß einen Raben, den er sehr schätzte. Als eines Tages ein kostbarer Ring aus dem Schlafzimmer des Bischofs verschwand, bezichtigte der jähzornige Thilo seinen treuen Kammerdiener Johannes des Diebstahls. Die anderen Angestellten bei Hofe neideten Johannes seine Position – so auch der Jäger Ulrich. Dieser brachte dem Raben die Worte »Thilo! Hans-Dieb!« bei. Als der Bischof eines Tages seinen Vogel so sprechen hörte, ließ er Johannes enthaupten.

Doch bald darauf wehte ein Sturm über Merseburg und aus einem Rabennest an der Bischofspfalz fiel der kostbare Ring heraus. Der Bischof fand ihn und bereute zutiefst, unschuldiges Blut vergossen zu haben. Daraufhin nahm er einen Raben mit einem Ring im Schnabel in sein Wappen auf, der ihn immer an seine übereilte Tat erinnern sollte. Für den geschwätzigen Vogel errichtete er einen Käfig und veranlasste, dass für alle Zeiten ein Rabe in diesem Gefängnis Buße für seine Tat tun sollte. 1483 ließ er sein neues Wappen, zusätzlich versehen mit einem kopflosen Oberkörper, der die Arme zum Himmel streckt, am Nordgiebel des Ostflügels anbringen.

Tatsächlich wird bis zum heutigen Tag ein Kolkrabe im Burghof gehalten, allerdings zeitgemäß in einer großzügigen Voliere – und mit einer Partnerin zur Gesellschaft.

Ein baufreudiger Bischof

Das Wappen Thilo von Trothas findet sich häufig am Schloss. In seiner langen Regierungszeit ließ er auch in der Stadt Merseburg vieles neu bauen oder erweitern, u. a. das Alte Rathaus und die Stadtbefestigung. Seine wichtigste Baustelle war jedoch das Schloss.

Bereits seit dem 10. Jh. gab es eine bischöfliche Pfalz beim Dom des bedeutenden Bistums Merseburg, die im 13. Jh. von einer neuen Burg abgelöst wurde. Die beiden Gebäude standen dort, wo sich der Ostflügel des heutigen Schlosses befindet. Zur Stadt hin war die Bischofsburg durch einen dreifachen Mauerring gesichert.

1483 konnte Thilo als erstes den Ostflügel seines neuen Schlosses einweihen, in dem sich die bischöfliche Wohnung befand. Sechs Jahre später wurde der Nordflügel fertiggestellt, wieder mit dem großen Rabenwappen versehen. Auf Bischof Thilo geht somit die vierflügelige Anlage des gotischen Schlosses zurück, die den Dom als einen Flügel einbezieht. Es ist bemerkenswert, dass Merseburg zwar zu den kleinsten Bistümern Deutschlands gehörte, aber dank Thilo von Throta eine der größten Bischofsburgen erhielt. Seinem Nachfolger gelang es jedoch nicht mehr, den Besitz zu wahren; 1485 geriet Merseburg an das Herzogtum Sachsen.

Die Zeit der Reformation bescherte dem Merseburger Dom stürmische Jahre mit einigen Umbauten. Am Schloss wurde erst ab Anfang des 17. Jhs. weitergebaut: In nur drei Jahren, 1605 bis 1608, verwandelte der Architekt Melchior Brenner den ehemaligen Bischofssitz in ein Renaissanceschloss. Prächtiger Bauschmuck im Stil der Spätrenaissance ziert noch heute das Äußere, wie es die Portale am Hauptflügel und am Kammerturm, der Prunkerker oder das Brunnenhaus beweisen. Ein Meisterwerk ist die Wendeltreppe im Kammerturm mit ihren kunstvollen Stufenuntersichten, die Renaissanceornamente und Wappenmedaillons zeigen.

Allgemeine Infos

Adresse: Kulturhistorisches Museum Schloss Merseburg, Domplatz 9, 06217 Merseburg, Tel. 0 34 61/40 13 18, www.saalekreis.de

Lage und Anfahrt: Den Schlossberg erreicht man von der B 181 von Osten über den Neumarkt oder von Westen und Süden über Weißenfelser Straße und Bahnhofstraße. Mehrere Parkplätze im Bereich des Schlossbergs.

Öffnungszeiten: März–Okt. tgl. 9–18 Uhr, Nov.–Febr. tgl.10–16 Uhr, Schlossführungen So, Fei 14 Uhr. Dom und Kapitelhaus März–Okt. Mo–Sa 9–18, So 12–18 Uhr, Nov.–Febr. Mo–Sa 10–16, So, Fei 12–16 Uhr, Domführungen 11, 13 und 15 Uhr.

Essen und Unterkunft

Restaurant Imperial, Gotthardstraße 28, 06217 Merseburg, Tel. 0 34 61/ 28 99 64, www.imperial-merseburg.de. Eine Zeitreise bietet das im Stil des 18. Jhs. gestaltete Lokal, kulinarische Fernreisen erlaubt die Speisekarte, denn neben solider Hausmannskost gibt es auch eine Vielzahl exotischer Gerichte (Red Snapper, Strauß, Känguru, Krokodil u. a.). So geschl. ❍❍

Radisson SAS Hotel Halle-Merseburg, Oberaltenburg 4, 06217 Merseburg, Tel. 0 34 61/4 52 00, www.merseburg.radissonsas.com. Im ehemaligen Zech'schen Palais gleich am Schlossgarten warten Palaiszimmer mit Gewölben und Säulen sowie moderne Business-Class-Zimmer mit Terrassen und schöner Aussicht auf den Schlossberg auf Gäste. Im Restaurant »Belle Epoque« serviert man französische Küche und Weine aus dem Saale-Unstrut-Gebiet. Bodenständiger isst man im zweiten Hotelrestaurant: Die »Parlamentsstuben« befinden sich im benachbarten historischen Ständehaus. ❍❍

PENSION der besonderen ART, Domstraße 10, 06217 Merseburg, Tel. 0 34 61/24 86 11, www.pension-der-besonderen-art.de. Eine Domkurie aus dem Jahr 1711 beherbergt nur zwei ganz speziell eingerichtete Gästezimmer: Den größten Teil der Ausstattung schuf der bekannte Merseburger Metalldesigner Klaus-Dieter Urban. ❍

Die Herzöge zu Sachsen-Merseburg ließen Anfang des 18. Jhs. die Gebäude barock ausschmücken. Im 19. Jh. zog Verwaltung in das Schloss ein, nur im Ostflügel hielt man noch Räume für königliche und kaiserliche Besuche bereit. Im Sinne der gerade modernen Material-Romantik klopfte man den teils noch erhaltenen farbigen Putz des Barocks von den Außenmauern und brachte das Schloss damit wieder in den Rohbauzustand. Ein Bombentreffer 1944 und ein Brand fügten dem Schloss schwere Schäden zu, die bis 1974 behoben wurden.

› Den Schlossberg erleben

Kulturhistorisches Museum

Im Ost- und Nordflügel nutzt das Museum die historischen Räumlichkeiten des ehemaligen Bischofssitzes.

Die aktuelle Präsentation zur **Ur- und Frühgeschichte** der Region zeigt u. a. Funde aus Gräbern der jungsteinzeitlichen Rössener Kultur vom Fundplatz Rössen bei Leuna. Daran schließt sich die Ausstellung zur **Pfalz-, Bistums- und Stadtgeschichte** an. Herausragende Objekte sind u. a. liturgische Gewänder aus dem Merseburger Domstift, Dokumente zum Bau des Schlosses und der herzoglichen Residenz (1656–1738), das Merseburger Medaillenkabinett sowie Skulpturen der Bildhauerfamilien Hoppenhaupt, Trothe und Agner (17./18. Jh.).

Europas umfangreichste **Feuerzeugsammlung** umfasst Exponate vom steinzeitlichen Feuerbohrer bis zum modernen Taschenfeuerzeug.

In der neuen Dauerausstellung **Barocke Herzogsresidenzen an Saale, Unstrut und Elster** wird am Beispiel einiger ausgewählter Objekte die einstige fürstliche Sammlung und damit die Herzogszeit für Merseburg besonders herausgestellt werden.

Museumspädagogische Projekte zum Ausstellungsbereich »Pfalz und Bistum« finden im *Scriptorium merseburgense*, der nachgebauten mittelalterlichen Schreibstube, statt. Zum Internationalen Museumstag im Mai werden besondere Führungen und Projekte angeboten, ebenso im September zum Tag des offenen Denkmals. Für Konzerte und andere Veranstaltungen wird die Hofstube genutzt.

Dom St. Laurentius et Johannes und Kapitelhaus

Im Dom, dessen Ursprünge im 11. Jh. liegen, bieten die **Merseburger Orgeltage** im September eine Woche lang Orgelmusik auf einer der größten romantischen Orgeln Deutschlands sowie Chor- und Orchesterkonzerte von Musikern aus ganz Europa. Besucher können neben den wertvollen Kunstschätzen des Doms auch den Kreuzgang besichtigen und den Südwestturm mit seinen mittelalterlichen Glocken besteigen. Chor, Turmfassade und Hallenkrypta des Doms stammen noch aus der Zeit der Romanik, später wurde er gotisch überbaut.

In neuem Glanz erstrahlt nach langer Renovierung das spätgotische **Kapitelhaus** des Doms, in dem herausragende Objekte aus dem Domschatz präsentiert werden. Das berühmteste Ausstellungsstück sind sicher die Merseburger Zaubersprüche, eine althochdeutsche Handschrift aus dem 10. Jh.

› Fröhlicher Festumzug beim Merseburger Schlossfest

Schlossgarten mit Schlossgartensalon

Unter den Herzögen von Sachsen-Merseburg entstanden auf dem Schlossberg auch eine Gartenanlage mit Reitbahn und Reithalle (1905 abgebrochen), vier Obelisken für Herzog Christian und seine Familie sowie der Schlossgartensalon (1727–1737 erbaut, jetzt innen neu gestaltet) als nördlicher Abschluss der Grünanlage.

Am zweiten Juniwochenende findet das **Merseburger Schlossfest** mit einem historischen Festumzug durch die Stadt statt (Bühne und Buden auf dem Schlossberg).

» In der Umgebung

Schloss Neu-Augustusburg in Weißenfels

Auf den Fundamenten einer Burg wurde 1660–1694 ein Barockschloss als weithin sichtbares Wahrzeichen der Stadt Weißenfels, rund 18 km südlich von Merseburg, erbaut. Sein besonderes Schmuckstück ist die original erhaltene Schlosskirche. An ihrer Orgel spielten schon Johann Sebastian Bach und Georg Friedrich Händel. Sie stehen stellvertretend für die Bedeutung der barocken Residenzstadt als kultureller Mittelpunkt des Herzogtums Sachsen-Weißenfels. Von der Terrasse auf dem Schlossberg bietet sich ein schöner Ausblick auf das Ensemble von Bürgerhäusern aus dem 17./18. Jh. in der Altstadt.

Heute ist das Schloss die Adresse des städtischen Museums (April–Sept. Di bis So 10–17 Uhr, Okt.–März Di–So 10 bis 16 Uhr) mit drei Ausstellungsbereichen: Einer befasst sich mit der wechselvollen Geschichte des Herzogtums, der zweite – ganz profan, aber interessant – mit Schuhwerk. Der dritte Ausstellungsbereich zum Thema »Weißenfels – eine hochfürstlich sächsische Residenz« wurde Ende 2007 in den restaurierten Schlossräumen eingerichtet. www.weissenfels.de

Burg Vischering

» Im Schutz des sumpfigen Landes und vieler Wasserläufe errichteten die Drosten zu Vischering auf einer winzigen Insel eine kreisrunde Burg.

Wie keine zweite Wasserburg im Münsterland vermittelt Burg Vischering heute noch den Eindruck einer mittelalterlichen Wehranlage. Nur über eine lange Brücke gelangt man von der Vorburg zur Insel mit der Hauptburg.

Das Halsband des Lambert von Oer

Im 16. Jh. behandelte man Betrüger nicht zimperlich. Dem Überfall auf Lambert von Oer, der auf Burg Kakesbeck wohnte, waren lange Streitereien um Grundstücksverkäufe vorausgegangen, bei denen Lambert die Witwe Gisela von Gimbte betrogen hatte.

Da die Gerichte kein Urteil sprechen wollten, griffen die Betroffenen zur Selbsthilfe und legten dem betrügerischen Makler eines schönen Tages im Sommer 1520 das Marterwerkzeug, ein 2,5 kg schweres eisernes Halsband mit vier großen, nach innen gerichteten Stacheln, um den Hals. Damit sollte er sich am folgenden Sonntag im Gefängnis melden. Sofort machte er sich auf den Weg nach Münster, doch die komplizierte Auseinandersetzung sollte schließlich erst 1528 beigelegt werden. Lambert wurde aber bereits nach einigen Tagen von einem beherzten Schmied von seinem Halsschmuck befreit. Die Familie von Oer musste 4500 Goldgulden bezahlen, was dem Wert von 180 Stuten entsprach. Das eiserne Halsband ist im Burgmuseum ausgestellt und jagt dem Betrachter noch heute Schauer über den Rücken.

Allgemeine Infos

Adresse: Münsterlandmuseum Burg Vischering, Berenbrock 1, 59348 Lüdinghausen, Tel. 0 25 91/ 7 99 00, www.burg-vischering.de
Lage und Anfahrt: Lüdinghausen liegt zwischen Münster und Recklinghausen und ist über die A1, A2 und A43 zu erreichen. Die Burg erhebt sich in der Stadtmitte. Großer kostenfreier Parkplatz an der Burg.
Öffnungszeiten: April–Okt. Di–So 10–17.30 Uhr, Nov.–März Di–So 10–16.30 Uhr.

Essen und Unterkunft

Café Restaurant Indigo, Berenbrock 7, 59348 Lüdinghausen, Tel. 0 25 91/ 79 29 29, www.cafe-indigo.de. Das Café am Klutensee hat leckeren hausgemachten Kuchen. Es befindet sich in einer traditionellen Blaudruckerei, wo man die schön bedruckten Textilien auch kaufen kann – übrigens auch in grün! Mo geschl.
Gasthaus Ricordo, Sendener Str. 8, 59348 Lüdinghausen, Tel. 0 25 91/ 94 07 50, www.ricordo.de. Weingenuss wird hier ganz groß geschrieben, ob im schönen Kaffeehaus oder im herrlichen Garten direkt an der Stever. Dazu gibt es kreative Küche. Besonders fein: die Auswahl an Antipasti und Tapas. OO
Hotel Borgmann, Münsterstr. 17, 59348 Lüdinghausen, Tel. 0 25 91/ 9 18 10, www.hotel-borgmann.de. In der Nähe der Burg bietet dieses Hotel große, komfortabele Zimmer und ein gutes Restaurant mit rustikalem Ambiente und Biergarten. OO

› Von Gräften und Drosten

So unwirtlich uns heute eine sumpfige Mulde, eine Sandbank und viele Wasserläufe erscheinen mögen, für eine Burg war dies optimales Gelände. Die ausgedehnte Niederung der Stever mit ihren Flussarmen und Tümpeln verlangte allerdings, dass die Mauern auf Pfählen in den weichen Untergrund gesetzt wurden. Die von Natur aus gute Sicherung durch Wasser wurde noch verbessert, indem man breite Gräben, im Münsterland Gräften genannt, aushob, die man dann an die natürlichen Wasserläufe anschloss.

Im späten 13. Jh. ließ der Münsteraner Bischof den Vorläuferbau der Burg Vischering ausbauen. Er gab die Burg Albert von Wulfheim zum Lehen und erhob ihn zum Drosten. Ein Droste bekleidete ein wichtiges Hofamt: Er übernahm nicht nur Verwaltungsaufgaben für den Hof des Bischofs und die Sicherung seines Territoriums, sondern er war auch Repräsentant. Das Amt war Ende des 12. Jh. bereits erblich geworden, und so nahm die Familie auf der Burg Vischering den Namen »Droste zu Vischering« an.

Nach einem schweren Brand 1521 wurde die Burg im Stil der Renaissance wieder aufgebaut. Dabei zog es der Droste vor, seiner Burg einen repräsentativen Charakter zu geben. Aus der Burgmauer, einem fensterlosen Verteidigungsring um das runde Inselchen, wurde nun eine gewöhnliche Hauswand mit hohen Kreuzstockfenstern. Burg Vischering hatte sich damit von einer Wehr- zu einer Wohnburg gewandelt – und als solche wird sie zu einem kleinen Teil noch heute genutzt.

› Die Burg erleben

Die Burg beherbergt das **Münsterlandmuseum,** das man selbstständig erkunden kann. Teilweise wurden hier historische Wohnräume wieder ausgestattet, in anderen Räumen befindet sich eine Ausstellung zur Geschichte der Burg mit einer Sammlung zur mittelalterlichen Rechtsprechung. In der Abteilung »Ritter und Pferde« auf der Vorburg erleben Kinder den Ritteralltag sehr anschaulich.

Alle zwei Jahre (in geraden Jahren) treffen sich Mittelalterfans im Sommer auf Burg Vischering und Burg Lüdinghausen zum **Ritterfest.** Daneben finden auf Burg Vischering Veranstaltungen, Konzerte, Ausstellungen und ein Kunstmarkt (November) statt.

» In der Umgebung

Drei-Burgen-Stadt und 100-Schlösser-Route

Neben der Burg Vischering finden sich in Lüdinghausen noch die Burg Lüdinghausen (Ausstellungen) und die Burg Kakesbeck (kein Zutritt). 8 km von Burg Vischering lohnt Schloss Nordkirchen, das »Westfälische Versailles«, einen Besuch. Es liegt an der »100-Schlösser-Route« durch das Münsterland. www.luedinghausen.de, www.100schloesserroute.de

Rosendorf Seppenrade

In diesem Ortsteil von Lüdinghausen gedeihen mehr als 10 000 Exemplare der Königin unter den Blumen. Am 3. Augustwochenende feiert man hier das Rosen- und Lichterfest.

Schloss Augustusburg und Jagdschloss Falkenlust

Elegantes Rokoko in der Residenz und im Lustschloss des Kölner Erzbischofs weit vor den Toren der Domstadt Köln.

» Seine Leidenschaft für die Falkenjagd zog Clemens August in die Rheinebene von Brühl. In ein altes Reiher-Nistgebiet ließ er seine Residenz und natürlich ein Jagdschloss setzen. Seit 1984 gehören die Schlösser und der Park zum UNESCO-Weltkulturerbe.

› Exklusives Jagdvergnügen für den Erzbischof

Der Kölner Kurfürst und Erzbischof Clemens August (1700–1761) aus dem Hause Wittelsbach hatte wohl auch deshalb eine Vorliebe für die Falkenjagd, weil sie ein hohes Ansehen versprach. Schon seit den Zeiten des Staufferkaisers Friedrich II. galt es unter den Landesherrn als verbürgt, dass nur der ein Staatsamt ausüben könne, der es in der Falknerei zur Meisterschaft gebracht habe, da sie Disziplin, Ausdauer und Scharfsinn erforderte. Diesen Ansprüchen schien der junge Kurfürst zu genügen, als er 1723 seine Regentschaft antreten durfte. Sechs Jahre später legte er den Grundstein zum Jagdschloss Falkenlust.

Die Falkenjagd war nicht nur prestigeträchtig, sondern auch sehr aufwendig. 1759 bildeten ein Obristfalkenmeister, sechs Falkenmeister, zehn Falkenmeisterknechte, neun Falkonierjungen und zwei Stallknechte das Falkner-Team des Erzbischofs.

Besonders auf die Reiher, die seit alters im Schlosspark nisteten und ihre Nahrung in der Aue des Altrheins suchten, hatte es Clemens August abgesehen. Da Reiher relativ groß sind, mussten meist mehrere Falken »geworfen« werden, und es kam zu spektakulären Vogelkämpfen. Meist wurde der geschlagene Reiher beringt und wieder in die Freiheit entlassen.

Im nördlichen Nebengebäude von Falkenlust widmet sich heute eine Ausstellung der Falkenjagd.

› Nachhilfe beim Schlossbau

Für den begeisterten Jäger Clemens August war der Name des Gebiets Brühl, der für »sumpfiges Gelände« steht, kein Hinderungsgrund, gerade hier eine Residenz errichten zu lassen – auf dem Gelände einer mittelalterlichen Wasserburg. Die kurkölnische Landesburg gehörte zu einer Reihe von bischöflichen Residenzen im Rheinland. Mauerreste der alten Burg bezog Clemens August beim Neubau seines Rokokoschlosses mit ein. 1725 wurde der Grundstein gelegt, drei Jahre später stand der Rohbau.

Dann schickte der Bruder des Kurfürsten, Karl Albrecht – selber Kurfürst in München –, seinen Hofbaumeister François de Cuivillés und den Gartenarchitekten Dominique Girard an den Rhein, denn die ursprünglichen Pläne Johann Conrad Schlauns erschienen ihm zu bieder. Girard und de Cuivillés übernahmen ab 1728 die Planungen und schufen die großartige Schlossanlage, die heute zum Welterbe zählt.

› Die Innenräume

Um dem Hofzeremoniell einen würdigen Rahmen zu geben, wurden die Räumlichkeiten äußerst prachtvoll ausgestattet. Die Verherrlichung des Herrschers in den Deckengemälden Carlo Carlones sowie in den Stuckar-

› Die Schlossanlagen von Augustusburg entstanden in 40-jähriger Bauzeit

beiten begleitet den Weg vom Prunktreppenhaus nach den Plänen Balthasar Neumanns zum Audienzsaal: Der Besucher schreitet die von farbigen Stuckmarmorsäulen gerahmte Treppe empor, und sein Blick wird von der Stirnwand des Treppenhauses gebannt. Monumentale Aufbauten, die an Triumphtore der Antike erinnern, und üppige Farbenpracht umgeben eine vergoldete Büste des Kurfürsten auf einer Pyramide, die den hohen Ruhm des Hausherrn symbolisiert. Bekanntlich wird der Ruhm eines Fürsten, auch über seinen Tod hinaus, noch durch die von ihm geschaffenen Bauwerke vergrößert. Dies ist Clemens August nachweislich gelungen!

Vom Treppenhaus führt der Weg in den Gardensaal, wo die Künstler in ihrem Loblied auf den Herrscher die herausragendsten Personen des Hauses Wittelsbach ehren. Hier steht ein Bruder von Clemens August im Vordergrund: Kaiser Karl VII., der als Held und Landesvater, umgeben von Tugenden, präsentiert wird. Die höchste Stufe der Verherrlichung des Kurfürsten zeigt das Deckenfresko im Speise- oder Musiksaal, wo der Bayer in himmlische Sphären, in die Gesellschaft der Götter, entrückt wird.

Wie profan mutet dagegen die Galerie im Speisesaal an! Von ihr durfte auserwähltes Volk dem Kurfürsten beim Dinieren zuschauen, wenn er denn öffentlich speiste.

› Privates Vergnügen im Jagdschlösschen

Von 1729 bis 1733 ließ sich Clemens August nahe, aber nicht zu nahe bei der Residenz das Jagdschlösschen Falkenlust errichten: klein, wie es für ein Lustschloss üblich war, aber mit einer Innenausstattung, die in ihrer Pracht der Residenz kaum nachstand. Doch die Themen der Wandgemälde und Stuckarbeiten waren andere, menschlichere, persönlichere.

Vieles steht hier natürlich in einer Verbindung zur Falkenjagd. Von der Plattform auf dem Dach konnte die Jagd beobachtet werden. Das kleine Treppenhaus wurde bis unter die Decke mit weiß-blau bemalten Fliesen ausgekachelt. Auf ihnen sind Darstellungen aus der Falkenjagd zu sehen. Alle Vögel tragen auf ihren Hauben das Monogramm des Hausherrn – CA. Weitere Jagdszenen zeigt das Deckengemälde, und auch in den privaten Ge-

» Allgemeine Infos

Adresse: Schloss Augustusburg, Schlossstr. 6, 50321 Brühl, Tel. 0 22 32/ 4 40 00 und 9 44 31 17, www.schlossbruehl.de

Lage und Anfahrt: Sehr bequem ist die Anreise per Bahn (Bahnstrecke Köln–Bonn), denn der Bahnhof Brühl ist vom Schloss nur durch einen Parkplatz getrennt. Zum Schloss Falkenburg gelangt man vom großen Schlosspark über den historischen Reit- und Kutschenweg, eine nur für Fußgänger zugelassene 2,5 km lange Allee. An beiden Schlössern gibt es auch Parkplätze.

Öffnungszeiten: Besichtigung **Schloss Augustusburg** nur mit Führung, Di–Fr 9–12, 13.30–16 Uhr (letzter Einlass), Sa, So, Fei 10–17 Uhr (letzter Einlass); Dez., Jan. geschlossen.

Besichtigung **Schloss Falkenlust** ohne Führung, Di–Fr 9–12.30 (letzter Einlass 12 Uhr), 13.30–17 Uhr (letzter Einlass 16 Uhr), Sa, So, Fei 10–18 Uhr (letzter Einlass 17 Uhr); Dez., Jan. geschlossen

Schlosspark: Nov.–Jan. 7.30–17 Uhr, Febr.–Mitte März und Okt. 7–18 Uhr, Sommer 7–20 bzw. 21 Uhr.

» Essen und Unterkunft

Toni's Restaurant, Kölnstraße 109, 50321 Brühl, Tel. 0 22 32/94 27 72, www.tonis-restaurant.de. Saisonale Spezialitäten wie Wild aus der Eifel, stehen im kulinarischen Kalender des Hauses. Einen Konzertabend im Schloss macht ein Angebot des Hauses zu einem noch größeren Genuss: Vor dem Konzert speist man zwei Gänge des Menüs; nach dem letzten Ton folgen Hauptgang und Dessert. Di geschl. ❍❍

1. Brühler Kartoffelhaus, Lessingstr. 7, 50321 Brühl, Tel. 0 22 32/4 86 34, www.kartoffel-haus.de. Deftiges rund um die Knolle: Kartoffeln in allen Zubereitungsvarianten, gekocht mit Saucen, als Bratkartoffel in diversen Kombinationen oder als Bestandteil von Aufläufen. Mo geschl. ❍–❍❍

Hotel Jägerhof, Euskirchener Str. 123, 50321 Brühl, Tel. 0 22 32/9 34 00, www.hoteljaegerhofbruehl. de. 1789 wurde in der heutigen Kachelkaminstube eine kaiserliche Poststation gegründet. Heute warten modern und individuell eingerichtete Zimmer auf die Gäste. ❍❍

Hotel zum Schwan, Kölner Str. 99, 53919 Weilerswist, Tel. 0 22 54/8 23 63, www.hotel-zum-schwan.com. Zum Ambiente eines historischen Fachwerkhofs passen die mit Antiquitäten ausgestatteten Zimmer. Auch eine historische Weinstube und ein Weingarten gehören zum Haus. ❍❍

mächern des Kurfürsten im Obergeschoss setzt sich das Jagdthema fort. Elegant künstlerisch umgesetzt sind z. B. die Reiher im Schilf in den Schnitzereien des Spiegelkabinetts. Im *cabinet chinois pour le café*, dem Privatkabinett zum Kaffeetrinken, werden Jagdmotive anderes variiert; hier u. a. mit einem Porträt eines weiteren Bruders von Clemens August, dem Lütticher Kardinal Theodor, der ebenso der Falkenjagd frönte. Dieser höchst private Raum war ideal für geheime Gespräche und Verhandlungen – aber natürlich auch für Damenbesuche!

› Die Schlösser erleben

Die Pracht der **Rokokoresidenz Augustusburg** überzeugt auch ohne Worte, doch hilft es sehr, die zahllosen Anspielungen in den Fresken und Stuckarbeiten zu verstehen, dass man nur mit einer Führung durch die Säle und Kabinette spazieren kann.

Bei individuell konzipierten Themenführungen erhält man Einblicke in die Gedankenwelt des 18. Jhs., aber auch in ganz praktische Aspekte des Schlossalltags jener Zeit. So gibt es Führungen zur barocken Mode, zu Tanz und Schäferspielen oder zum Luxusgut Porzellan. Daneben werden auch Führungen für Kinder bzw. Familien angeboten. Immer wieder ziehen Sonderausstellungen ein breites Publikum an. »Eine Republik rollt den Teppich aus – Staatsempfänge auf Schloss Augustusburg 1949–1996« ist bis Mitte August 2008 hier zu sehen.

Das **Jagdschloss Falkenlust** kann man allein besichtigen oder sich auch Führungen anschließen. Eine erklärt beispielsweise die Vorliebe für das Exotische während des Barocks und Rokokos, die zu einem Boom von Chinoiserien in den Schlössern führte. Chinesische Kunst bzw. das, was man in Europa dafür hielt, war auch in Brühl ein Muss für den Schlossherrn.

Von Mai bis August wird das Prunktreppenhaus der Residenz zum Ort der **Brühler Schlosskonzerte.** Klassische Musik vom Barock bis zur Spätromantik steht dann auf dem Programm. Den Abschluss der Spielzeit bildet ein Musikfeuerwerk im Schlosspark.

Der weite **Schlosspark** steht in seiner barocken Pracht und Bedeutung den beiden Schlössern um nichts nach. Für den Besuch der gesamten Anlage sollte man einen ganzen Tag einplanen und bequeme Schuhe mitnehmen!

» In der Umgebung

Bonn

Auf den Spuren der Kölner Kurfürsten und Erzbischöfe wandelt man auch in der lebhaften, 27 km südwestlich von Brühl gelegenen Universitätsstadt Bonn, die mit weiteren Schlössern dieser Herrschaften aufwartet. An den südlichen Rand der Altstadt setzten sie im 18. Jh. eine neue Residenz, in der sich heute die Universität befindet. Das Schloss Clemensruhe (Poppelsdorfer Schloss) wird ebenfalls von der Universität genutzt, aber der barocke Park ist als botanischer Garten nach wie vor interessant. Sehenswert ist auch die Altstadt mit der romanischen Münsterkirche, dem Rokoko-Rathaus und dem Beethovenhaus. www.bonn.de

Sababurg

Von der Schutzburg der Pilger zum Dornröschen-schloss des Reinhardswaldes.

» Über der dichten Waldlandschaft des nordhessischen Weserberglands erhebt sich einsam die Sababurg. Wie ein Dornröschenschloss thront sie auf ihrer Basaltkuppe – passenderweise nahe der Deutschen Märchenstraße.

› Sagenhaftes

Die Sababurg scheint einem Märchenbuch entsprungen zu sein: Klein und einsam thront sie auf ihrer Bergkuppe und wirkt weniger wehrhaft als vielmehr romantisch. Als das mittelalterliche Gemäuer im 19. Jh. zu verfallen begann, rankten sich schnell Sagen und Legenden um die Ruine.

Eine dichte Dornenhecke, die den Wildpark unterhalb der Burg bis ins späte 16. Jh. umgeben hatte, brachte die Sababurg schon früh in Verbindung mit dem Märchen von Dornröschen, das verzaubert hinter einer Rosenhecke im Schloss schläft. Heutzutage stellt ein Rosengarten an der Burg mit der duftenden Blütenpracht vieler alter Sorten den Bezug zum Märchen her.

Aber die Sababurg kann noch mit weiteren Geschichten aufwarten, z. B. mit der um die Tochter des Riesen Kruko, Saba. Vor langer, langer Zeit ließ ihr Vater für sie die Burg im Reinhardswald errichten. Ihr riesiges Bett soll noch lange hier gestanden haben und dann langsam verfallen sein – von den Resten nahmen sich Besucher gern einen Span als Zahnstocher mit, denn man sagte dem Holz Wunderkräfte bei der Heilung von Zahnschmerzen nach.

› Für Pilger und Jäger

Die Sicherung eines Pilgerwegs war für den Mainzer Erzbischof um 1344 der Anlass, auf einem Basaltkegel die Zapfenburg, einen Vorgängerbau der Sababurg, zu errichten. Die frommen Leute auf dem Weg zur Bluthostie von Gottsbüren sollten durch die Burg besser geschützt werden. Schließlich gelangte die Burg in den Besitz der Landgrafen von Hessen, die auf den Ruinen der mittlerweile verfallenen Burg ab 1490 ein Jagdschloss errichteten. Durch seine Wildpferdezucht, prächtige Jagdgesellschaften und Feste wurde das Schloss bekannt. Aus jener Glanzzeit stammen die beiden markanten Rundtürme mit ihren welschen Hauben, die noch heute das Bild der Sababurg prägen, ebenso wie der Kanzleibau mit der Tordurchfahrt.

Im 19. Jh. setzte der Verfall ein, nachdem man 1826 den Ost-, Süd- und Westflügel des Schlosses abgebrochen hatte. 1889 wurde das Dach des Hauptgebäudes abgedeckt und aus dem einstigen Jagdschloss war eine malerische Ruine geworden, ein beliebtes Ziel für Romantiker. 1959 kehrte neues Leben in die Sababurg ein, als das Schlosshotel eröffnet wurde.

› Die Burg erleben

Die Sababurg verbirgt vieles in ihren Mauern: Hotel, Restaurant und Café, aber auch ein Standesamt für Traumhochzeiten befinden sich hier.

Wer nicht hier übernachtet oder tafelt, muss sich mit der Erkundung der Außenanlagen zufriedengeben: Reste der Gräben und Ringmauer mit Flankentürmen sowie die Ruine des

Palas, der eine authentische Kulisse für Märchen- und andere Theateraufführungen sowie Konzerte bildet, sind noch zu sehen. Die öffentlich zugänglichen Teile der Burg lassen sich auch mit einer Führung zur (Bau-)Geschichte des Dornröschenschlosses erkunden.

Der mittelalterliche Burggarten ist besonders attraktiv zur Zeit der Rosenblüte (Ende Mai bis August). Der Burggärtner führt persönlich durch die Anlagen. Anmeldung an der Hotelrezeption.

In der Umgebung

Tierpark Sababurg

1571 ließ Landgraf Wilhelm IV. einen Tierpark anlegen – nicht nur als Jagdrevier, sondern auch für die Forschung. Mit seinen 130 ha ist der Tierpark eine der ältesten und größten zoologischen Anlagen Europas. Er unterteilt sich in die Abteilungen Urwildpark, Haustiergarten und Kinderzoo. Sehenswert sind beispielsweise alte Tierrassen wie Wildpferde, Wisente und Auerochsen. Die Fütterungen, aber auch eine Reihe von Sonderführungen und Veranstaltungen, der Streichelzoo, ein geologischer Lehrpfad sowie ein Forst- und Jagdmuseum versprechen abwechslungsreiche Stunden für die ganze Familie.
www.tierpark-sababurg.de

Urwald Sababurg

In Hessens erstem Naturschutzgebiet, 1907 gegründet, stehen malerische, bis zu 1000 Jahre alte Eichen, Rotbuchen, Hängebirken, Ebereschen und meterhohe Adlerfarne in einem 92 ha großen Wald etwas westlich der Sababurg, in dem schon seit Generationen die Natur wieder alleine regiert. Der große Bestand an Totholz ist Lebensraum für eine Reihe seltener Tiere und Pflanzen, darunter der bedrohte Hirschkäfer.

Allgemeine Infos

Adresse: Sababurg, 34369 Hofgeismar, Tel. 0 56 71/80 80, www.sababurg.de
Lage und Anfahrt: Die Sababurg liegt im Reinhardswald in Nordhessen, ca. 25 km nordwestlich von Kassel. Von Gottsbüren oder Hofgeismar führt die Deutsche Märchenstraße zur Sababurg.
Öffnungszeiten: Außenbesichtigung März–Okt. tgl. 10–17 Uhr.

Essen und Unterkunft

Dornröschenschloss Sababurg, Hotel Restaurant Café, 34369 Hofgeismar, Tel. 0 56 71/80 80, www.sababurg.de. Einfach märchenhaft: Logieren im Turmzimmer, Schlafen im Himmelbett, Wild und Fisch speisen im Kamin- oder Brüder-Grimm-Zimmer – oder vielleicht sogar heiraten? OO
Gasthaus zum Thiergarten, Sababurger Str. 1, 34369 Hofgeismar, Tel. 0 56 71/50 87 77, www.zum-thiergarten.de. Ein historisches Fachwerkhaus mit idyllischem Biergarten. Biere vom Fass und dazu passend deftige und internationale Küche, aber auch hausgebackener Kuchen. Regelmäßig Veranstaltungen wie Country-Abende oder italienische Live-Musik. OO

Die Löwenburg im Schlosspark Wilhelmshöhe

Eine künstlich angelegte Burg zeigt das Selbstverständnis des Landgrafen von Hessen-Kassel.

Als künstliche Ruine ließ Landgraf Wilhelm IX. im ausgehenden 18. Jh. die Löwenburg errichten, während nebenan das Neue Schloss, seine eigentliche Residenz, umgebaut wurde. Außergewöhnlich ist bei beiden Gebäuden, dass sie vorrangig »nur« als Kulissen in den Landschaftspark gesetzt wurden.

› Wozu brauchte Wilhelm eine künstliche Burgruine?

Die Mode, sich »Ruinen« in einen Landschaftspark setzen zu lassen, kam aus England. Landgraf Wilhelm IX. von Hessen-Kassel war einer der ersten Herrscher auf dem europäischen Festland, die ein solches Bauprojekt im späten 18. Jh. in Angriff nahmen.

Die Burgruine war für den Bauherrn jedoch keinesfalls nur eine malerische Staffage in seinem Landschaftspark. Über hundert Räume erhielt das künstliche Gemäuer, das zunächst Felsenburg und ab 1796 nach dem hessischen Wappentier Löwenburg genannt wurde. Es sollte als Ferienwohnsitz und Lustschloss dienen.

Wilhelm entschied sich für eine neugotische Burg, um seine Verehrung für das deutsche Rittertum und dessen Tugenden zum Ausdruck zu bringen. Mit dem Rückgriff auf mittelalterliche Architektur und das Herrschaftssymbol »Burg« wollte er auch seine Legitimation als Landesfürst betonen. Schließlich hatte erst wenige Jahre zuvor die Französische Revolution das Selbstverständnis des Adels deutlich und blutig infrage gestellt.

Die Burg erfüllte noch einen dritten Zweck: Nach seinem Tod 1821 wurde der Bauherr wunschgemäß in einem Marmorsarkophag in einer Gruft unter der Burgkapelle beigesetzt.

› Die junge Geschichte der Löwenburg

1793 erfolgte der erste Spatenstich für die Burg an einem Hangknick der Wilhelmshöhe. Dieser Standort war sehr sorgfältig ausgewählt worden, denn so erhob sich die Löwenburg vom Tal aus betrachtet über der Wolfsschlucht und schien gleichzeitig inmitten von Felsen und dunklen Wäldern zu stehen.

Der Blick vom Hang des Schlossparks auf die Burg macht deutlich, dass die Wehrhaftigkeit des Gemäuers mit seinen groben Steinblöcken nur vorgetäuscht ist. Man nähert sich dem Gebäude über eine ausgedehnte Burgwiese, für mittelalterliche Verhältnisse eher ein ausgezeichneter Turnierplatz denn ein Feinde abschreckendes Gelände. Zunächst hatte der Architekt zwar einen durchgehenden Burggraben anlegen lassen; zum Ende der Bauzeit wurde der Graben jedoch stellenweise wieder zugeschüttet, weil man Zufahrten brauchte. Nun konnte der Hausherr mit der Kutsche in seine Burg bzw. Remise fahren und musste nicht mehr den etwas mühsameren Weg über eine scheinbar aus Felsen gehauene Treppe nehmen. Zum Schutz des Burgeingangs errichtete man eine funktionstüchtige Zugbrücke und ein Fallgatter, aber beides kam nie zum Einsatz. Sogar eine sog. Schweizer Wache, eine Garde von Veteranen, versah ihren Dienst auf der Burg.

› Schloss Wilhelmshöhe im unteren Teil des Bergparks Wilhelmshöhe

› Die Räume im Innern

Im Gegensatz zum äußeren Erscheinungsbild zeigt das Innere der Burg in seiner Raumanordnung eher die Züge eines barocken Schlosses. Die Mitte des Ostflügels beherrscht der Bergfried in der Tradition der zentral angelegten Prunkräume. Im untersten Geschoss war es der Speisesaal, darüber lag eine repräsentative Bibliothek und im zweiten Obergeschoss ein prächtig ausgestatteter Festsaal. Diese Räume wurden im Januar 1945 zerstört und die künstliche Burgruine nun leider doch noch zu einer echten.

Doch abgesehen von einigen Verlusten behielt die Löwenburg in ihren Räumen noch weitgehend ihre historische Ausstattung. Diese hatte der Landgraf bzw. Kurfürst aus anderen Schlössern, Klöstern und Kirchen in seinem Land zusammentragen lassen. Für die Neuanfertigungen griffen die Hofmaler, -tapezierer und -bildhauer auf Vorbilder aus dem Mittelalter, der Renaissance und dem Barock zurück. Mit der Änderung des Burgnamens erhielten zahlreiche Möbel Löwentatzen als Füße. Die üppige Ausstattung der Räume mit Gemälden, Wandteppichen, Kunsthandwerk und Waffen sollte die Tradition des Fürstenhauses deutlich machen und seinen Herrschaftsanspruch legitimieren.

› Schloss Wilhelmshöhe

Kurz bevor Landgraf Wilhelm IX. die Löwenburg errichten ließ, war auch sein Residenzschloss in eine Baustelle verwandelt worden. Zwischen 1786 und 1792 entstanden unter der Leitung des Architekten Simon Louis du Ry die beiden Seitentrakte, der Weißenstein- und der Kirchflügel. Wenige Jahre später gab der Architekt der Löwenburg dem Neuen Schloss seinen Mittelbau, den er mit einer Kuppel krönte. Nach einem Bombentreffer im Zweiten Weltkrieg wurde der Mittelbau ohne Kuppel wiedererrichtet.

Das Besondere bei den Planungen für das Neue Schloss waren die niedrigen Verbindungsgalerien zwischen den drei Bautrakten. Die Gartenanlagen schienen ohne einen sichtbaren Abschluss durch die offenen Hallen hindurchzulaufen. Damit hatten die Baumeister sogar das Residenzschloss der Architektur des Landschaftsparks untergeordnet, es zu einer Staffage gemacht. Nicht mehr der Repräsentationsgedanke stand im Vordergrund, sondern die Wirkung des Gebäudes in der Landschaft. Damit konnte sich der Nachfolger des Gartenliebhabers, Kurfürst Wilhelm II. (1821–1831), jedoch nicht anfreunden. Er ließ die offenen Verbindungsbauten schließen und auf die heutige Höhe aufstocken.

› Schlosspark

Mit 240 ha Fläche erstreckt sich der Bergpark des Schlosses Wilhelmshöhe am Osthang des Habichtswalds. Er gilt als einer der bedeutendsten Landschaftsparks in Europa. Als barocker Schlosspark des späten 17. und frühen 18. Jhs. erhielt er unter Landgraf Friedrich II. zwischen 1760 und 1785 einen chinesischen Touch. Der Mode, sich mit Exotischem aus dem Fernen Osten zu umgeben, verdankt der Park seine Chinesische Pagode und das Dorf Mulang. China galt im 18. Jh. als sehr fortschrittlich in der Landwirtschaft, und so ließ Friedrich die Dorfhäuser nicht nur als Kulissen in die Landschaft setzen: In der Windmühle wurde tatsächlich Korn gemahlen, in

» Allgemeine Infos

Adresse: Schloss Wilhelmshöhe, Schlosspark 3, 34131 Kassel, Tel. 05 61/ 31 68 00, www.museum-kassel.de, www.kassel-tourist.de

Lage und Anfahrt: Der Bergpark Wilhelmshöhe liegt im Westen Kassels, unübersehbar durch das Herkulesdenkmal auf dem Oktogon. Die Buslinie 23 hat mehrere Haltestellen in dem großen Areal. Parkmöglichkeiten gibt es unterhalb des Schlosses und am Herkules.

Öffnungszeiten: Löwenburg Di–So 10–17, Nov.–Febr. nur bis 16 Uhr, Dez. nur Sa/So. Schloss Di–So 10–17 Uhr. Schlosspark ganzjährig.

» Essen und Unterkunft

Restaurant Gutshof, Wilhelmshöher Allee 347a, 34131 Kassel, Tel. 05 61/ 3 25 25, www.restaurant-gutshof.de. Am Fuß des Bergparks speist man in historischen Gemäuern hessische und internationale Spezialitäten. ❍❍

Bier- und Weinstube Duck' dich, Wilhelmshöher Allee 296, 34131 Kassel, Tel. 05 61/31 28 81. Der Name macht darauf aufmerksam, dass in dem Fachwerkhaus von 1799 an manchen Stellen die Decke nur 1,82 m hoch ist. Spezialität des Lokals sind Fleischgerichte vom heißen Stein, die ohne Zugabe von Fett bereitet werden. ❍❍

Schlosshotel Wilhelmshöhe, Schlosspark 8, 34131 Kassel, Tel. 05 61/ 3 08 80, www.schlosshotel-kassel.de. Am Rand des Schlossparks gelegen, bietet das Schlosshotel stilvoll eingerichtete Zimmer mit schönem Ausblick. Das Restaurant hat eine wunderbare Sommerterrasse. ❍❍

der Milchkammer Käse und Schmand hergestellt. Hirten in chinesischer Tracht hüteten das Vieh auf den Wiesen des Schlossparks.

Neben der Chinamode galt es bei den Herrschaften auch als schick, antik erscheinende Gebäude in den Park zu bauen. Die Wilhelmshöhe wartet mit einer eindrucksvollen Sammlung auf: Statuen im Tal der Flora, ein Apollo- und ein Merkurtempel, eine Halle des Sokrates, die künstliche Ruine eines Aquäduktes, eine Pyramide, eine Sibyllen- und eine Plutogrotte und sogar das vermeintliche Grab Vergils.

› Die Wasserkünste

Einmalig in Europa sind die Wasserspiele im Bergpark Wilhelmshöhe. Dabei nutzen die Wasserkünste den großen Höhenunterschied von 240 m zwischen dem Schloss und dem Oktogon. 1717 wurde das künstliche Naturspektakel erstmals in Gang gesetzt. Die Wasserläufe werden regelmäßig im Sommer losgelassen. Dann fließen aus einem 40 000 Kubikmeter fassenden Sammelbecken im Habichtswald rund 1200 Kubikmeter für einen Durchgang über Kaskaden, Felsen und den Nachbau des römischen Aquädukts, um mit einer 52 m hohen Fontäne vor dem Schloss zu enden. (Himmelfahrt bis 3. Okt. Mi, So sowie Fei 14.30 Uhr Start Oktogon, Abschluss Schlossteich 15.30 Uhr.)

› Die Wilhelmshöhe erleben

Von der **Löwenburg** werden auf einer Führung (45 Min.) die Wohnräume im Damen- und im Herrenbau, Marstall, Rüstkammer und Kirche gezeigt.

Umfangreicher sind die Angebote im **Schloss Wilhelmshöhe,** hier gibt es neben den regelmäßigen Standardführungen durch den Weißensteinflügel mit den historischen Wohnräumen (45 Min.) auch Interessantes für Kinder. So können schon 5-Jährige manche Führungen mitmachen, z. B. die Tour »Tiere in der Kunst«. Spezielle Seniorenführungen stehen ebenso auf dem Programm (2 x im Monat Di 14.30 Uhr). Den sonntäglichen Weg ins Schloss bzw. Museum macht einmal monatlich das »Kunst(früh)-stück« mit Frühstücksbüffet und Führung schmackhaft.

Durch den **Schlosspark** rund um das Schloss gibt es einen ca. 90-minütigen Rundgang, Gruppen bewältigen im Rahmen einer Führung auch den Aufstieg vom Schloss zum 71 m hohen Herkulesdenkmal (2 Std.).

An einem Sommerwochenende erklingen **Schlosskonzerte** im Ballsaal.

» In der Umgebung

Kassel

Kassel hat noch mehr Schlösser zu bieten. So beherbergt die Orangerie in der Fuldaaue das Museum für Astronomie und Technikgeschichte sowie das Planetarium. Im Palais Bellevue im Stadtzentrum erinnert das Brüder-Grimm-Museum an die Märchensammler.

Alle fünf Jahre steht die Stadt während der documenta ganz im Zeichen zeitgenössischer Kunst: im Sommer 2012 ist der nächste Termin. www.documenta13.de

Schloss Arolsen

Eine imposante dreiflügelige barocke Schlossanlage in elegantem Ocker, die jedoch wegen Geldmangels nicht ganz fertiggestellt wurde.

» Ein ehrgeiziges Projekt nahm sich Graf Friedrich Anton Ulrich vor, nachdem er 1710 in den Rang eines Reichsfürsten erhoben worden war: ein barockes Schloss nach allen Regeln der Kunst – und dazu gleich noch eine neue Residenzstadt.

› Der Orient im hessischen Schloss

Das Alhambra-Zimmer fällt völlig aus dem Rahmen: Kräftig-bunte Farben, reichlich Gold auf Holzschnitzereien mit üppig-floralem Dekor sowie verschwenderisch gemusterte Brokatstoffe stehen in krassem Gegensatz zur Ausstattung der anderen Räume des Schlosses im Stil des Barocks und frühen Rokokos. Der arabischen Raumgestaltung entlehnt sind die dekorativen, frei herabhängenden Bögen, die an Stalaktiten-Gewölbe – eine typische Zierform islamischer Baukunst – erinnern. Diese außergewöhnliche Raumausstattung im maurischen Stil gelangte erst Mitte des 19. Jhs. nach Arolsen. Sie war das Hochzeitsgeschenk des Herzogs von Nassau an seine Tochter Helene, die 1853 den Fürsten Georg Victor zu Waldeck und Pyrmont heiratete. Die Einrichtung stammte aus dem Paulinenschlösschen in Wiesbaden.

› Große Pläne

Graf Friedrich Anton Ulrich von Waldeck wurde 1712 von Kaiser Karl VI. in den Fürstenstand erhoben. Als Fürst benötigte von Waldeck ein angemessenes Schloss samt Residenzstadt. Da mit der alten Residenz, einem umgebauten Kloster, kein Staat zu machen war, entstand nach Plänen des Architekten Julius Ludwig Rothweil ab 1713 das heutige Schloss. Die Ausstattung der Räume zog sich jedoch lange hin, denn es mangelte immer wieder an Geld, um den Traum vom »hessischen Versailles« zu verwirklichen.

Das elegante Schloss entsprach den Idealen der Zeit: symmetrisch in der Anlage der Gebäudeflügel um einen Ehrenhof und gleichzeitig mit einer Steigerung der Gebäude zum alles überragenden Mittelteil, dem *corps de logis*. Während das Äußere unverkennbar barocke Architektur zeigt, weist das Innere bereits frühe Rokokogestaltung auf, z. B. im Steinernen Saal. Die Haupträume wurden 1715–19 von Andrea Gallasini stuckiert und von Carlo Lodovico Castelli ausgemalt.

Dem Schloss gegenüber errichtete man in der Mitte des 18. Jhs. ein Halbrund an Bauten mit dem Regierungsgebäude und dem Marstall. Zwischen 1819 und 1822 kamen eine Orangerie und eine Gärtnerei hinzu. Die zweite Hälfte des Rondells konnte jedoch nicht mehr realisiert werden. Auch die Stadtbaupläne des Fürsten wurden nur zum Teil in die Tat umgesetzt. Dennoch verdankt die Stadt Arolsen ihre Entstehung dem Fürstenhaus.

Teile des Schlosses bewohnt die Fürstenfamilie noch heute.

› Das Schloss erleben

Die schönsten Prunkräume werden bei einer **Führung** gezeigt. Dazu gehören der Steinerne Saal (Großer Saal), die Pfälzischen Zimmer und das Alhambra-Zimmer. Im Weißen Saal und im Musiksalon sind Gemälde der berühmten hessischen Malerfamilie Tischbein zu sehen. Im Kronprinzenzimmer gibt eine gedeckte Tafel einen Eindruck davon, in welch noblem Rahmen hier ein Festessen stattfand. Im Blauen Gästezimmer erinnert das Porträt der Königin Emma an den sagenhaften Aufstieg einer Waldecker Prinzessin (s. S. 85).

Jedes Jahr im Mai/Juni bildet das Schloss die stilvolle Kulisse für die **Barockfestspiele.** Dann treffen sich hier Musiker aus aller Welt zu einem Festival barocker Musik. Herrschaften in historischen Kostümen bereichern die musikalischen Zeitreisen.

Für Bücherwürmer lohnt ein Blick in die **Bibliothek** (Leseraum Di 10–14, Fr 8–12 Uhr). Sie besitzt 35 000 Bände sowie Landkarten und Stiche, die vorwiegend aus dem 18. Jh. stammen. Aber auch ältere Handschriften und Drucke sind vorhanden.

In der Umgebung

Waldecker Land

Fast die Hälfte der Mittelgebirgslandschaft bedecken Wälder. Große Seen, wie der Twistesee-, Diemel- und Edersee, bieten hervorragende Wassersportmöglichkeiten. Die traditionelle Bauweise in der holzreichen Gegend hat viele Ortsbilder mit schönen Fachwerkhäusern hervorgebracht, wie in Frankenberg oder Korbach – die Deutsche Fachwerkstraße durchzieht u. a. diese Region. www.waldecker-land.de, www.deutsche-fachwerkstrasse.de

Allgemeine Infos

Adresse: Stiftung des Fürstlichen Hauses Waldeck und Pyrmont, Schloßstr. 27, 34454 Bad Arolsen, Tel. 0 56 91/89 55 26, www.schloss-arolsen.de

Lage und Anfahrt: Bad Arolsen liegt ca. 45 km westl. von Kassel und ist über die A 44/B 450 zu erreichen. Das Schloss liegt am westl. Stadtrand an der B 450.

Öffnungszeiten: Besichtigung nur mit Führung, Anfang Mai bis Ende Sept. tgl. 10–16 Uhr (letzte Führung), April/Okt. Di–So 10–15 Uhr (letzte Führung), Nov. bis März Sa, Mi 15 Uhr, So Uhr.

Essen und Unterkunft

Hotel Schloss Waldeck, 34513 Waldeck, Tel. 0 56 23/58 90, www.schloss-waldeck.de. Ein First-Class-Hotel mit historisch und modern eingerichteten Zimmern in der Burg aus dem 13. Jh., die im 16./17. Jh. zum gut befestigten Schloss ausgebaut wurde. Traumhafte Blicke über den Edersee und das Waldecker Land gibt es als Zugabe. Das kulinarische Angebot reicht vom modernen Gourmetrestaurant bis zu ausgedehnten Rittermahlen nach historischen Rezepten. ○○

Brauhaus-Hotel, Kaulbachstr. 33, 34454 Bad Arolsen, Tel. 0 56 91/20 28, www.brauhaus-hotel.de. Der Name steht für die Geschichte des Hauses; hier speist man rustikal. Ein besonderer Gag sind die Kutscherpfanne oder die Brauhausvesper: Alle essen aus einer Pfanne, eine Person zahlt den vollen Preis, die anderen nur die Hälfte. ○○

Schloss Büdingen

Ein wehrhafter Fürstensitz auf einer Ringburg des 11./12. Jhs., umgeben von einem idyllischen Schlosspark.

» Wie kaum eine andere Burg bietet das Büdinger Schloss Einblicke in die Burgenarchitektur des Hohen Mittelalters, als man in das Rund einer abweisenden Ringmauer den Bergfried und den Palas setzte. Später wurde an die 13-eckige Mauer innen angebaut, und es entstanden Gebäude, bei denen rechte Winkel selten sind. So gibt es einen »Krummen Saalbau«, und auch die Burgkapelle hat einen ungewöhnlich schiefen Grundriss.

› Ein Burgstädtchen wie aus dem Geschichtsbuch

Stadtmauern, Tore und Türme umgeben auch heute noch in seltener Vollständigkeit das alte Büdingen. Sie zeigen höchst anschaulich, wie wehrhaft ein Städtchen im Mittelalter sein konnte. Westlich der Vorburg des Büdinger Herrensitzes entstand eine erste Burgsiedlung, die heutige Altstadt, aus gerade einmal zwei rechtwinklig aufeinander zulaufenden Straßen. Eine davon trägt heute noch den Namen Altstadt. Dieser winzigen Siedlung verlieh Kaiser Ludwig der Bayer 1330 die Stadt- und Marktrechte nach Gelnhauser Vorbild.

Von den kaiserlichen Privilegien beflügelt, wuchs Büdingen in der zweiten Hälfte des 14. Jhs. nach Norden, um die sogenannte Neustadt, die zunächst einmal nicht viel größer sein sollte als die Altstadt. Auch hier heißt bis heute die Hauptstraße »Neustadt«.

Die beiden ummauerten Stadtkerne ließ Graf Ludwig II. zwischen 1480 und 1510 mit einer neuen Mauer und 22 Türmen sichern. Diese Bilderbuch-Stadtmauer ist eine der am besten erhaltenen spätmittelalterlichen Stadtbefestigungen in Deutschland.

› Geschichte der Familienresidenz

Seit 1258 bewohnt die Familie der Fürsten zu Ysenburg und Büdingen das äußerst wehrhaft wirkende Büdinger Schloss, das eigentlich eine Burg ist. Noch heute dient ein Teil der fast runden Kernburg als Familiendomizil.

Ihre Erbauer mussten im späten 12. Jh. zunächst die Mauern auf Pfähle setzen, da der Untergrund sehr feucht war. Aus roten Sandstein-Buckelquadern entstand eine abweisende Ringmauer in Form eines Dreizehnecks, die bis heute erhalten ist. Vor der Mauer wurde ein Wassergraben ausgehoben, den der nahe Seemenbach speiste.

Aus der romanischen Epoche blieben der mächtige Palas und Teile der Burgkapelle erhalten. Romanische Fenster und eine verknotete Säule im Palas oder das fein gearbeitete Säulenportal der Kapelle sind Beispiele für das damalige Stilempfinden. Als man Ende des 15. Jhs. über dem romanischen Gotteshaus ein gotisches errichtete, wurde der Wehrgang der Ringmauer zur Kapellenempore. Viel Arbeit steckte man auch in das Netzgewölbe und das prächtige Chorgestühl.

Das Innere der profanen Burggebäude wurde im 16. Jh. und noch einmal im 19. Jh. mit Wandgemälden und Einrichtungsgegenständen ausgestattet. Diese Gemächer sind noch erhalten und Teil der Schlossführung.

› Die Burg erleben

Im Rahmen einer **Führung** besichtigt man die Gemächer des romanischen Palas, die Alchemistenküche, die spätgotische Burgkapelle sowie die nobel ausgestattete Graf Dieter Stube. In der Alchemistenküche wurden Arzneien gemischt und Essenzen hergestellt. Berühmt war Büdingen übrigens für seine »Krötensteine«, mit denen man angeblich Gifte aus dem Körper trieb.

Die **Landpartie Schloss Büdingen** findet am zweiten Septemberwochenende statt: Mehr als 150 Stände mit schönen Dingen rund um Haus und Garten gehören zu dem herbstlichen Gartenfestival, aber auch Kutschfahrten und Oldtimer.

» In der Umgebung

Das mittelalterliche Büdingen

Äußerst vielseitig lässt sich die Büdinger Stadtgeschichte erkunden: auf einer Fachwerkführung, auf der Führung »Büdingen bei Nacht« oder bei einer Stadtbesichtigung mit zwei Kräuterweibern. Ein Verein veranstaltet diese Erlebnis- und Kostümführungen mit Amateurschauspielern. www.buedingen-touristik.de

Barbarossastadt Gelnhausen

Reste einer Kaiserpfalz (1170) vom gleichem Bautyp wie die Büdinger Burg sind in Gelnhausen (18 km südl.) erhalten, u. a. Teile des Palas.

» Allgemeine Infos

Adresse: Schloss Büdingen Schlossrezeption, Schlossplatz 1, 63654 Büdingen,Tel. 0 60 42/9 64 70, www.buedingen.de

Lage und Anfahrt: Büdingen liegt 40 km östlich von Frankfurt/M. und ist über die A 45 zu erreichen. Das Schloss steht am Rand der Altstadt, Parkplätze vor dem Schloss und um die Altstadt.

Öffnungszeiten: Nur mit Führung (ca. 1 Std.), 13 Uhr (Sa/So zwischen 14 und 17 Uhr) ab Schlossrezeption bei mind. 5 Pers.; sind weniger Personen bereit, den Preis für fünf zu zahlen, findet die Führung statt. Sonst nach telefon. Anmeldung im Schloss oder beim Touristik Center Büdingen (Tel. 0 60 42/9 63 70).

» Essen und Unterkunft

Restaurant Zum Stern, Vorstadt 3, 63654 Büdingen, Tel. 0 60 42/35 84. Gehobene deutsche und mediterrane Küche – Marktfrisches der Saison und Fischgerichte – in historischem Ambiente. ❍❍

Das Gastliche Schloss, Schlossplatz 1, 63654 Büdingen, Tel. 0 60 42/9 64 70, www.schloss-buedingen.de. Wahrhaft fürstlich residiert man im Schlosshotel. Hinter historischen Mauern – in der Kemenate, im Brauhaus oder in einem Gästehaus im Park – verbergen sich 26 liebevoll gestaltete und individuell eingerichtete Zimmer. Im Sommer ist die große Gartenterrasse ein wunderbarer Platz, um sich ein Getränk oder ein Eis zu gönnen. ❍❍

Hotel Restaurant Bleffe, Altstadt 21, 63654 Büdingen, Tel. 0 60 42/25 08, www.bleffe.net. Hessische Hausmannskost, aber auch Fisch- und Wildwochen. Die Zimmer bieten moderne Gemütlichkeit in historischem Gemäuer. ❍

Auerbacher Schloss

Über den Weinhängen der Bergstraße errichteten die Grafen von Katzenelnbogen eine imposante Burg als Amtssitz im Auftrag des Mainzer Erzbischofs.

Die Burgruine ist mit legendären Gewächsen verbunden: Eine 300 Jahre alte Kiefer gedeiht hoch oben auf der Schildmauer. In der Burggeschichte spielten Weinreben eine wichtige Rolle – heute liegt in der Nähe des Schlosses die Weinbergslage Höllberg.

Der Küfer probiert

Eine Auerbacher Legende erzählt von einem Bauern, der vor der Ruine des Schlosses stand und an die Mengen von gutem Wein dachte, die hier einst getrunken worden waren. Da näherte sich ihm ein Männlein mit einer Küferschürze und lud ihn ein, den Wein der hohen Herren zu probieren. Gern folgte ihm der Bauer ins Kellergewölbe. Der Küfer schenkte ein, aus jedem Fass durfte der Bauer kosten. Schließlich war er so betrunken, dass er in einen tiefen Schlaf fiel. Obwohl er sich bald darauf auf die Suche nach dem geheimnisvollen Weinkeller begab, fand er ihn nicht mehr. Aber bis heute ziehen ab und an Weindüfte durch die alten Mauern. Die Auerbacher sagen dann: »Der Küfer probiert«.

Amtssitz der Grafen von Katzenelnbogen

Im frühen 13. Jh. ließ Graf Dieter IV. von Katzenelnbogen eine Burg in der Mark Auerbach errichten. Sie sollte nicht nur wehrhafter Amtssitz sein, sondern auch mit südfranzösischen Stilelementen geschmückt werden. Von einem Kreuzzug 1220 ins Mittelmeergebiet hatte der Graf Anregungen für den Burgenbau mitgebracht.

Allgemeine Infos

Adresse: Schloss Auerbach Restaurations- und Veranstaltungs-GmbH, Außerhalb 2, 64625 Bensheim, Tel. 0 62 51/7 29 23, www.schloss-auerbach.de

Lage und Anfahrt: Auerbach ist der größte Stadtteil der Stadt Bensheim. Vom Auerbacher Zentrum gelangt man mit dem Auto über die Ernst-Ludwig-Promenade hinauf durch den Wald zum Schloss. Parkmöglichkeiten am Schlosseingang.

Öffnungszeiten: tgl. 10–17 Uhr.

Essen und Unterkunft

Restaurant und Burgschänke im Auerbacher Schloss, Anschrift s. o. Deftige Gerichte in historischen Gewölben. Auch Kleinigkeiten wie »Suppe von Erdäpfeln mit Speck von der zahmen Sau«. Zu bestimmten Terminen finden Familien-Rittermahle statt. April–Sept. Mi–So 11–22 Uh., ❍❍

Parkhotel Herrenhaus, Fürstenlager, 64625 Bensheim, Tel. 0 62 51/7 09 00, www.parkhotel-herrenhaus.de. Im noblen Herrenhaus inmitten des über 40 ha großen Landschaftsparks Fürstenlager, logiert man, wie nicht anders zu erwarten, fürstlich. Die geschmackvollen Zimmer sind mit Antiquitäten ausgestattet und blicken auf den schönen Park. Wer speisen möchte, ist hier ebenfalls bestens aufgehoben – die Küche ist hervorragend, der Weinkeller erfüllt alle Erwartungen, die man an ein Restaurant in dieser Gegend hat. ❍❍

› Beim Rittermahl treibt der Herold allerlei Schabernack mit den Gästen

An den Hängen des 340 m hohen Auerbergs ließ der Bauherr ein Plateau anlegen, das durch einen 9–10 m tiefen Halsgraben vom Hang getrennt wurde. Der herausgebrochene Fels diente als Baumaterial für die Befestigung. Die Nordostseite der Ringmauer wurde als Schildmauer besonders verstärkt. Vom Nordturm führte ein unterirdischer Gang (Poterne) aus dem Gelände heraus; so konnte man Feinden in den Rücken fallen.

Unter Dieter VIII. erhielt die Burg im späten 14. Jh. ihr heutiges Aussehen. Ein zweiter Zwinger wurde in Art einer Vorburg um die dreieckige Anlage gelegt. Hier befanden sich die Ställe, die Wirtschaftsgebäude und die Gesindehäuser. Eine große Zisterne lieferte Wasser. Der oberste Burghof und der Palas sowie die Küche wurden dagegen mit Wasser aus einem 62 m tief in den Felsen gehauenen Brunnen versorgt. Das größte Gebäude der Kernburg war der dreigeschossige Palas. Im Erdgeschoss des Palas befand sich der große Rittersaal mit einer Burgkapelle, die über zwei Geschosse reichte.

1479 kam die Burg nach dem Tod des letzten Grafen von Katzenelnbogen zu Hessen. 1567 verlegte Landgraf Georg I. von Hessen-Darmstadt seinen Amtssitz nach Zwingenberg. Das Auerbacher Schloss begann zu verfallen. Erst im Zuge der Burgenromantik des 19. Jhs. wurden um 1850 der eingestürzte Nordturm wieder aufgebaut und die Mauern gesichert.

› Die Burg erleben

Das Ruinengelände kann man individuell erkunden; der Eintritt ist frei.

Rittermahle für die ganze Familie (Termine rund ums Jahr): Ein Herold führt durch den Abend und nimmt bei jedem Gang die »Giftprobe«.

Eine schöne Kulisse ist die Burg auch für die **Ritter-Nachtturniere** (Juni–Sept. ca. zweimal monatlich), die Feuerwerke **Schloss in Flammen** (Mai–Sept. einmal monatlich) oder das Treiben während der **Walpurgisnacht** (30. April). Im Sommer finden im Burghof **Theateraufführungen,** auch speziell für Kinder, statt.

» In der Umgebung

Weinberge der Bergstraße

Vom Bergsträßer Weinfrühling über Weinbergwanderungen, Kellerbesichtigungen, Weinproben sowie Weinfeste im Spätsommer und Herbst dreht sich an der Bergstraße fast alles um edle Tropfen. Jährlich werden von der rund 450 ha großen Rebfläche 3 bis 4 Mio. Liter Wein gewonnen. Vor allem Weißweine gedeihen hier prächtig. www.bergstraesser-wein.de

Wartburg

Das Wahrzeichen von Eisenach war im Mittelalter eine Hochburg der höfischen Kultur. Die Wartburg ist eng mit wichtigen Ereignissen der deutschen Geschichte verbunden.

Wie eine Krone überragt die Wartburg auf ihrem 400 m hohen Felsplateau die Stadt Eisenach und den nördlichen Rand des Thüringer Walds. Ihre einstige Bedeutung zeigt sich heute noch in ihrem eindrucksvollen Baubestand aus Romanik, Gotik, Renaissance und Historismus, den die UNESCO 1999 in die Liste des Weltkulturerbes aufnahm. Der romanische Palas ist die größte Attraktion des Ensembles.

Von Teufeln und Sängern

Zwei Geschichten sind – neben dem Leben und Wirken der hl. Elisabeth als Landgräfin von Thüringen im 13. Jh. – eng mit der Wartburg verbunden: der legendäre Tintenfass-Wurf Martin Luthers und der Sängerkrieg.

Martin Luther (1483–1546) lebte – vom sächsischen Kurfürsten in Schutzhaft genommen – als »Junker Jörg« von Mai 1521 bis März 1522 auf der Wartburg. Während dieser Zeit übersetzte er in nur drei Monaten das Neue Testament der Bibel aus dem griechischen Urtext ins Deutsche und trieb damit die Entwicklung einer einheitlichen deutschen Schriftsprache entscheidend voran. Eines Nachts soll Luther in seiner Stube der Teufel erschienen sein. Um ihn zu verjagen, warf Luther mit einem Tintenfass nach ihm. Lange Zeit galt ein dunkler Fleck an der Wand als Beleg für die sagenhafte Begegnung. Aufgeklärtere Geister beziehen den Kampf Luthers lediglich auf seine Schriften: nur mit ihnen habe er den Teufel bekämpft.

Ein anderer sagenumwobener Kampf soll bereits Anfang des 13. Jhs. auf der Wartburg stattgefunden haben, als diese zu einem der bedeutendsten Musenhöfe ihrer Zeit aufgestiegen war. Buchmalerei, Dichtung, Poesie und Musik wurden hier auf höchstem Niveau gepflegt. Im Jahr 1206 ist ein Sängerwettstreit oder »Sängerkrieg« überliefert. Dabei mussten die besten Sänger den Ruhm und Glanz des Kaisers besingen; wer enttäuschte, dem drohte die Todesstrafe. Diesen Wettstreit setzte Moritz von Schwind im 19. Jh. in einem Fresko auf der Wartburg um, Richard Wagner bearbeitete das Thema als Opernstoff für den »Tannhäuser«. Ob der Sängerkrieg wirklich so stattgefunden hat, weiß man bis heute nicht. Als wahrscheinlich gilt jedoch, dass die beiden Minnesänger Wolfram von Eschenbach und Walter von der Vogelweide auf der Wartburg zu Gast waren.

Die Burg als Musenhof

Ein solch bedeutender Verkehrsknotenpunkt war geradezu prädestiniert für eine Burg: Hier kreuzte die »Hohe Straße« oder »Via Regia«, die von Straßburg über Mainz und Fulda nach Erfurt verlief, die Nord-Süd-Verbindungen zwischen der Ostsee und Nürnberg und damit die Handelswege Richtung Alpen bzw. Italien. Den strategisch günstigen Ort ließ sich das Grafengeschlecht der Ludowinger nicht entgehen und gründete im 11. Jh. die Wartburg.

In der Mitte des 12. Jhs. begannen die Arbeiten am Palas, dem Hauptgebäude der Burg. Mit der Vollendung

1180 besaßen die im selben Jahr in den Stand von sächsischen Pfalzgrafen erhobenen Bauherren einen Palas, der einzigartig in seiner Größe und Ausstattung war. Noch heute gilt er als einer der besterhaltenen und schönsten Profanbauten nördlich der Alpen, was ihm die Auszeichnung als UNESCO-Weltkulturerbe einbrachte. Wehrhaft zeigt sich der Palas nach außen, während die Innenseite zum Burghof mit Arkadengängen und vielen Säulenpaaren geschmückt wurde.

1317 zerstörte ein Brand Teile der Wartburg. Daraufhin wurde der Südturm neu gebaut und eine ältere Kapelle durch eine Burgkirche im Palas ersetzt. Das Torhaus entstand in

Allgemeine Infos

Adresse: Wartburg-Stiftung Besucherservice, Auf der Wartburg 1, 99817 Eisenach, Tel. 0 36 91/25 00, www.wartburg-eisenach.de

Lage und Anfahrt: In Eisenach zweigt von der B 19 auf Höhe des Kartausgartens die Wartburgallee ab (beschildert). Gebührenpflichtiger Parkplatz 500 m unterhalb der Burg, Pendelbus für Senioren und Gehbehinderte.

Öffnungszeiten: Führungen durch den Palas März–Okt. tgl. 8.30–17 Uhr, Schließung des Burgtores um 20 Uhr, Nov.–Febr. tgl. 9–15.30 Uhr, das Burgtor schließt um 17 Uhr.

Essen und Unterkunft

Burgschenke, im ehemaligen Gästehaus (Gadem) südlich des Palas. Ideal für den kleinen Hunger nach der Burgbesichtigung: In rustikalem Ambiente speist man günstige Kleinigkeiten wie »Landmanns Festtagsglück« (hausgemachte Leberwurst mit Essiggemüse und Landbrot). ❍

Eisenacher Hof, Katharinenstr. 11–13, 99817 Eisenach, Tel. 0 36 91/2 93 90, www.eisenacherhof.de. Tafeln wie zu Luthers Zeiten: In den Lutherstuben schmaust man bei Musik und Gaukelei Deftiges wie Fleisch- und Kartoffelsuppe, Bratwurst, Fleischspieß, Sauerkraut und Brotklöße nach mittelalterlichem Rezept, dazu gibt es selbstgebackenes Lutherbrot mit Schmalz. ❍❍

Hotel auf der Wartburg, Auf der Wartburg, 99817 Eisenach, Tel. 0 36 91/ 79 70, www.wartburg-hotel.de. Das Fünf-Sterne-Haus in einem Gebäude vom Anfang des 20. Jhs. liegt in direkter Nachbarschaft zur Wartburg und bietet von seinen 35 individuell und luxuriös eingerichteten Zimmern herrliche Ausblicke auf den Thüringer Wald, die Wartburg und die Stadt Eisenach. Im Vitalbereich entspannt man in der Sauna und auf der Sonnenterrasse. Die Landgrafenstube wartet mit feiner regionaler Küche auf, zu der Weine aus Thüringen und dem Saale-Unstrut-Gebiet kredenzt werden. ❍❍❍

Villa Kesselring, Hainweg 32, 99817 Eisenach, Tel. 0 36 91/73 20 49, www.villa-kesselring.de. Villa von 1898 in ruhiger, aber dennoch zentraler Lage (5 Min. Fußweg in die Innenstadt, 20 Min. zur Wartburg). Die schönen Zimmer sind passend zum historischen Ambiente eingerichtet, der Garten und eine Küche können von den Gästen genutzt werden. ❍

alter Form neu, daran schloss das Ritterhaus an. Ebenso errichtete man die Vogtei, in der später die Lutherstube Berühmtheit erlangte, sowie den östlichen und westlichen Wehrgang (Elisabethen- und Margaretengang).

Obwohl die Burg ab dem frühen 15. Jh. nicht mehr als Hauptresidenz diente, ist sie wie kaum eine andere deutsche Burg mit der Geschichte des Landes verbunden. Johann Wolfgang von Goethe weilte mehrfach hier. Am 18. Oktober 1817 fand das erste Wartburgfest statt, bei dem sich die studentischen Burschenschaften für einen deutschen Nationalstaat mit freiheitlicher Verfassung einsetzten. Ein zweites Wartburgfest gab es 1848, im Jahr der Märzrevolution.

Ab 1838 wurde die Wartburg, die damals schon als nationales Denkmal galt, renoviert und umgebaut. Erbgroßherzog Carl Alexander aus dem Hause Sachsen-Weimar-Eisenach ließ sie im romantischen Geist gestalten. Das Gebäude der sog. Dirnitz mit der Torhalle an Stelle der alten Hofstube sowie der neue Bergfried entstanden, ebenso die Wandmalereien von Moritz von Schwind im ersten Palas-Obergeschoss und im Festsaal.

Ein Teil der romantischen Veränderungen wurde in den 1950er-Jahren wieder beseitigt, um die Romanik im Erscheinungsbild der Wartburg deutlicher hervorzuheben.

› Die Burg erleben

Die Burganlage

Man ist nicht alleine auf der Wartburg: Etwa 500 000 Besucher kommen jedes Jahr hierher.

Kindern kann man den Weg auf die Burg während der Sommermonate mit einem **Eselsritt** versüßen – die grauen Langohren tragen die Kleinen geduldig über einen Eselspfad hinauf.

Von außen erscheint die Wartburg abweisend, doch das Fachwerk in ihrem Inneren wirkt eher romantisch. Zunächst betritt man die Vorburg, die von Margarethengang und Elisabethgang gesäumt wird. Der im 19. Jh. entstandene Komplex aus Neuer Kemenate, Torhalle und Dirnitz trennt die Vorburg von der Hofburg, in der sich der Palas, das Hauptgebäude der Wartburg, befindet. An den Palas schließen sich Ritterbad und Gästehaus (heute Burgschenke) an, die beide aus der Zeit des Historismus stammen. Zum Abschluss des Burgbesuchs wird die Besteigung des Südturms (14. Jh.) mit einem herrlichen Blick über den Thüringer Wald belohnt.

Die Innenräume

Anstehenden Fels als Boden findet man nicht nur im Burginnenhof, sondern auch noch im Erdgeschoss des **Palas** (nur mit Führung): Der Rittersaal präsentiert sich in der Schlichtheit des 12. Jhs. Im sog. Speisesaal sind Raumgestaltung und Wohnkomfort schon etwas aufwendiger. Von der Elisabethkemenate über die Kapelle, den Sängersaal (mit von Schwinds Monumentalfresko) und das Landgrafenzimmer wird die Ausstattung immer prächtiger; sie gipfelt schließlich im Festsaal mit hervorragender Akustik, in dem man die romantische Ausgestaltung des 19. Jhs. bewahrt hat. Hier finden regelmäßig Konzerte statt.

› Der romantische Innenhof der Wartburg mit seinen Fachwerkbauten

Den Wandel der Wartburg und Teile der kostbaren mittelalterlichen Ausstattung zeigt das **Burgmuseum** in den Räumen der Neuen Kemenate und der Dirnitz. Über den mittelalterlichen Margarethengang gelangt man in die **Vogtei,** in der die Lutherstube, das vorübergehende Heim des Reformators (1521/1522), zu sehen ist.

Veranstaltungen

Im August finden die Museumsnacht sowie das Lutherfest mit Mittelaltermarkt, Theater, Musik und Tanz statt (www.luther-das-fest.de). Im Festsaal erklingen das ganze Jahr über Konzerte, auch Operninszenierungen werden hier geboten. In der Burgkapelle finden Orgelkonzerte statt. Im Rahmen des MDR-Musiksommers gibt es auch Konzert- und Theateraufführungen im Burghof. Stimmungsvoll ist die Museumsnacht, die jährlich im Sommer stattfindet. In der Adventszeit erfreut ein historischer Weihnachtsmarkt die Besucher (genaue Termine unter www.wartburg-eisenach.de).

In der Umgebung

Eisenach

In der Altstadt kann man auf den Spuren berühmter Persönlichkeiten wandeln. Das 1490 gebaute Lutherhaus, in dem der junge Lateinschüler Martin Luther während seiner Eisenacher Zeit wohnte, ist heute eine Gedenkstätte für den Reformator. Über die Lutherstraße gelangt man zu einem verputzten Fachwerkgebäude von 1672/74, dem Geburtshaus Johann Sebastian Bachs (mit Ausstellung). Auch die Kirche St. Georg, das Stadtschloss aus dem 18. Jh. (u. a. Thüringer Museum Eisenach) und das Residenzhaus mit einem spätgotischen Westflügel sind sehenswert. www.eisenach.info

Schloss Friedenstein

Der erste deutsche Schlossbau nach dem Dreißigjährigen Krieg – die wuchtige »Stadtkrone« von Gotha.

Als Gotha 1640 Residenzstadt des neu geschaffenen Herzogtums Sachsen-Gotha wurde, gab Ernst der Fromme ein repräsentatives Schloss in Auftrag. Im Nordflügel des Gevierts hat sich das frühbarocke herzogliche Appartement erhalten. Die herzoglichen Kunstsammlungen sind einzigartig: mit ägyptischen Mumien, 23 Cranach-Werken, 20 Houdons, 120 Dürer-Blättern und vielem mehr.

Premieren des Ekhofschen Theaters

1683 wurde im Westpavillon des Schlosses ein Theater fertiggestellt, das heute noch mit seiner originalen Bühnentechnik – barocke Schnellverwandlungsmaschinerie inklusive – bespielt wird. Es gilt als ältestes in dieser Vollständigkeit erhaltenes Barocktheater der Welt. Der Zuschauerraum mit seinen rund 170 Plätzen präsentiert sich noch in der Farbgestaltung aus dem Jahre 1775.

1775, im vielleicht wichtigsten Jahr der Geschichte dieser Bühne, übernahm der Hamburger Conrad Ekhof (1720–1778) die Leitung des Theaterbetriebs mit einem eigenen Ensemble. Damit besaßen die Herzöge auf Schloss Friedenstein das erste ständige deutsche Hoftheater. Eine weitere Premiere war, dass die Aufführungen nicht nur der Hofgesellschaft und ihren Gästen offen standen, sondern auch zahlenden Bürgern der Stadt.

Von Juni bis September findet auf Schloss Friedenstein alljährlich das »Ekhof-Festival« statt. Dann stehen Schauspiel, Musik und Literatur aus dem 18. Jh. im Veranstaltungskalender. Besonders interessant ist bei diesen Programmen, dass vergessene Werke jener Zeit nach langem Dornröschenschlaf wieder ausgegraben und neu auf die Bühne gebracht werden. Lesungen und Konzerte begleiten die Theateraufführungen, und das kulturelle Leben, wie es einst an Fürstenhöfen gang und gäbe war, erlebt in Gotha seine Renaissance. www.ekhof-festival.de

Geschichte

Bevor Schloss Friedenstein in exponierter Lage über der Stadt errichtet wurde, gab es auf dem 311 m hohen Berg bereits eine Burg, die ab 1316 Grimmenstein genannt wurde. 1530 bis 1541 wurde sie zur Festung ausgebaut, doch schon 1567 sehr schwer beschädigt. Von diesem Bau ist bis auf die alten Kasematten (s. S. 135) nichts geblieben.

1643 legte Herzog Ernst I., auch der Fromme genannt, den Grundstein für das frühbarocke Schloss Friedenstein. Dieses Ereignis fiel noch in die Zeit des Dreißigjährigen Kriegs, unter dem Gotha besonders gelitten hatte. Der Name des Schlosses verkörperte die Hoffnung auf bessere Zeiten für die neue Residenz und das gerade entstandene Herzogtum Sachsen-Gotha. Auf dem Schloss wollte nicht nur der Landesherr mit seinem Hofstaat wohnen, von hier aus sollte auch das Herzogtum für die kommenden zweieinhalb Jahrhunderte verwaltet und regiert werden. Deshalb erhielt Architekt

Andreas Rudolph den Auftrag, eine große Schlossanlage zu planen. Die Gebäudeflügel sind 100 bzw. 140 m lang, damit ist Friedenstein das größte frühbarocke Schloss Deutschlands.

Die dreiflügelige Anlage öffnet sich, von der Stadt abgewandt, nach Süden. Das Hauptgebäude – *corps de logis* – im Norden wie auch die Pavillons als Abschluss der Seitenflügel im Süden besitzen drei Obergeschosse, die Seitenflügel nur zwei. Bauschmuck findet sich an den Fassaden kaum. Vielleicht hat der Bauherr sehr pragmatisch gedacht und das Schloss mehr auf eine Fernwirkung hin planen lassen. Anders als bei einem Schloss mitten in der Stadt hätte man bei seiner Residenz den äußeren Schmuck ohnehin erst aus allernächster Nähe bemerkt.

Doch im Inneren bestand der Hausherr selbstverständlich auf der ihm gebührenden Pracht in den Repräsentationsgemächern. Unter Ernsts Nachfolger Herzog Friedrich I. erhielten die Empfangs- und Wohnräume zwischen 1683 und 1693 ihre reiche Stuckausstattung. Aus dieser Zeit existieren noch das Audienzzimmer und die Schlosskirche mit einer doppelten Empore und einer bemalten Stuckdecke.

Zwischen 1747 und 1751 erlebten die herzoglichen Appartements eine nächste Renovierungsphase, denn der Barock war aus der Mode gekommen und das Rokoko gefragt. Im Laufe des 18. Jhs. entstanden im Ostflügel neue Räumlichkeiten für die herzogliche Familie. Zum Ende des Jahrhunderts wurde dann noch einmal renoviert, nun im Stil des Klassizismus.

› Das Schloss erleben

Herzogliches Wohnen von Barock bis Klassizismus und Repräsentation im Stil des Barocks veranschaulicht eine **Führung** durch die Schlossräume.

Zur Lieblingsbeschäftigung der Herzöge gehörte das Sammeln von Kunst. Bereits der erste Hausherr, Ernst der Fromme, begann damit, und schon Mitte des 17. Jhs. erschien ein erstes Inventar der Friedensteinschen Kunstkammer. 350 Jahre Sammelleidenschaft auf internationalem Niveau dokumentiert heute das **Schlossmuseum.** Herzstück ist die Kunstkammersammlung, die den Ursprung der heutigen Sammlung in historischer Gestaltung zeigt. Daneben präsentiert man altdeutsche und niederländische Malerei des 17. Jhs., Plastik des Mittelalters und des Klassizismus, eine Antiken- und Ägyptensammlung, eines der größten Münzkabinette Deutschlands, ein umfangreiches Kupferstichkabinett, edles Kunsthandwerk, eine große Fächersammlung, ostasiatische Kunst sowie Kunst des 20. Jhs. Wechselnde Sonderausstellungen setzen thematische Schwerpunkte; für 2009 in Planung: »Macht der Mode« und «Gotha in Samt und Seide«.

Das **Museum für Regionalgeschichte und Volkskunde** bietet einen Einstieg in die Thüringer Geschichte rund um die 1180 gegründete Stadt Gotha. Man lernt Gothaer aus verschiedenen Epochen kennen und erfährt vieles über ihren Alltag. Die Reise beginnt in der Eisenzeit (600 v. Chr.) und reicht über die Residenzstadt, das Zentrum der Naturwissenschaften zur Zeit der Aufklärung und die Industria-

› Sommerliches Barockfest auf Schloss Friedenstein

lisierung im 19. Jh. bis ins Jahr 1945. Museumspädagogische Angebote vermitteln die Themen auch kindgerecht.

Südlich des Schlosskarrees liegt das 1879 eröffnete Herzogliche Museum, heute Sitz des **Museums der Natur.** Ausgestellt sind nicht nur skurrile Objekte des herzoglichen Naturalienkabinetts, sondern auch Fährtenfunde des berühmten Tambacher Ursauriers; geschätztes Alter: 200 Mio. Jahre!

Alljährlich zu Pfingsten veranstaltet die Thüringen Philharmonie Gotha-Suhl gemeinsam mit der Stadt beliebte **Pfingstkonzerte** auf dem Schloss. www.thueringen-philharmonie.de

Am letzten Augustwochenende ist Schloss Friedenstein die Kulisse für das **Barockfest.** Die Besucher können den Herzog und seinen Hofstaat bei einer Audienz oder bei einem Jagdausflug beobachten. Das Leben von damals bringen auch Handwerker, Händler und andere Zeitreisende in historischen Kostümen in den Schlosshof.

Der **Landschaftsgarten,** der das Schloss umgibt und der älteste englische Garten auf dem europäischen Kontinent ist, verbirgt mit den **Kasematten** spannende Geschichte in seinem Untergrund. Hier wird deutlich, dass das barocke Schloss auf einer ausgedehnten Festungsanlage errichtet wurde. Die oberirdischen Anlagen, die Gräben und Wälle, wurden im späten 18. Jh. geschleift, um das Gelände für Erweiterungen des Schlossparks zu einem Landschaftspark zu nutzen. Von den einstmals 2,5 km langen Gewölbegängen, die in bis zu drei Ebenen übereinander lagen, wurde ein ca. 300 m langer Rundgang wieder freigelegt und für Besucher zugänglich gemacht. Hier erlebt man sehr anschaulich, wie eine solche Wehrarchitektur funktionierte – mit unterirdischen Schartenkammern, Büchsengalerien und Hinterwehren. Auch Teile der Befestigung des Grimmensteins aus den 1630er/40er-Jahren, wie die Hauptmauer, die Bastei und die Futtermauer des Grabens, sind zu sehen. Aufmerksamkeit verdient die **Orangerie** aus dem Jahr 1742, in der u. a. die Bibliothek untergebracht ist. Der Südflügel wird derzeit restauriert.

In der Umgebung

Historische Residenzstadt Gotha

Die Altstadt zu Füßen des Schlosses kann mit vielen restaurierten historischen Gebäuden aufwarten; Gotha zählte einst zu den reichsten Städten Thüringens. Gleich drei Marktplätze in der Stadtmitte künden von der Bedeutung des Handelsplatzes an der Via Regia, einer bedeutenden historischen Fernhandelsroute. Aufwendig restaurierte Bürgerhäuser mit barocken Portalen am Hauptmarkt und das Rathaus, ein repräsentativer Renaissancebau, der 1567–1574 als Kaufhaus errichtet wurde, erinnern an den Wohlstand jener Zeit. www.gotha.de

Gothardusfest

Am ersten Wochenende im Mai feiert man in der Altstadt den Stadtpatron, den hl. Gothardus, mit Lichterlauf und Feuerwerk, historischem Festumzug und Zeremonie zur Eröffnung der Wasserkunst, traditionellem Handwerker- und Spezialitätenmarkt sowie Musik, Tanz, Straßentheater, Gaukelei und Mitmachaktionen für Kinder. www.gothardus.de

Allgemeine Infos

Adresse: Stiftung Schloss Friedenstein, Schloss Friedenstein, 99867 Gotha, Tel. 0 36 21/82 34 51, www.stiftungfriedenstein.de, Schlossmuseum, Tel. 0 36 21/82 34 14, Museum für Regionalgeschichte und Volkskunde, Tel. 0 36 21/82 34 15.

Lage und Anfahrt: Am Fuß des weithin sichtbaren Schlossbergs gibt es mehrere Parkmöglichkeiten, ein weiterer Parkplatz liegt gleich vor dem südlichen Schlosseingang.

Öffnungszeiten: Schlossmuseum, Museum für Regionalgeschichte und Volkskunde sowie Museum der Natur: Mai–Okt. Di–So 10–17 Uhr, Nov.–April Di–So 10–16 Uhr. Führungen durch die historischen Schlossräume ganzjährig Di–So 11 und 14 Uhr. Führungen durch die Kasematten ganzjährig Di–So 13 und 14 Uhr nach Voranmeldung (max. 10 Personen, 45 Min.). Führungen durch das Ekhof-Theater nur nach Voranmeldung.

Essen und Unterkunft

Romantik-Restaurant Pagenhaus, Schloss Friedenstein, 99867 Gotha, Tel. 0 36 21/40 36 12, www.romantik-restaurant-pagenhaus.de. In einem Nebengebäude des Schlosses mit schönem Biergarten genießt man gute Hausmannskost mit Produkten aus der Region sowie Kaffee und Kuchen. ❍

Restaurant Weinschänke, Gartenstr. 28, 99867 Gotha, Tel. 0 36 21/30 10 09. Thüringer Spezialitäten und Internationales wie Straußensteak oder Springbockkeule kommenm in der denkmalgeschützten Traditionsgaststätte von 1903 auf den Tisch. Mo geschl. ❍❍

Hotel Am Schlosspark, Lindenauallee 20, 99867 Gotha, Tel. 0 36 21/44 20, www.hotel-am-schlosspark.de. Nur der Park trennt das moderne Haus vom Schloss Friedenstein, ebenso günstig liegt es zur Altstadt. Große, exklusiv ausgestattete Zimmer, hoteleigene Therme sowie Restaurant mit schöner Gartenterrasse. ❍❍

Die Residenzschlösser von Greiz

Wehrhaft, repräsentativ und sommerlich-elegant: die Residenzen der Herren namens Heinrich.

Mit seinen beiden Residenzschlössern bietet die einstige Hauptstadt des winzigen Fürstentums Reuß älterer Linie noch heute den vollständigen Baubestand einer Residenzstadt.

Die Kleinstaaterei der Heinriche

Wenn die Gräfin und spätere Fürstin Konradine Eleonore Isabella (1719 bis 1770) »Heinrich!« rief, meinte sie vielleicht ihren Gemahl, vielleicht aber auch einen ihrer sechs Söhne – von Heinrich XII. bis Heinrich XVII. Im Hause Reuß war es Sitte, alle männlichen Nachkommen, wohl in Erinnerung an Kaiser Heinrich VI. (1165 bis 1197), Heinrich zu nennen. Dem Vater dieses Kaisers, Friedrich Barbarossa, verdankte man schließlich den Anfang der landesherrlichen Karriere. An der Tradition hielten die Reußen fest, auch als sie sich in kleinste Fürstentümer aufspalteten. Vom Hause Reuß älterer Linie – es teilte sich vorübergehend noch in Ober- und Unter-Greiz – zweigte sich eine jüngere Linie ab, die sich in die Häuser Reuß-Gera, Reuß-Ebersdorf, Reuß-Lobenstein und Reuß-Schleiz untergliederte.

Anfang des 20. Jhs. bestand das Haus Reuß noch aus zwei souveränen Fürstentümern, dem Land der älteren und dem der jüngeren Linie. Um 1900 umfasste das Fürstentum Reuß ä. L. gerade 316 km² Land – und das noch nicht einmal am Stück! Es war das kleinste Fürstentum im Deutschen Reich (1871–1918), mit zwei Städten, zwei Marktflecken, 71 Dörfern und ca. 68 400 Einwohnern. 1918 schlossen sich die beiden Fürstentümer zum Freistaat Reuß mit der Hauptstadt Greiz zusammen, der 1920 mit den übrigen thüringischen Kleinstaaten zum Land Thüringen vereinigt wurde.

Zwei Schlösser – zwei Aufgaben

Schon beim ersten Blick auf die zwei Schlösser und ihre Lage wird deutlich, wozu sie den Reußischen Herrschern dienten: Wehrhaft auf dem Fels thront die ehemalige Burg, das Obere Schloss; als Residenz am Rand der Altstadt mit unbebautem Vordergrund, der einen freien Blick auf die elegante frühklassizistische Schlossfassade erlaubt, erhebt sich das Untere Schloss. Inmitten eines Parks steht das Sommerpalais als fürstlicher Ferienwohnsitz.

Das Obere Schloss

Das Obere Schloss wurde als Burg auf einem 50 m hohen Bergkegel im Tal der Weißen Elster errichtet. Seine Anfänge reichen vermutlich bis in das 11./12. Jh. zurück, Anfang des 13. Jhs. taucht die Burg »Groytz« erstmals in den Urkunden auf. Seit dieser Zeit war sie Sitz der Vögte von Weida, der späteren reußischen Grafen.

Ein Blitzschlag im Jahr 1540 vernichtete große Teile der Anlage, nur die Außenmauern des östlichen Hauptflügels überstanden den Brand. Sofort wurde die Burg wieder aufgebaut. 1564 teilten die Reußen ihr Herrschaftsgebiet in die Linien Obergreiz, Untergreiz und Gera. Diese Aufteilung galt bis 1616 und dann wieder von 1625 bis 1768.

› Das Obere Schloss, das älteste von Greiz, stammt aus dem Mittelalter

Sein heutiges Aussehen erhielt das Obere Schloss im 17./18. Jh., als aus dem einst wehrhaften Verwaltungs- und Wohnsitz eine barocke Residenz für die 1673 in den Grafenstand erhobenen Reußen entstand. Dabei wurden auch die militärisch überholten Wehranlagen geschleift, nur ein kleiner Rest blieb vor der Südwestseite des Hauptgebäudes erhalten. In dem um 1650 errichteten Haupthaus befanden sich die repräsentativen Gemächer.

Ab Mai 2009 werden die restaurierten historischen Räume des Oberen Schlosses eine neue Dauerausstellung beherbergen, die sich u. a. mit der Geschichte der Reichsfürsten und Vögte von Reuss beschäftigt. Darüber hinaus widmen sich die Exponate den Themen Geologie, Archäologische Funde der Region, Baugeschichte der ursprünglichen Burganlage sowie der Geschichte der Landesherrschaft und der Stadt bis 1814. Im Rahmen einer Führung können Teilbereiche des Oberen Schlosses bereits besichtigt werden.

› Das Untere Schloss

Im Unteren Schloss, der Fürstenresidenz bis 1918, sind noch fürstliche Wohnräume zu sehen. Das ursprüngliche Schloss wurde beim Stadtbrand 1802 vernichtet; der Nachfolgebau entstand im Stil des Klassizismus.

Im ehemaligen Festsaal, dem Weißen Saal, sind wertvolle Stuckaturen erhalten. Hier finden Konzerte oder Theateraufführungen statt. Die privaten Räume, z. B. das Ankleidezimmer der Fürstin Ida, vermitteln herrschaftliches Lebensgefühl zur Zeit des letzten regierenden Fürsten Heinrich XXII. (1846–1902). Zwei Jahre nach dem Tod seines Sohnes, der aus gesundheitlichen Gründen die Regierung nicht mehr hatte übernehmen können, wurde 1927 in der Beletage das Reußische Heimatmuseum eröffnet. Ende des 19. Jhs. baute man nach Süden einen weiteren Flügel mit markantem Zwiebelturm an und schuf so die heutige Schauseite zum Fluss. Zwischen 1997 und 1999 wurde hier der Schlossgarten nach alten Plänen neu angelegt.

Schlosspark und Sommerpalais

Ihren großen Schlosspark schuf die fürstliche Familie westlich des Burgbergs. In einem bereits bestehenden Park auf dem rechten Ufer der Weißen Elster ließ der Graf und spätere Fürst Heinrich XI. zwischen 1769 und 1779 das Sommerpalais errichten. Wie geschickt Heinrich IX. die grüne Pracht zum Schutz seiner Privatsphäre einsetzte, zeigt die ungewöhnliche Verbindung zwischen der Orangerie im Erdgeschoss der Sommerresidenz und der fürstlichen Wohnung: Durch die Orangerie, einen weißen Gartensaal mit feinen Stuckarbeiten, gelangte man direkt in die Privatgemächer. Im Sommer nutzt man die Orangerie bis heute als Konzert- und Theatersaal.

Die Schlösser erleben

Bei einem geführten Rundgang durch das **Obere Schloss** werden das Torhaus, das Gefängnis, der restaurierte Pferdestall, das Treppenhaus, der Schlossturm und der Jagdsaal besichtigt. Das Außengelände kann man jederzeit allein erkunden. Ab Mai 2009 neue Dauerausstellung, s. S. 139.

Im **Unteren Schloss** gibt das Museum Greiz Einblicke in die 800 Jahre alte Greizer Geschichte. Im Weißen Saal, im Japanischen Zimmer, im Wintergarten, im Gelben Salon und in der Galerie erfährt man vieles über die Entwicklung der verschiedenen Linien des Fürstenhauses, aber über auch die Geschichte der Stadt. In den ehemaligen Wirtschaftsräumen des Unteren Schlosses arbeitet die Schauwerkstatt »Greizer Textil – vom Handwerk bis zur Industrie«. In Greiz wurde einst höchste Qualität produziert – »Was Greiz gewebt und Greiz gefärbt, das hält, bis es der Enkel erbt«, war ein geflügeltes Wort. Rund 500 Jahre war die Stadt ein bedeutender Standort der vogtländischen Textilindustrie.

In ganz andere Welten taucht man im **Sommerpalais Greiz** mit seiner Staatlichen Bücher- und Kupferstichsammlung und dem Satiricum ein (derzeit wg. Renovierung nur in Teilen zugänglich). 1975 wurde das Satiricum Greiz als nationale Karikaturensammlung der DDR eingerichtet, doch der Fundus geht auf fürstliche Sammlungen von Karikaturen aus dem 17. bis 19. Jh. zurück. Historische englische, französische und deutsche Meister sind hier vertreten, aber auch die besten Karikaturisten und Pressezeichner der DDR.

In der Umgebung

Im Tal der Weißen Elster

Nicht nur für Radfahrer und Wanderer ist dieses wildromantische Tal reizvoll, sondern auch für Wassersportfreunde. Von Berga, ca. 25 km nördlich von Greiz, kann man mit Leihkanus rund 10 km auf der friedlichen Elster bis nach Wünschendorf paddeln. Die Rückfahrt zum Ausgangspunkt wird organisiert (Tel. 01 75/3 27 49 74, www.kanuscheune-cronschwitz.de).

Talsperre Pöhl

Die große Talsperre südlich von Greiz ist ein sommerliches Eldorado für Wasserratten. Man kann baden, aber auch segeln, surfen, paddeln, rudern, angeln, tauchen oder mit einem Fahrgastschiff über den See schippern.

Göltzschtal- und Elstertalbrücke

1846–1851 wurde die weltweit größte Ziegelsteinbrücke für die Sächsisch-Bayrische Eisenbahn errichtet: Aus mehr als 26 Mio. Backsteinen entstand die 78 m hohe Göltzschtalbrücke mit 98 Gewölben auf vier Ebenen. Sie ist 574 m lang, an der Basis 23 m und oben 9 m breit. Das technische Denkmal ca. 7 km südlich von Greiz überqueren nach wie vor Züge. Schwindelfreie können das Wahrzeichen des Vogtlands in einem Ballon von oben bestaunen (Tel. 0 37 65/71 18 38).

Ca. 15 km weiter in Richtung Plauen steht die zweitgrößte Ziegelbrücke der Welt, die 283 m lange und 68 m hohe Elstertalbrücke. Sie entstand zur gleichen Zeit und zum gleichen Zweck wie ihre »große Schwester«.

Allgemeine Infos

Adresse: Oberes Schloss, Schlossberg, 07973 Greiz, Tel. 0 36 61/45 29 17.
Unteres Schloss, Burgplatz 12, 07973 Greiz, Tel. 0 36 61/68 98 15.
Im Unteren Schloss befindet sich auch die Touristinformation Greiz.
Sommerpalais, Schlossverwaltung, 07961 Greiz, Tel. 0 36 61/68 98 15, www.sommerpalais-greiz.de; Staatliche Bücher- und Kupferstichsammlung mit Satiricum im Sommerpalais, Tel. 0 36 61/7 05 80.

Lage und Anfahrt: Das Obere Schloss erhebt sich über der Altstadt von Greiz, östlich davon liegt das Untere Schloss auf dem rechten Ufer der Elster, westlich davon das Sommerpalais im Greizer Park. Parkmöglichkeiten sind ausgeschildert.

Öffnungszeiten: Oberes Schloss: Besichtigung nur mit Führung, tgl. 10 und 14 Uhr, Treffpunkt Schloss-Information im Torhaus. **Unteres Schloss:** Reußisches Heimatmuseum und Schauwerkstatt, Di–So 10–17 Uhr.
Sommerpalais: April–Sept. Di–So 10 bis 17 Uhr, Okt.–März Di–So 10–16 Uhr.

Essen und Unterkunft

Restaurant Parkschlösschen, Parkgasse 72, 07973 Greiz, Tel. 0 36 61/45 51 12. Vogtländische Spezialitäten wie grüne Klöße, Rouladen oder Ente. Mo geschl. ❍❍

Greizer Parkgaststätte, Leonhardtstr. 39, 07973 Greiz, Tel. 0 36 61/43 22 60, www.greizer-parkgaststaette.de. Am nördlichen Greizer Park, nördlich des Sommerpalais, bietet man drinnen und in einem schönen Biergarten Thüringer Küche (Rostbrätel, Klöße) und reichlich Fisch sowie Kuchen und Eisspezialitäten. Für Süßmäuler empfiehlt sich der »Windbeutel spezial« mit üppiger Eisfüllung. Do, Fr geschl. ❍

Schlossberg Hotel Greiz, Marienstr. 1–5, 07973 Greiz, Tel. 0 36 61/62 21 23, www.schlossberghotel-greiz.de. Zu Füßen des Oberen Schlosses liegt dieses moderne Haus, das über 26 helle, freundliche Doppelzimmer, ein behindertengerechtes Zimmer, fünf Suiten sowie einen 320 m^2 großen Wellnessbereich mit Dachterrasse verfügt. 3-Tage-Arrangements zum Entdecken der Greizer Schlösser werden angeboten. ❍❍

Albrechtsburg

Nicht nur die Wiege Sachsens stand auf dem Meißner Burgberg hoch über dem Elbufer. Auch die älteste Porzellanmanufaktur Europas war hier rund 150 Jahre lang ansässig.

Schon seit dem frühen 10. Jh. drängte sich die sächsische Prominenz auf dem Burgberg von Meißen und begründete damit das eindrucksvolle Ensemble von Albrechtsburg, gotischem Dom, Bischofsschloss und repräsentativen Domherrenhäusern. Von ihren Palästen hatten die Herrschenden beste Aussicht auf die Untertanen zu ihren Füßen.

Schaff' Gold, Böttger!

Anfang des 18. Jhs. floh der Apothekergeselle Johann Friedrich Böttger aus Berlin. Ihm eilte der Ruf voraus, Alchemist zu sein und Metalle in Gold verwandeln zu können. Der sächsische Kurfürst August der Starke fing den jungen Mann auf der Flucht ab, ließ ihn auf die Albrechtsburg bringen und richtete ihm dort ein Laboratorium ein. Böttgers jahrelange Arbeiten sollten zwar nicht das begehrte Edelmetall hervorbringen, wohl aber 1708 das »weiße Gold«. Dem Gefangenen gelang es nämlich, gemeinsam mit dem Hofphysikus Ehrenfried Walther von Tschirnhaus, das Geheimnis der Porzellanherstellung zu lüften.

Als Schloss kaum gebraucht

Die Albrechtsburg wurde, als Nachfolgerin älterer Burgen, im späten 15. Jh. von Arnold von Westfalen errichtet. Zur Elbe hin wirkt sie noch wie eine wehrhafte Burg, doch zur Hofseite zeigt sie sich als spätgotisches Schloss. Ihren ursprünglich vorgesehenen Zweck – den Wettinern als Residenz zu dienen – hat sie aufgrund politischer Veränderungen jedoch nie erfüllt. Das Gebäude, das als erstes Schloss auf deutschem Boden gilt, wurde nur wenig genutzt: mal für einen Fürstentag, mal für eine Jagdgesellschaft.

Dies sollte sich erst unter August dem Starken ändern, der 1710 im Schloss die erste Porzellanmanufaktur Europas einrichten ließ. Nach deren Auszug 1863 erlebte die Albrechtsburg große Veränderungen: So wurde sie mit reicher Wandmalerei geschmückt. Elf Künstler gestalteten die Räume mit Bildern zur glorreichen Geschichte der Burg und zum Fürstengeschlecht der Wettiner aus. Die Pfeiler, Säulen und Gewölberippen schmückten sie mit üppigen Ornamentbändern im Stil gotischer Malerei. Seit 1881 ist die Albrechtsburg ein Museum.

› Die größte Pracht findet sich natürlich im Festsaal, der Großen Hofstube

Die Burg erleben

Zwei **Dauerausstellungen** bietet die Albrechtsburg: In den schlichter gehaltenen Schlossräumen wie dem früheren Gemach der Herzogin Zedena (Frau von Albrecht dem Beherzten)

Allgemeine Infos

Adresse: Albrechtsburg, Domplatz 1, 01662 Meißen, Tel. 0 35 21/4 70 70, www.albrechtsburg-meissen.de

Lage und Anfahrt: Da es auf dem Burgberg keinerlei Parkmöglichkeiten gibt, empfiehlt es sich, den Pendelbus zu benutzen, der die Altstadt, die Porzellanmanufaktur und den Burgberg verbindet. Er verkehrt im Sommerhalbjahr zwischen 10 und 17.30 Uhr im Halbstundentakt.

Öffnungszeiten: Burgmuseum März–Okt. tgl. 10–18, Nov.–Febr. tgl. 10–17 Uhr.

Essen und Unterkunft

Domkeller, Domplatz 9, 01662 Meißen, Tel. 0 35 21/45 76 76, www.domkeller.com. In der ältesten Gaststätte Meißens (seit 1470!) genießt man sächsische Spezialitäten und Weine – und den Panoramablick vom Burgberg. ❍

Hotel Goldener Löwe, Heinrichsplatz 6, 01662 Meißen, Tel. 0 35 21/4 11 10, www.meissen-hotel.com. Ebenfalls ein geschichtsträchtiges Haus, 1657 erstmals urkundlich erwähnt. Die Zimmer sind wunderschön eingerichtet und mit modernen Annehmlichkeiten versehen. Das Restaurant bietet ambitionierte Feinschmeckerküche. ❍❍

werden mittelalterliche Skulpturen präsentiert. In verschiedenen Räumen – darunter auch im sog. Böttgerzimmer – finden sich Ausstellungsstücke zur 150-jährigen Geschichte des Schlosses als Sitz der ersten europäischen Porzellanmanufaktur.

Der Burghof und das Schloss bilden den Rahmen für regelmäßige Konzerte, Open-Air-Veranstaltungen, Kabarettaufführungen und Lesungen.

Es gibt spezielle **Angebote für Kinder** (Führungen mit dem Schlossgespenst Albin, auch Geburtstagsfeiern sind möglich) und **Sonderführungen für Gruppen,** so z. B. »Vielerlei Geschichten über die Folgen von Trunkenheit & Liebe« oder »Ritterschlag & Minnesang«.

Vom ca. 500 m langen wiedereröffneten **historischen Rundweg** entlang den Burgberg-Bebauungen bieten sich herrliche Ausblicke auf das malerische Elbtal und die Meißner Altstadt.

In der Umgebung

Altstadt und Porzellan-Manufaktur

Die romantische Altstadt von Meißen lohnt einen Bummel. Den Marktplatz dominiert das spätgotische Rathaus. Passend zur Geschichte der Stadt schlägt in der Frauenkirche (1520) das älteste Porzellan-Glockenspiel der Welt. In der neoklassizistischen Schauhalle der Porzellan-Manufaktur wird eine Sammlung des edlen Kunsthandwerks gezeigt. In den Schauwerkstätten kann man die Porzellanherstellung verfolgen. www.stadt-meissen.de

Sächsische Weinstraße

Rund 450 ha Rebflächen fast ausschließlich in Steillagen bietet das kleinste und nordöstlichste Weinbaugebiet Deutschlands. Nur hier wird noch der Goldriesling angebaut. Über den Elberadweg lässt sich die Weinbauregion gut erkunden.

Schloss und Park Pillnitz

Eine ausgedehnte Barockanlage, in der nichts fehlt, was ein Kurfürst einst zu seinem Vergnügen brauchte.

Exotisches gab der sächsische Kurfürst August der Starke hier in Auftrag: Er wollte in Pillnitz ein »indianisches«, d. h. asiatisch geprägtes Schloss haben. So entstand ein chinesisches Spielschloss nach sächsisch-barockem Verständnis.

Ein exotisches Reisesouvenir

In der Nordwestecke des Schlossparks gedeiht eine Japanische Kamelie, die als älteste ihrer Art in Europa gilt. Zwischen 1780 und 1790 gelangte sie nach Sachsen und wurde 1801 an ihrem heutigen Standort eingepflanzt. Inzwischen hat sie eine stolze Höhe von 9 m und einen Kronenumfang von rund 11 m erreicht. Im Sommer steht die Kamelie im Freien, vor den Winterfrösten wird ein mobiles Glashaus mit computergesteuerter Klimatisierung um das Gewächs gesetzt. Während der Wintermonate kann man über eine Treppe die Kamelie auch von oben betrachten – ein besonderer Genuss von Ende Februar bis Mitte April, wenn die Pflanze bis zu 35 000 karminrote Blüten trägt. Wen angesichts der prächtigen Kamelie der gärtnerische Ehrgeiz packt, der kann in der Schlossküche einen Ableger erwerben.

Der kurfürstliche Freizeitpark

Einst stand an dieser Stelle ein Schlösschen aus dem 17. Jh., das August 1706 seiner berühmtesten Mätresse, der Gräfin Cosel, schenkte. Zwölf Jahre lang war es in ihrem Besitz. Die Gräfin Cosel ließ die sog. Charmillen, beschnittene Weißbuchenhecken, anlegen. Im Schutz des Grüns vergnügte sich die Hofgesellschaft mit amüsanten oder amourösen Spielen.

Nachdem August der Starke seine Ex-Geliebte verbannt hatte, beauftragte er die Architekten Matthäus Daniel Pöppelmann und Zacharias Longuelune, ein »Lustschloss für Park- und Wasserfeste« zu bauen, angelehnt an französische Architektur. Es sollte ein Ort des sommerlichen Vergnügens für den Kurfürsten und seine Hofgesellschaft werden.

1720 bis 1724 entstand das Wasserpalais direkt am Elbufer und auf der anderen Seite des Lustgartens – spiegelbildlich zur Mittelachse der Anlage – das Bergpalais. Die Palais waren als Torhallen bzw. Spiel- und Festsäle geplant. Die Freitreppe vom Wasserpalais hinunter zur Elbe erlaubte es, Boote und Kähne in das höfische Freizeitvergnügen einzubeziehen.

In einem Ringrenngebäude (1725) richtete man einen Karussellmechanismus mit hölzernen Pferden und Wagen ein. Nach dem Schlossbrand von 1818 diente der Bau im Sommer als Theater, 1879/80 wurde er zur Orangerie umfunktioniert. Auf der sog. Maillebahn, der Verlängerung der Mittelachse zwischen den Charmillen, spielten die Herrschaften Maille, eine Art Golf.

Für den kurfürstlichen »Freizeitpark« waren exotische Details in der Architektur unabdingbar, z. B. geschweifte Dächer, die an asiatische Pagodendächer erinnern, Dachreiter – kleine Aufbauten auf den Firsten –, Drachenfiguren und Wetterfahnen. In

› Blick in die Schlossküche

den Kehlen unterhalb der Dächer sowie in Wandfeldern an den Fassaden brachten Künstler Szenen aus dem fernöstlichen Alltag an, wie man ihn sich an der Elbe vorstellte – schön zu sehen beispielsweise am Bergpalais

Unter der Herrschaft von Kurfürst Friedrich August III. wurde Pillnitz ab 1768 die offizielle Sommerresidenz, die sie auch für die Wettiner bis 1918 bleiben sollte. An den barocken Schlosspark wurde ein englischer Landschaftsgarten angefügt, in dem 1780 der Englische Pavillon entstand – nach dem Vorbild des römischen Tempietto di San Pietro von Bramante.

Ende des 18. Jhs. ließ der Hausherr etwas hangaufwärts den Chinesischen Garten, ebenfalls mit einem Pavillon, anlegen. Im Inneren zeigen Malereien chinesische Landschaften. Nach 1785 entstand auf einem weiteren neuen Grundstück der Holländische Garten.

In den Jahren 1818–1826 wurde das Neue Palais als Verbindungsglied zwischen Berg- und Wasserpalais erbaut, denn der Schlossbrand hatte hier eine Lücke hinterlassen. Im Mittelflügel befindet sich der klassizistische, von einer Kuppel überspannte Festsaal. Die Katholische Kapelle im nördlichen Flügel des Neuen Palais stammt aus dem Jahr 1830 und ist mit Fresken geschmückt. Das 1823 nach Pillnitz verlegte Wachkommando erhielt im folgenden Jahr mit der Alten Wache eine neue Schlosswache, in der sich heute die Besucherinformation befindet.

› Das Schloss erleben

Viel Zeit sollte man für einen Besuch von Pillnitz einplanen: Ein Teil der historischen Gebäude ist zu besichtigen, die ausgedehnten Garten- und Parkbereiche laden zu Spaziergängen ein.

Von der **Alten Wache** starten von Juni bis Okt. täglich (Ostern bis Mai nur Sa/So) um 11 und 13 Uhr **Schlossführungen,** täglich um 12 und 14 Uhr (Ostern bis Mai Sa/So) **Parkführungen** durch den Schlosspark mit Besichtigung der Hofküche, der Katholischen Kapelle sowie des Englischen bzw. Chinesischen Pavillons.

Zusätzlich gibt es zu bestimmten Terminen **Themenführungen** (Voranmeldung erwünscht), wie z. B. »Romantische Abendführung – Geschichten vom sächsischen Hof« oder »Höfische Feste und Musik«. Einen ungewöhnlichen (Aus)Blick auf die Pillnitzer Anlagen bietet die Führung »Schloss Pillnitz aufs Dach gestiegen«. Von der Katholischen Kapelle geht es auf den Dachboden über dem Kuppelsaal des Neuen Palais zur Dachterrasse.

In das Berg- und das Wasserpalais ist das **Kunstgewerbemuseum** der Staatlichen Kunstsammlungen Dresden eingezogen.

Im Neuen Palais befindet sich das **Schlossmuseum** mit den Abteilungen Bau- und Architekturgeschichte, Bauherren und Bewohner des Pillnitzer Schlosses, Aspekte der Hofhaltung, Festlichkeiten, barocke Spiele – Zeremoniell und Sport sowie Religiöses Leben.

Das südliche Große Wächterhaus ist Schauplatz für Programme zur Romantik, zum Barock und zum Biedermeier, mit denen **Kindern und Jugendlichen** die Geschichte lebendig vermittelt wird. Zu den Zeitreisen gehört natürlich auch eine angemessene Verkleidung. www.facettekultur.de

Bei der **Pillnitzer Teezeremonie** im Chinesischen Pavillon verkostet man, in einen Kimono gehüllt, verschiedene Teesorten und erfährt Interessantes zur Geschichte des Tees und des Pavillons (feste Termine, Anmeldung erforderlich, s. u.).

Auch Führungen durch die **Pflanzenschauhäuser** (Kamelienhaus, Palmenhaus, Orangerie) haben feste Termine, ebenso Themenführungen zu Aspekten der Gartengestaltung und botanischen Besonderheiten.

Immer wieder erklingen in diesem romantischen Ambiente **Konzerte,** u. a. beim Pillnitzer Classic Open Air. www.pillnitzer-classicopenair.de

Am letzten Juniwochenende verwandelt sich das Elbtal zwischen Pillnitz und Loschwitz in ein 7 km langes Festgelände für das **Elbhangfest.** Mitten in der Landschaft, aber auch in den Stadtvierteln, in Parks und Villen gibt es Konzerte, Theater- und Tanzveranstaltungen, Märkte und Kinderprogramme. www.elbhangfest.de

» In der Umgebung

Weinbergkirche

Ein schöner Spaziergang über den Bergweg führt zur Weinbergkirche. Sie wurde als Ersatz für die 1723 während der Umbauten abgerissenen Schlosskirche von Matthäus Daniel Pöppelmann errichtet und 1725 geweiht. An Sommerwochenenden steht das Barockkirchlein zur Besichtigung offen, es finden Konzerte, Lesungen und Vorträge statt. www.weinbergkirche.de

Dresdner Schlösser und Gärten

Es wäre eine Sünde, gleich nach der Besichtigung von Pillnitz wieder abzureisen! Nur 14 km nordwestlich wartet Dresden mit einer ganzen Reihe weiterer kurfürstlicher und königlicher Attraktionen auf.

Das berühmteste königliche Bauwerk von »Elbflorenz« ist der Zwinger, ein Meisterwerk barocker Architektur, in dem der sächsische Hof rauschende Feste feierte. Heute beherbergt der Zwinger die Museen der Staatlichen Kunstsammlungen Dresden: die Gemäldegalerie Alte Meister mit Raffaels Sixtinischer Madonna, die Rüstkammer, die Porzellansammlung und den Mathematisch-Physikalischen Salon.

Von der Brühlschen Terrasse genießt man eine wunderbare Aussicht über die Elblandschaft. Der Stallhof gehört zu den wenigen erhaltenen Renaissancebauten in Dresden.

Hinter dem schlichten Namen Großer Garten verbirgt sich eine weitläufige barocke Parkanlage. In ihrer Mitte steht das Palais, ein frühbarocker Festbau (Ausstellungen und Konzerte).

Allgemeine Infos

Adresse: Schloss Pillnitz, Besucherinformation Alte Wache, 01326 Dresden, Tel. 03 51/2 61 32 60, www.schloesser-dresden.de/pillnitz (hier auch Veranstaltungskalender mit den Terminen für Führungen und Teezeremonien)

Lage und Anfahrt: Das Schloss Pillnitz liegt direkt an der Elbe, südöstlich der Dresdener Altstadt. Sehr stilvoll ist die Anreise mit dem Raddampfer (www.saechsische-dampfschifffahrt.de). Auch der Bus Nr. 83 fährt aus der Innenstadt Dresdens zum Schloss (www.dvbag.de). Von den Ausfahrten der A 4 Dresden-Altstadt oder Dresden-Hellerau folgen Sie der Ausschilderung. Am Schloss gibt es einen großen Parkplatz.

Öffnungszeiten: Schlossmuseum Ende März–Anf. Okt. Di–So 10–17 Uhr, Nov.–März Sa, So Führungen um 11, 12, 13, 14 Uhr. Kunstgewerbemuseum Mai–Okt. tgl. 10–18 Uhr; Mo Bergpalais, Di Wasserpalais geschl., beide Nov.–März komplett geschlossen! Kamelienhaus Mitte Febr.–Mitte April tgl. 10–17 Uhr. Schlosspark tgl. 5 Uhr bis Einbruch der Dämmerung.

Essen und Unterkunft

Einkehr am Palmenhaus, Orangeriestr. 5, 01326 Dresden, Tel. 03 51/ 2 61 01 88, www.einkehram palmenhaus.de. Gleich hinter dem Palmenhaus gibt es im Restaurant oder im Wirtsgarten sächsische Spezialitäten wie Dresdner Sauerbraten mit Pfefferkuchen-Rosinensoße, Rotkohl und hausgemachten Kartoffelklößen, dazu Weine vom »Pillnitzer Königlichen Weinberg«. Auch Weinproben stehen auf dem Programm. Mo geschl. ❍❍

Parkcafé Pillnitz, Orangeriestr. 26, 01326 Dresden, Tel. 03 51/2 61 82 33, www.parkcafe-pillnitz.de. Sächsische Küche und saisonale Gerichte, Schlacht- und Wildspezialitäten. Im Herbst und Winter lernt man bei Weinproben die edlen Tropfen aus dem Elbtal kennen. Nov.–März Mi geschl. ❍

Hotel & Vitalzentrum Goldener Apfel, Schulweg 3, 01326 Dresden, Tel. 03 51/ 26 16 60, www.goldener-apfel.de. Stilvoll-modern ausgestattete Zimmer in schön saniertem historischem Gebäude. Badegenuss und Entspannung werden hier großgeschrieben: Einige Zimmer haben große Eckbadewannen, der Wellnessbereich bietet mehrere Saunen und einen Saunagarten. ❍❍

Schlosshotel & Schlossschänke Pillnitz, August-Böckstiegel-Str.10, 01326 Dresden, Tel. 03 51/2 61 40, www.schlosshotel-pillnitz.de. Integriert in die Schlossanlage und eingebettet in Weinberge und Obstgärten, bietet das Hotel Zimmer im romantischen Landhausstil. Die Anlegestelle der Elbschiffe ist nur 150 m entfernt. Besonders zu empfehlen: das 2-Tage-Arrangement »Semperoper« einschließlich eines Opernabends, eines Gläschens Sekt und eines festlichen Vier-Gänge-Menüs im Kaminrestaurant. ❍❍

Pillnitzer Elbblick, Söbrigener Straße 2, 01326 Dresden, Tel. 03 51/4 24 84 44, www.elbblick-pillnitz.de. Direkt am Elbufer, unweit des Schlosses, sitzt man auf der romantischen Terrasse oder im rustikalen Dampfergarten, genießt sächsische Küche, gutes Bier und schaut den vorbeifahrenden Schiffen nach. Bei schlechtem Wetter wärmt ein Kamin. Im Winter Mo, Di geschl. ❍❍

Schloss Augustusburg

Die »Krone des Erzgebirges«, das »Schloss der Biker« und Museen zu verschiedensten Themen.

» Mit einem Renaissanceschloss setzte Kurfürst August von Sachsen ein eindrucksvolles Zeichen seiner Macht. Mächtig wirkt die weiß verputzte Anlage auf dem 516 m hohen Quarzporphyrkegel über dem Zschopautal noch heute. Das prestigeträchtige Gebäude sollte dem Kurfürsten als Jagdschloss dienen.

› Prinz Lieschen

Der Pranger im Schlosshof wurde eigens für ihn bzw. sie aufgestellt: Sabina Sophie Apitzsch, 1692 im sächsischen Lunzenau geboren, war als 21-Jährige aus ihrem Elternhaus geflüchtet, um einer Heirat zu entkommen. In Männerkleidung wanderte sie durch das Land und gab sich als Karl Merbitz aus.

Damals war es üblich, dass der höhere Adel ab und an inkognito reiste, um der manchmal lästigen Repräsentation zu entgehen. Einem Amtmann und einem Steuerinspektor fiel eines Tages im Jahre 1714 die verkleidete Sabina auf. Man befragte den jungen Mann und interpretierte manche Antwort nach eigenen Wünschen: Man hatte nämlich gehört, dass gerade der sächsische Kurprinz Friedrich August in der Region unterwegs sei, und so hielt man nur zu gerne Karl Merbitz für die Königliche Hoheit.

Bald darauf reiste ein Hofbediensteter aus Dresden an, dem die Geschichte zu Ohren gekommen war. Er betrachtete den vermeintlichen Prinzen und reiste ohne ein Wort wieder ab. Einige Tage später kamen Soldaten, nahmen Sabina fest und brachten sie auf die Augustusburg. Schnell war ihr Spitzname »Prinz Lieschen« in aller Munde. August der Starke beschloss, dass Sabina erst an den Pranger gestellt und dann in das Zuchthaus zu Waldheim gebracht werden sollte. Dort blieb sie 15 Monate bis zu ihrer Begnadigung am 15. Oktober 1717.

› Ärger für den Architekten

Das markante Bergplateau war schon vor dem Bau des Schlosses Augustusburg für eine Burg genutzt worden. 1567 ließ Kurfürst August von Sachsen sie abreißen, um ein repräsentatives Renaissanceschloss an ihre Stelle zu setzen. Zwischen 1568 und 1573 entstand der Neubau unter der Leitung des Bürgermeisters von Leipzig und Schöpfer des dortigen Rathauses, Hieronymus Lotter.

Der Auftrag sollte dem Architekten, der die Arbeit zunächst gar nicht hatte annehmen wollen, viel Ärger einbringen. Oft war der Kurfürst unzufrieden; er trieb die Handwerker so sehr an, dass sie schließlich streikten. Dann warf der Landesherr Lotter vor, er verzögere den Bau, um mehr Geld für sich herauszuschlagen – dabei hatte der Baumeister schon manches aus eigener Tasche bezahlt. Kurz vor der Vollendung des Schlosses übertrug der Kurfürst einem anderen die Bauleitung. Zur Einweihung der Schlosskirche wurde Lotter nicht einmal eingeladen. Seine Schulden von rund 15 000 Gulden beglich Kurfürst August nie, und so starb der einst wohlhabende Leipziger Bürgermeister in Armut.

Nur bis 1611 wurde Augustusburg vom kurfürstlichen Hof als Jagdschloss genutzt. Im Dreißigjährigen Krieg plünderten schwedische Truppen das Schloss. Nach 1694 brachte man Teile der Ausstattung in andere Schlösser, Augustusburg wurde kaum noch genutzt. Ab 1763 dienten die Gebäude als Amt, Gericht, Gefängnis, Speicher und Lazarett. Nach dem Ersten Weltkrieg zogen hier eine Gaststätte, eine Jugendherberge sowie das Erzgebirgsmuseum ein, dem ab den 1950er-Jahren weitere Museen folgen. Parallel dazu wurde die eindrucksvolle Anlage saniert und restauriert, sodass einige kurfürstliche Gemächer heute wieder im alten Glanz erstrahlen.

› Das Brunnenhaus

Die Wasserversorgung war in dieser Höhe ein gravierendes Problem. Anfangs versuchte man es mit Schöpfwerken und Holzröhren. Doch die Röhren hielten dem Wasserdruck nicht stand und froren im Winter ein. 1568 erteilte Kurfürst August den Auftrag, einen Brunnen im Wirtschaftshof zu teufen. Der felsige Untergrund ließ sich nur schwer durchbohren, sodass es bis 1577 dauerte, bis der gut 130 m tiefe Brunnen fertig war – nach dem Brunnen der Festung Königstein ist er der zweittiefste in Sachsen. Ein von Tieren angetriebenes Göpelwerk holte das Wasser an die Oberfläche. Bis 1882 wurde der Göpel genutzt.

› Das Schloss erleben

Führungen

Auch wenn das Schloss großteils zu einem Museumszentrum geworden ist, gibt es noch einige historisch ausgestattete Räume, die man auf verschiedenen Führungen besichtigen kann. Die Standardführung (1 Std.) umfasst das Lindenhaus mit den ehemaligen kurfürstlichen Gemächern, das Brunnenhaus und die Schlosskirche im Stil der Renaissance. Ihre größte Kostbarkeit ist das 1571 von Lucas Cranach d. J. gemalte Altarbild.

Bei einer Sonntagsführung (2 Std.) kann man die einstige Beletage des Schlosses mit dem Tanzsaal, die Zisterne und den Haferboden sehen.

Die umfangreichste Tour ist die Sonderführung »Auf Lotters Spuren«. In drei Stunden lernt man den ehemaligen Kaisersaal, Trompeterstuhl und Tanzsaal kennen, wirft einen Blick in Hofstube und Hasensaal, sieht die Zisterne, den Haferboden und das Brunnenhaus, wo es eine zünftige »Wasserprobe« und einen Imbiss gibt.

An 5- bis 10-jährige Kinder richtet sich die Sonderführung »Mit Prinz Lieschen unterwegs«.

Termine und Anmeldungen im Besucherbüro (s. S. 154).

Museen

Das **Motorradmuseum** im Küchenhaus präsentiert eine der umfangreichsten Zweiradsammlungen Europas mit einer Vielzahl an Unikaten. Die Sammlung von 170 Motorrädern zieht viele Biker und Oldtimer-Fans nach Augustusburg, und so hat der Motorsport einen festen Platz im Veranstaltungskalender u. a. mit Biker- und Oldtimertreffen. Tel. 0 37 33/18 82 26, www.die-sehenswerten-drei.de

Um weniger Pferdestärken geht es im **Kutschenmuseum.** Im einstigen Stallgebäude stehen herrschaftliche

› Eindrucksvolle Greifvogelschauen

Kutschen aus dem ehemaligen Dresdner Marstall, daneben Gefährte ländlicher und bürgerlicher Nutzung aus der zweiten Hälfte des 19. Jhs. und aus dem frühen 20. Jh.

Das **Museum für Jagdtier- und Vogelkunde** widmet sich der einheimischen Fauna und präsentiert rund 120 Tiere in naturnah gestalteten Dioramen. Hinzu kommen Texte, Fotos und Grafiken über Jagd, Lebensraum, Naturschutz sowie Biologie.

Rund um den ehemaligen Venussaal informiert eine Ausstellung zur **Schloss- und Jagdgeschichte** und im einstigen Schlosskerker die Sammlung **Richter, Henker, Missetäter** über die Gerichtsbarkeit vergangener Zeiten.

Im Aussichtsturm, von dem man bei klarem Wetter den Fichtelberg sehen kann, ist eine kleine **Kunstgalerie** untergebracht.

Greifvögel und Konzerte

Der größte private sächsische Adler- und Falkenhof bringt mit seinen **Greifvogelschauen** die alte Jagdform der Beiz nahe. Es ist ein eindrucksvolles Erlebnis, wenn sich Adler oder Jagdfalken im Sturzflug ihre Beute sichern, Gänsegeier mit 2,50 m Flügelspannweite über der Augustusburg schweben oder Wüstenbussarde und die größte Eule Europas dicht über den Köpfen der Zuschauer entlanggleiten. Vorführungen von Ostern bis Oktober Di–So 11 und 15 Uhr (45 Min.), Tel. 03 72 91/6 09 38.

Vielseitige **Konzerte** finden in den Sälen, in der Schlosskirche oder im Schlosshof statt: klassische Musik, aber auch Dixieland, Aufführungen von Solisten, Kammermusik-Ensembles sowie großen Orchestern.

In der Umgebung

Schloss Lichtenwalde

Die besondere Attraktion des Schlosses 23 km südwestlich von Augustusburg ist sein Park, der stilistisch in den Übergang vom Barock zum Rokoko einzuordnen ist. Im Schloss befinden sich mehrere Museen: Scherenschnittmuseum, Museum für Völker und Kulturen (Mystik, Kunst und Brauchtum der Völker Westafrikas und Nepals), Uhrenmuseum, Puppen und historisches Spielzeug, die Cammann-Werkschau (Gobelin-Manufaktur und Muster von Möbelstoffen) sowie die Ausstellungsgalerie der Sächsischen Landesstiftung Natur und Umwelt. www.die-sehenswerten-drei.de

Burg Scharfenstein
Die ringförmig angelegte Burg aus dem 13.–16. Jh. (11 km nordwestlich von Augustusburg) lockt als Erlebnisburg: Man kann Kunsthandwerkern und Künstlern beim Schnitzen, Malen und Klöppeln in einer Schauwerkstatt zuschauen und auch selber kreativ werden (Kurse und Materialverkauf). Daneben zeigt das Weihnachts- und Spielzeugmuseum Volkskunst sowie Spielzeug aus dem gesamten Erzgebirge. Ein anderes Museum beschäftigt sich mit der Burggeschichte und mit Karl Stülper: Der legendäre Wildschütz aus dem Erzgebirge hatte einmal für einen Tag die Burg Scharfenstein belagert. Auch sportlich lässt sich die Burg erkunden: 36 m steigt man in die Zisterne hinab, über 100 Stufen führen hinauf auf den Turm.
www.die-sehenswerten-drei.de

Allgemeine Infos

Adresse: Schloss Augustusburg Besucherbüro, 09573 Augustusburg, Tel. 03 72 91/3 80 18, www.die-sehenswerten-drei.de
Neben Schloss Augustusburg gehören auch Schloss und Park Lichtenwalde (s. S. 153) sowie die Burg Scharfenstein (s. o.) zum Verbund der »Sehenswerten Drei«. Feste, Märkte, Konzerte und besondere Veranstaltungen für Kinder stehen bei allen drei Anlagen im gut gefüllten Jahresprogramm.
Lage und Anfahrt: Das Schloss liegt auf einem Berg mitten im Ort Augustusburg, 12 km südöstlich von Chemnitz (zu erreichen von Chemnitz über die S 236). Parkmöglichkeiten am Schloss.
Öffnungszeiten: Museen: April–Okt. tgl. 9.30–18 Uhr, Nov.–März tgl. 10–17 Uhr. Schlossführungen tgl. ca. 10.30–16.30 Uhr.

Essen und Unterkunft

Restaurant Augustuskeller, 095723 Augustusburg, Tel. 03 72 91/ 2 07 40, www.augustuskeller-restaurant.de. Zu kulinarischen Reisen in das 16. Jh. kann man in einem Gewölbekeller des Schlosses aufbrechen. Serviert wird deftige regionale Küche. Bei kurfürstlichen Abenden »Zu Tafel mit Vater August« schaut die Prominenz des Hauses im Renaissancegewand vorbei. Mo geschl. ❍❍
Jugendherberge Augustusburg, 09573 Augustusburg, Tel. 03 72 91/2 02 56.
Im Schloss kann man auch preiswerte Ferien verbringen. Dabei schläft man nicht unbedingt in Doppelstockbetten: Für Familien gibt es 2- bis 4-Bettzimmer mit eigenem Bad. Zur Jugendherberge gehört auch ein rustikales Restaurant in einem Kellergewölbe. Übernachtung und Verpflegung nur mit Mitgliedsausweis. ❍
Landhaus Puschke, Chemnitzer Str. 62, 09573 Erdmannsdorf, Tel. 03 72 91/ 2 94 60, www.puschke.de. Zimmer und Restaurant im Landhausstil in einem modernen Gebäude im Ortsteil Erdmannsdorf. Geboten wird auch ein Wellnessbereich mit Sauna, Massagen und ayurvedischen Anwendungen. Ganz und gar bodenständig gibt sich die Küche mit Spezialitäten aus der Region. ❍❍

Festung Königstein

» Auf einem Tafelberg rund 240 m über der Elbe überragt die Festung Königstein die Sächsische Schweiz. Wehrbauten aus mehr als 400 Jahren stehen auf dem 9,5 ha großen Felsplateau.

Hier wird Festungsgeschichte unterhaltsam präsentiert: von Führungen mit dem Schließkapitän Clemens in seiner barocken Uniform bis hin zu Churfürstlichen Banketten mit dem Festungskommandanten.

Das Pagenbett

Auf der Festung Königstein wurde nicht nur exerziert oder gekämpft, die sächsischen Kurfürsten feierten hier auch gerne und genossen den ausgezeichneten Panoramablick über ihr Land. Und so geschah es in einer Nacht des Jahres 1675, dass sich der Page Heinrich von Grunau vom Fest seines Herrn, Kurfürst Johann Georg II., entfernte, um sich ein ruhiges Plätzchen zu suchen. Er hatte ordentlich gebechert und wollte seinen Rausch ausschlafen. Heinrich kroch im Erdgeschoss der Christiansburg durch eine schmale Öffnung und fand davor auf einem Sims einen Schlafplatz. Seelenruhig legte er sich hin und schlummerte bald tief und fest.

Am nächsten Morgen fanden zwei Kanoniere Heinrich auf dem Mauervorsprung. Er hatte die Nacht gut überstanden, obwohl sein steinernes Bett direkt über dem tiefen Abgrund des Elbtals hing! Die Kanoniere berichteten dem Kurfürsten von ihrem Fund. Daraufhin ordnete Johann Georg an, den Schlafenden vorsichtig an Seilen festzubinden, um seinen Absturz zu verhindern, und den Ahnungslosen danach mit großem Getöse zu wecken. Die Hofgesellschaft kam sicherlich gerne zusammen und erfreute sich an dem Weckkonzert. Der Platz vor der besagten Schießscharte der Christiansburg, die später zu Ehren des preußischen Königs Friedrich II. in Friedrichsburg umbenannt wurde, heißt seitdem Pagenbett.

Von großen und kleinen Ereignissen auf dem Königstein

1241 wurde der Königstein zum ersten Mal schriftlich erwähnt, als König Wenzel von Böhmen hier eine Urkunde unterzeichnete, die die Grenze zwischen dem Bistum Meißen und dem Königreich Böhmen festlegte. In jener Zeit stand auf dem Felsplateau eine ganz gewöhnliche Burg. Anfang des 15. Jhs. musste sie die erste und einzige Belagerung in ihrer Geschichte hinnehmen: Vier Jahre lang belagerte Wilhelm I. den Königstein, der mit Waffen nicht zu erobern war. Schließlich kapitulierte die ausgehungerte Burgbesatzung. Nach einem Jahr gelang es Wenzel IV., seine Burg zurückzuerobern, um sie 1408 erneut und endgültig an die Wettiner zu verlieren.

Als die Burgen militärisch längst überholt waren, blieb das 9,5 ha große Felsplateau des Königsteins dennoch weiterhin strategisch interessant, denn es bot einen im Wortsinne hervorragenden Standort für eine moderne Festung. Eine wesentliche Sache musste vor dem Ausbau jedoch geregelt werden, nämlich die Sicherstellung der Wasserversorgung auf dem großen Felsen. Zwischen 1563 und 1569 wurde von Freiberger und Marienberger Bergleuten ein 152,5 m tiefer Brunnen abgeteuft. Jedoch errichtete man erst im 18. Jh. ein beschussfestes Brunnenhaus über dem Schacht; vorher schützte nur ein Holzbau diese wichtige Stelle des Plateaus. Noch heute wird hier von April bis Oktober mit Hilfe restaurierter Hebetechnik aus dem Jahr 1912 Wasser gefördert.

1589 begann schließlich der Ausbau der Festung, von der man das Elbtal kontrollieren wollte. In dieses Jahr fällt auch die Grundsteinlegung der Christiansburg, auf der sich Heinrich von Grunau 1675 in sein Pagenbett legte. Diese Anekdote erinnert daran, dass die Landesherren, allen voran Kurfürst Johann Georg I., hier gerne feierten. Er ließ die Georgenburg samt Bastei auf dem Königstein bauen.

Im frühen 18. Jh. gab es zwischen der Festung und dem Heidelberger Schloss einen Wettstreit um das größte Weinfass. In der Magdalenenburg (1621/22 errichtet) ließ August der Starke 1725 das größte Fass mit einem Fassungsvermögen von 240 000 Litern bauen. Es existierte jedoch nicht einmal hundert Jahre, dann musste es wegen Baufälligkeit wieder entfernt werden. Die Heidelberger leisteten bessere Arbeit: Bis heute steht im Hei-

Allgemeine Infos

Adresse: Festung Königstein, 01824 Königstein, Tel. 03 50 21/6 46 07, www.festung-koenigstein.de
Lage und Anfahrt: S-Bahn von Dresden nach Königstein, dann Wanderung (30–45 Min.) zur Festung. Mit dem Auto über die B 172 von Dresden zum Abzweig Parkplatz Festung, von hier fahren zwei Aufzüge direkt auf das Festungsplateau. Besonders spektakulär ist die Fahrt mit dem neuen gläsernen Panoramaaufzug (max. 18 Pers., am Wochenende häufig Wartezeiten!). Vom Parkplatz und der Stadt Königstein fährt das Bähnchen »Festungsexpress« (Tel. 03 50 21/6 76 14) auf den Berg. Besonders stilvoll ist die Anreise mit dem Dampfschiff auf der Elbe, im Städtchen Königstein gibt es eine Anlegestelle.
Öffnungszeiten: tgl. April–Sept. 9–20 Uhr, Okt. 9–18 Uhr, Nov.–März 9–17 Uhr (letzter Einlass 1 Stunde vor Schließung der Festung).

Essen und Unterkunft

Festungsgastronomie, direkt auf der Festung, Tel. 03 50 21/6 44 44, www.festung.com. Bier und Deftiges gibts im historischen Ausschank Zum Musketier. In der Napoleonküche bekommt man Snacks, im Sommer und im Advent auch in der Festungsbäckerei. Nach Voranmeldung kann man sich im Erlebnisrestaurant in historischen Gewölben auf eine kulinarische Zeitreise durch vier Jahrhunderte begeben. Das Offizierskasino wurde zum Restaurant im Stil des 19. Jhs. ❍❍
Hotel Lindenhof, Gohrische Str. 2, 01824 Königstein, Tel. 03 50 21/6 82 43, www.lindenhof-koenigstein.de. Hotel in einzigartiger Lage am Elbhang mit tollem Panoramablick über das Elbtal mit Lilienstein und Königstein. 33 helle, freundliche Zimmer, Sauna und Whirlpool, Fahrradverleih. Das stilvolle Hotelrestaurant hat einen reizenden Pavillon sowie eine schöne Aussichtsterrasse. ❍❍

delberger Schloss das Weinfass, in dem einst fürchterlich gepantscht wurde – schließlich schüttete man Wein jeder Sorte und Güte in dieses Riesengefäß.

Immer wieder waren bekannte Zeitgenossen auf Königstein zu Gast – meist unfreiwillig als Gefangene. Auch Personen, die sich bei Hofe unbeliebt gemacht hatten, mussten den Aufenthalt auf dem Felsen fürchten. Johann Friedrich Böttger weilte hier 1706/1707 als »Geheimgefangener«, da August der Starke keinen anderen Weg sah, die Sicherheit seines Forschers während der Schwedenkriege zu gewährleisten. Ein Jahr später lüftete Böttger gemeinsam mit Tschirnhaus das Geheimnis der Porzellanherstellung (s. S. 143). Nach Böttger wurden auch zwei Porzellanmaler der Meißener Manufaktur in der Festung eingesperrt, weil man fürchtete, dass sie mit ihren Kenntnissen ins Ausland abwandern würden – als so kostbar wurde Porzellan damals angesehen! Den beiden gelang jedoch die Flucht, und sie gründeten in Berlin eine Manufaktur.

Im Laufe des 18./19. Jhs wurde die Festung immer wieder an die neuen militärischen Erfordernisse angepasst, bis sie 1920 in Folge der Versailler Verträge entwaffnet wurde. Seitdem ist die Anlage ein beliebtes Ausflugsziel.

› Die Festung erleben

Nur mit einer Führung gelangt man in die 400 Jahre alten Tiefkeller und in die Kasematten, aber die meisten Gebäude kann man alleine erkunden und sich verschiedene Ausstellungen ansehen. So geht es z. B. im Brunnenhaus um die Wasserversorgung auf dem Felsplateau, im Alten und Neuen Zeughaus um Waffen-, Militär- und Festungsgeschichte oder im Fasskeller der Magdalenenburg um die Riesenweinfässer. Zusätzlich finden in anderen historischen Gebäuden der Festung, wie im Torhaus oder in der Magdalenenburg, auch Wechselausstellungen statt, z. B. mit moderner Kunst oder zu historischen Themen. Bis zum 4. Januar 2009 sind rund 140 Radierungen und Zeichnungen von Walter Herzog zu sehen. Das Werk des 1936 in Dresden geborenen und heute in Berlin lebenden Künstlers umfasst ausschließlich grafische Arbeiten. Meist handelt es sich um Landschaftsmotive.

Zu fixen Terminen oder nach Vereinbarung gibt es verschiedene **Themenführungen** für große und kleine Leute: Beliebt ist z. B. die Tour »Munitionsladesysteme, Kasematten und Tiefkeller – Verborgene Geheimnisse der Festung Königstein«. Eine spezielle Familienführung ist »Schlüssel zur Vergangenheit – Schließkapitän Clemens plaudert über den Festungsalltag«. Gruselgeschichten sollten Kinder schon vertragen, wenn sie eine Nachtführung mitmachen und dabei schaurige Geschichten aus der Festungschronik hören wollen. Die Führungen dauern jeweils etwa 80 bis 90 Minuten.

Orgel-Konzertreihe Sonntagsmusik in der Garnisonskirche: Zu einer Festung dieses Ausmaßes gehörte selbstverständlich auch eine eigene Kirche für die Soldaten. Von Mai bis Oktober musizieren jeweils am ersten und dritten Sonntag im Monat und an den Adventssonntagen immer um 15 Uhr Solisten oder Ensembles.

› Die Elbe durchfließt den Nationalpark Sächsische Schweiz

Mit Handwerk und Vorführungen bezaubert der **Weihnachtsmarkt »Königstein – Ein Balkanmärchen«** den ersten drei Adventwochenenden 2008. Zahlreiche Stände bieten sächsische Volkskunsterzeugnisse. Historische Weihnachtsmusik, Märchenspiele und eine Wichtelwerkstatt runden den historischen Markt ab.

In der Umgebung

Nationalpark Sächsische Schweiz

Auf dem Elberadweg Hamburg–Budapest (www.elberadweg.de) lässt sich das eindrucksvolle Elbsandsteingebirge erleben. Aber auch abseits der Elbe bietet das Bergland mit seinen bizarren Felsen und wilden Schluchten zahllose Attraktionen, die sich zu Fuß oder mit dem Fahrrad erkunden lassen. Nationalparkführer begleiten organisierte Wanderungen. Es gibt ein Informations- und Besucherzentrum in Bad Schandau, keine 10 km westlich der Festung. www.lanu.de, www.nationalpark-saechsische-schweiz.de

Barockgarten Großsedlitz

Nach italienischen und französischen Vorbildern ließ August der Starke diesen Barockgarten (16 km westlich) anlegen, der in seiner Grundstruktur nahezu original erhalten blieb. Zur Anlage gehören auch zwei Orangerien und das kleine Friedrichschlösschen, in dem sich heute ein Café befindet. www.barockgarten-grosssedlitz.de

Die älteste Raddampferflotte der Welt

Historische Raddampfer aus dem 19. Jh. fahren heute noch auf der Elbe, z. B. von Königstein nach Meißen. Besonders lohnend ist die Schiffspartie durch das Dresdner Elbtal (z. Zt. noch UNESCO-Weltkulturerbe) und durch die Sächsisch-Böhmische Schweiz. www.saechsische-dampfschifffahrt.de

Burg und Schloss Sayn

Von der nahezu 900-jährigen Geschichte der Grafen und Fürsten zu Sayn-Wittgenstein-Sayn, einer zurückgeschenkten Burg und einem wiedererstandenen Schloss.

» Der Burgberg von Sayn ist ein einzigartiges Ensemble und bietet viel Sehenswertes für die ganze Familie: Auf seiner Höhe erhebt sich eine Burgruine, am Fuß ein neugotisches Märchenschloss mit Park. Der Park birgt in Glaspavillons eine besondere Attraktion: den Garten der Schmetterlinge, eine Traumwelt voller exotischer Pflanzen und bunter Falter.

› Der Garten der Schmetterlinge

Exotisches zu sammeln ist ein traditionsreiches und standesgemäßes herrschaftliches Hobby, wie es in vielen barocken Schlössern und Parks beispielsweise die chinesischen Kabinette und die Orangerien für Pflanzen aus fernen Ländern beweisen. In Sayn kann man ein recht junges Beispiel solcher Sammelleidenschaft bewundern: farbenprächtige Schmetterlinge.

1987 öffneten die Glashäuser erstmals ihre Türen. Auf rund 1000 m^2 erstreckt sich eine Tropenwelt mit exotischen Pflanzen, Wasserfällen und Teichen. Hier leben über 1000 Tiere aus mehr als 50 Arten. Unzählige Schmetterlinge in üppiger Farbenpracht umflattern die Besucher. Die Wasserflächen sind von Kois und Schildkröten bevölkert. In Schaukästen leben Tiere, die aus gutem Grund nicht frei herumkrabbeln dürfen, z. B. Vogelspinnen und Skorpione.

Doch die Hauptattraktion und ein wahres Fest fürs Auge sind die bunten Schmetterlinge. Wenn sie auf den bereitgestellten Obsttellern nach Nahrung suchen, kann man sie aus der Nähe bestaunen. Zu den besonders attraktiven Arten gehören der Blaue Morphos, der Passionsblumenfalter oder der Schwalbenschwanz. Manche dieser Exoten werden in Sayn sogar gezüchtet. Es braucht einen geschulten Blick, um die Eier, Raupen oder Kokons an den Pflanzen zu entdecken.

› Die zurückgeschenkte Burg

Seit 1139 spielten die Grafen von Sayn eine historische Rolle auf beiden Seiten des Rheins. Durch Heirat kam die Grafschaft Bonn in ihren Besitz, und damit machten sie sich bei einem mächtigen Nachbarn, dem Kölner Erzbischof, unbeliebt. 1152 zerstörten dessen Männer die Sayner Burg. Daraufhin suchte der Graf Schutz beim Trierer Erzbischof, dem er Sayn zum Lehen auftrug.

Unter diesem Landesherrn sollte eine friedlichere Zeit anbrechen. Von der wiederaufgebauten Burg aus regierte Graf Heinrich III. von Sayn eine Grafschaft, die von der mittleren Mosel über den Westerwald und von der Lahn bis in den Köln-Bonner-Raum reichte. 1247 starb Heinrich III. kinderlos. Sein Territorium fiel an den Grafen von Sponheim, dessen Nachfolger sich wieder Grafen von Sayn nannten. Die Herrschaften besaßen neben Sayn Residenzen in Hachenburg, Altenkirchen und Friedewald.

1601 starb mit Heinrich IV. die in Sayn regierende Linie aus, und gegen den Protest der Verwandtschaft zog der Trierer Kurfürst das Lehen, d. h. die Burg Sayn, ein. Die Grafschaft Sayn blieb bestehen, doch der Stammsitz der Sayner gehörte ihnen nicht mehr. Während des Dreißigjährigen Kriegs wurde die Burg 1632 von schwedischen Truppen zerstört.

Mit der Säkularisation und der Auflösung Kurtriers gelangten die Burgruine und das Land 1803 an den Fürsten Friedrich Wilhelm von Nassau-Weilburg. Zwölf Jahre später kam das Rheintal zu Preußen. 1848 kehrte Fürst Ludwig zu Sayn-Wittgenstein-Sayn mit seiner Gemahlin Leonilla aus Russland an den Rhein zurück. Er ließ sich am Fuße des Burgbergs nieder, nachdem er ein barockisiertes Burgmannenhaus zu einem neugotischen Schloss hatte umbauen lassen. Der preußische König Friedrich Wilhelm IV. schenkte Fürst Ludwig daraufhin die Burgruine, den Sitz seiner Vorfahren, zurück; seither befindet sie sich wieder im Besitz der Familie Sayn-Wittgenstein-Sayn.

› Das wiedererstandene Schloss

Am Fuß des Burgbergs hatten im 14. Jh. die Herren von Reiffenberg, Ministerialen der Sayner Grafen, ein Burghaus errichten lassen, das Mitte des 18. Jhs. zu einem barocken Herrenhaus umgebaut wurde.

Das aus Russland in die Heimat seiner Vorfahren zurückgekehrte Fürstenpaar ließ das Haus zu einem standesgemäßen neugotischen Schloss umbauen – von Alphonse François Joseph Girard, späterer Chefarchitekt des Louvre in Paris. 1848 bis 1850 entstand das elegante Gebäude – unter Verwendung von Eisenbauteilen, die in der Sayner Hütte gegossen wurden. Das neue Sayner Schloss wurde von hochrangigen Zeitgenossen, das preußische Königshaus eingeschlossen, in höchsten Tönen gelobt. 1851 meinte Friedrich Wilhelm IV., dass er »völlig geblendet, hoch bewundert und ganz verzaubert« von Sayn sei. Sein Bruder Wilhelm, später Kaiser Wilhelm I., schrieb sechs Jahre später ins Gästebuch: »Wirklich, es ist ein rechtes Märchenschloss!«

1945 wurde das Schloss bis auf seine Umfassungsmauern zerstört. Mit der wieder erwachenden Wertschätzung der Neugotik erklärte man Schloss Sayn zu einem Baudenkmal von nationaler Bedeutung. Dank intensiver Unterstützung, besonders durch das Land Rheinland-Pfalz, entstand das Märchenschloss zwischen 1995 und 2000 wieder neu (s. auch S. 24). Dabei erhielt es auch einige neue Aufgaben: Eine Akademie, ein Museum, ein Restaurant und die Tourist Information fanden hier ein fürstliches Domizil.

› Burg und Schloss erleben

Die Burg

Zu den interessantesten Funden auf dem Gelände der Ruine gehört der Zierfußboden der romanischen Burgkapelle (vor 1200), der auffallende Ähnlichkeit mit dem Mosaik in der berühmten Doppelkapelle in Bonn-Schwarzrheindorf aufweist. Mauerreste, die von den verschiedenen Befestigungen und Zwingern künden, werden von dem heute viergeschossigen Bergfried überragt. Das Burggelände bietet einen stimmungsvollen Rahmen für eine **Greifvogelschau** mit Adlern, Falken und Milanen.

› Teil einer Schlossführung: einer der fürstlichen Salons auf Schloss Sayn

Das Schloss

Den größten Teil des heute hellen und lichten Schlosses nimmt das **Rheinische Eisenkunstguss-Museum** ein. Hier kann man nicht nur die einst revolutionäre Produktion vergangener Zeiten bewundern, sondern man erfährt auch einiges über die damaligen Lebens- und Arbeitsbedingungen – besonders anschaulich bei den szenischen Führungen. Zu einem Museumsrundgang gehört auch die Besichtigung des Fürstinnenzimmers, das zu einer Reise durch sechs Generationen der Familie Sayn-Wittgenstein-Sayn einlädt, und der 1860/61 errichteten Schlosskapelle, die vollständig mit neugotischen Wandmalereien ausgeschmückt ist. Kostbarster Teil des ebenfalls neugotischen vergoldeten Altars ist das Armreliquiar der hl. Elisabeth aus der Zeit um 1240.

Die **Fürstlichen Salons** des Schlosses, in denen man Privates der Fürstenfamilie – Gemälde, Fotografien und Sammelobjekte – sieht, können nur im Rahmen von Führungen (ab zehn Personen) besichtigt werden.

» In der Umgebung

Bendorf-Sayn

Das geschichtsträchtige Städtchen kann mit historischen Häusern ehemaliger wohlhabender Bürger aufwarten. Die Abtei Sayn am Ortsrand bietet eine romanische Klosterkirche mit bunten Außenfresken. Auch der Kreuzgang und sein Brunnenhaus zeigen romanische Farbenfreude.

Das Stadtgebiet streift der Obergermanisch-Rätische Limes (UNESCO-Welterbe), der durch Wanderwege erschlossen ist. Ein rekonstruierter römischer Wachturm steht auf dem Pulverberg. Vom einstigen Wirtschaftsleben künden die denkmalgeschützte Sayner Hütte – vom Trierer Kurfürsten gegründet und in dieser Form 1828/30 als erste gußeiserne Halle Europas errichtet – sowie einige Eisenerzröstöfen. Zur Abtei wie zur Eisenverarbeitung gibt es szenische Führungen, wie zum Beispiel »Kullezejersch Pitter sejn Frau verzehlt« oder » Mit Probst Herrmann auf Zeitreisen durch die Abtei Sayn«. www.bendorf.de

Annäherung an den Rheinsteig

Von Sayn aus kann man auf einer Tagestour den Fernwanderweg Rheinsteig antesten. Dafür bietet sich die Etappe bis nach Rengsdorf, Richtung Norden, an. Knapp 13 km und ca. 400 Höhenmeter gilt es zu bewältigen (ca. 3,5 Std. reine Gehzeit). An vielen Stellen gibt es weite Ausblicke über das Rheintal und in die Eifel. Am Wegrand warten der Neuwieder Zoo, ein Vogellehrpfad sowie rekonstruierte römische Wehranlagen und ein Limesturm auf die Wanderer. www.rheinsteig.de

Allgemeine Infos

Adresse: Verwaltung Schloss Sayn, Schloss-Str. 100, 56170 Sayn, Tel. 0 26 22/9 02 40, www.sayn.de

Garten der Schmetterlinge Schloss Sayn, Im Fürstlichen Schlosspark, 56170 Sayn, Tel. 0 26 22/1 54 78, schmetterlinge@sayn.de

Lage und Anfahrt: Sayn ist ein Stadtteil von Bendorf am Rhein und über die B 42 zu erreichen (Ausschilderung Sayn bzw. Garten der Schmetterlinge). Parkmöglichkeiten am Schmetterlingshaus sowie nahe Burg und Schloss.

Öffnungszeiten: Burgruine tgl. bis Sonnenuntergang zugänglich.

Greifvogelschau Mitte März bis Mitte Okt. Mi–So 15 Uhr.

Rheinisches Eisenkunstguss-Museum im Schloss: tgl. März–Sept. 10–18, Okt. 10–17 Uhr, Nov. 11–16 Uhr, Dez., Jan., Febr. auf Anfrage.

Garten der Schmetterlinge: tgl. März bis Sept. 9–18 Uhr, Okt. 10–17 Uhr, Nov. 10–16 Uhr.

Essen und Unterkunft

Schlossrestaurant, Schloss-Str. 100, 56170 Bendorf, Tel. 0 26 22/88 96 83, www.sayn.de. In exklusivem Ambiente oder auf der Terrasse zum Schlosspark kann man fürstlich speisen. Die mediterran inspirierte Küche legt besonderen Wert auf Köstlichkeiten aus dem Meer: Krustentiere und Muscheln kommen direkt aus dem großen Aquarium auf die Teller.

DieSayn Burg, Am Burgberg, 56170 Sayn, Tel. 0 26 22/72 66, www.diesaynburg.de. Stilvoll und gemütlich präsentiert sich die Burgschänke mit ihrem alten Gewölbe. Von der überdachten Terrasse hat man einen tollen Blick über Sayn mit seiner romanischen Abtei. Nach der unterhaltsamen Lektüre der Speisekarte genießt man die italienische Küche. Ein besonderes Erlebnis für zwei: Spaghetti, zubereitet in einem Laib Parmesan-Käse. Im Winter Mo, Di geschl. ○○

Hotel Restaurant Villa Sayn, Koblenz-Olper-Str. 111, 56170 Bendorf, Tel. 0 26 22/9 44 90, www.villasayn.de. Villa aus dem 19. Jh. mit elegantem mediterranem Flair und wunderschönen Zimmern im toskanischen Stil. Die Speisekarte im Restaurant La Toscana bietet italienische Spezialitäten. ○○

Berghotel Rheinblick, Remystr. 79, 56170 Bendorf, Tel. 0 26 22/12 71 27, www.rheinblick.de. Der Name ist Programm: Von fast jedem Zimmer bzw. Balkon bietet sich ein herrlicher Blick ins Rheintal, ins Koblenzer-Neuwieder Becken und auf die ersten Höhen von Eifel und Hunsrück. ○○

Marksburg

Die einzige nie zerstörte mittelalterliche Höhenburg am Mittelrhein in malerischer Gipfellage über der Stadt Braubach.

»

Den Alltag auf einer Ritterburg können Besucher in dem historischen Gemäuer der Marksburg höchst anschaulich und detailreich erleben, denn von der Burgküche über den Weinkeller und die Schmiede bis hin zu einem Burggärtlein gibt es hier noch alles zu sehen. Die ausgezeichneten Wehranlagen und der exponierte Standort sorgten dafür, dass die Marksburg nie erobert werden konnte. Im 20. Jh. wurde sie zum Vorbild für die Denkmalpflege.

› Heilen mit Ysop und Zaunrüben

Die Gewächse eines Burggartens sollten nicht nur den großen Kochtopf über dem Feuer füllen: Viele bereicherten auch die Hausapotheke und wurden gegen große und kleine Wehwehchen angewandt (s. S. 20).

Die bekannte Ordensfrau und Ärztin Hildegard von Bingen (1098–1179) überliefert in ihren Büchern nicht nur das Wissen der mittelalterlichen Volksmedizin, sondern berichtet auch, welche Pflanzen in jener Zeit in den Kloster- und Burggärten wuchsen. Rund 150 von ihnen werden seit 1969 in einem »botanischen Garten des Mittelalters« im Zwinger der Marksburg angebaut. Dazu gehören auch kaum mehr bekannte Pflanzen wie der lila blühende Ysop. Gegen Magen- und Darmbeschwerden empfehlen ihn Kräuterbücher heute noch, außerdem ist er ein hervorragendes Gewürz für Suppen und Fleischgerichte.

Selbst hoch giftige Pflanzen setzte man einst in den Burggarten. Ein Beispiel ist die Zaunrübe, auch Gichtrübe, Heckenranke oder Faselwurz genannt. Von dieser Kletterpflanze wurde der rübenförmige Wurzelstock gekocht; mit dem Sud behandelte man Geschwüre. Aber auch vor den Gefahren der Zaunrübe und ihren giftigen Dämpfen warnt die vorsorgliche Ärztin: »Denn selbst ihr Geruch tötet, wenn sie gebraten wird.«

› Die wechselvolle Geschichte der Marksburg

Im frühen 13. Jh. gibt es die ersten Hinweise auf eine Burg auf dem Schieferkegel, auch die ältesten Baubefunde lassen sich in das Jahr 1238 datieren. 1301 verlieh König Albrecht dem Grafen Eberhard von Katzenelnbogen das Recht, eine Meile um die Marksburg herum Silber abzubauen – gut für die Kasse des Burgherrn! So erhielt die Marksburg denn auch unter den Katzenelnbogener Herrschern weitgehend ihr bis heute erhaltenes Äußeres. Hervorstechend ist der charakteristische, 40 m hohe Bergfried mit seinem »Butterfass-Aufsatz«. Solche Bergfriede gab es bis dato nur auf italienischen und französischen Burgen. Unter den Grafen aus dem Rheinland entstand auch der große Gotische Saalbau als repräsentatives Wohngebäude.

1437 wurde die Burgkapelle St. Markus erstmals genannt. Die historisierende Ausmalung des Gewölbes und der Wände stammt jedoch erst aus dem frühen 20. Jh.

1479 kam die Marksburg durch Heirat der Erbin der Katzenelnboge-

› Die Rüstkammer zeigt wertvolle alte Waffen und Rüstungen

ner mit Landgraf Heinrich III. von Hessen in hessischen Besitz. Seit 1574 bezeichnete man sie offiziell als »S(ankt) Marxburgk« nach dem Evangelisten Markus bzw. der nach ihm benannten Burgkapelle.

Im Dreißigjährigen Krieg wurden die militärischen Anlagen modernisiert und die beiden Batterien mit ihren Kanonen errichtet.

Bis ins 17. Jh. diente die Burg noch als Residenz. Ein schwerer Brand im Jahre 1705 beschädigte die alten Gemäuer. Rund hundert Jahre später wurden sie als Invalidenhaus und Gefängnis genutzt. 1866 trug man das letzte historische Inventar heraus. Den drohenden Verfall der noch fast vollständig erhaltenen mittelalterlichen Burg stoppte König Wilhelm I. höchstpersönlich, indem er 1868 anordnete, »Burg und Weg« zu erhalten.

Im Jahr 1900 wendete sich das Schicksal für die Marksburg endgültig zum Guten – sie wurde von der »Vereinigung zur Erhaltung deutscher Burgen« (heute Deutsche Burgenvereinigung, s. auch S. 28 f.) gekauft. Unter Leitung des Architekten Prof. Bodo Ebhardt erhielt sie in den Folgejahren ihren historischer Zustand wieder zurück. Begleitend wurden Richtlinien für den Umgang mit historischen Gebäuden und die Ziele der Denkmalpflege erarbeitet.

› Der helle Wandputz

Heute präsentieren sich große Teile der Marksburg strahlend hell, was zunächst etwas befremdlich erscheinen mag – aber es ist historisch korrekt! Die früheste bildliche Darstellung der Burg aus dem Jahr 1608 zeigt sie eindeutig komplett verputzt.

Restaurierungsmaßnahmen waren 1987 notwendig geworden, weil die Bausubstanz, die weitgehend aus Bruchschiefer besteht, unter dem Einfluss von Witterung und Umweltbelastungen Schaden genommen hatte. Die Entscheidung, die Burg nach Jahrzehnten der Steinsichtigkeit wieder zu verputzen, fiel dem Besitzer, der Deutschen Burgenvereinigung, umso leichter, weil bauforscherisch erwiesen ist, dass die Burg schon im 13. Jh. weiß verputzt war. Somit griffen konservatorische Notwendigkeiten und die

Wiederherstellung des historischen Erscheinungsbildes ineinander.

Nach und nach soll nun die gesamte Burg verputzt werden – übrigens nicht weiß, sondern in einer gebrochenen Tönung, die dem Originalputz nahekommt. Bisher sind die Wehrmauern, die Tore, die Rheinfront, der Kapellenturm und der Bergfried fertig, es fehlen noch der Romanische Palas, die Eiserne Pforte nebst Wehrmauer und der Gotische Saalbau.

› Die Burg erleben

Wie die Ritter einst gelebt, wo sie gegessen, getrunken und geschlafen haben, wo sie beteten, wo sich das Plumpsklo befand und welche Arbeiten die Diener und die Handwerker auf einer Burg verrichteten – all diese Fragen werden bei einer **Führung** für Jung und Alt beantwortet.

Den Beginn einer Burgführung leitet das Knarren des großen Schlüssels im Schloss des Fuchstores ein. Durch den Torzwinger gelangt man zum dritten Burgtor, in dem der Verwalter der Marksburg wohnte. Man geht unter einem Wehrerker hindurch und steht bald an der Reitertreppe. Über diese konnte ein Ritter, der mit kompletter Rüstung schließlich nicht sehr geländegängig war, von und zur Kernburg reiten. Vorbei geht es am romanischen Palas – vorher wirft man einen Blick in die Schmiede – zur Kleinen und Großen Batterie mit ihren Geschützen. Dann genießt man vom Kräutergarten den traumhaften Ausblick ins Rheintal. Beim Gang durch den Gotischen Saalbau mit dem Weinkeller, durch Burgküche, Kemenate, Rittersaal und Kapelle wird der friedliche Alltag der Burgherren erläutert, in der Rüstkammer kommt der wehrhafte Aspekt einer Burg zur Sprache. Die im ehemaligen Pferdestall eingerichtete Folterkammer verdeutlicht den mittelalterlichen Ursprung der Redewendung »sich wie gerädert fühlen« – die Burgführer erklären auch andere alte Ausdrücke, etwa »einen Zahn zulegen«.

Nach der Führung freuen sich Kinder auf einen Besuch bei den beiden Ziegenböcke im sog. **Geißenzwinger.** Die Tiere werden als natürliche Rasenmäher gehalten.

Wie das Burgleben im 15. Jh. aussah, erlebt man beim **Living-History-Wochenende,** das alle zwei Jahre Anfang September stattfindet (5.–7.9.2008). Rund 50 Akteure zeigen Handwerk, Kriegskunst und vieles mehr aus dem Leben der Ritter vor rund 500 Jahren.

» In der Umgebung

Lahntal

Auch im Tal der Lahn gibt es, ähnlich wie im Rheintal, Burgen, sehenswerte Kleinstädte und Dörfer. Auf dem Lahntal-Radweg oder auch als Wasserwanderer auf dem Fluss lässt sich die Landschaft erkunden und genießen. Als historischer Kurort lohnt Bad Ems einen Stopp, weiter lahnaufwärts lockt Nassau mit seinen zwei Burgen aus dem 12. Jh. und dem Stein'schen Schloss. Die Berge rund um Nassau, Teile des Westerwalds, des Taunus und des Mittelrheins, gehören zum Naturpark Nassau. www.rhein-lahn-info.de, www.naturparknassau.de

Limes

Der Obergermanisch-Rätische Limes beginnt in Rheinbrohl und verbindet auf einem 550 km langen Abschnitt Rhein und Donau. Seit 2005 gehört die ehemalige Grenze des römischen Reiches zum Welterbe. Durch Rheinland-Pfalz verläuft ein 75 km langes Teilstück, das vielerorts noch als Wall und Graben in der Landschaft zu erkennen ist. Wachtürme wurden rekonstruiert und die Ruinen römischer Originale für Besucher erschlossen. Die der Marksburg am nächsten gelegene Fundstätte (ca. 25 km östlich) ist das Kastell Holzhausen. Auf 1,4 ha kann man heute die 3 m hohen steinernen Kastellmauern, die Überreste des Kastellbades und vieles mehr besichtigen. www.limesstrasse.de

Allgemeine Infos

Adresse: Marksburg, 56338 Braubach, Tel. 0 26 27/2 06, www.marksburg.de (Auf der Internetseite gibt es einen speziellen Bereich für Kinder, der zur Vor- und Nachbereitung des Besuchs sehr zu empfehlen ist!)

Lage und Anfahrt: Von der B 42 in Braubach (10 km südlich von Koblenz auf der rechten Rheinseite) den Schildern zur Burg folgen. Großer Parkplatz unterhalb der Burg, von hier noch 5 Min. Fußweg über viele Treppen oder einen Serpentinenweg. Eine kleine Burgbahn fährt ab Braubach bis zum Burgparkplatz.

Öffnungszeiten: Besichtigung nur mit Führung (ca. 50 Min.). März–Nov. tgl. 10–17 Uhr (letzter Einlass), Führungen finden laufend statt; 2. Nov. bis Ostern tgl. 11–16 Uhr (letzter Einlass), Führungen jeweils zur vollen Stunde. Kräutergarten-Führung nur mit Voranmeldung.

Essen und Unterkunft

Marksburg-Schänke, Marksburg, 56338 Braubach, Tel. 0 26 27/97 12 40, www.marksburg-schaenke.de. Großer Pluspunkt der Schänke (Selbstbedienung) ist die herrliche Terrasse mit tollem Blick hinunter ins Rheintal bis zum Schloss Stolzenfels. Für angemeldete Gruppen werden auch Rittermahle in der Gotischen Burgküche angeboten. ❍❍

Wanderhotel-Landgasthof Zum Weißen Schwanen, Brunnenstr. 4, 56338 Braubach, Tel. 0 26 27/98 20, www.zum-weissen-schwanen.de. Fachwerkromantik mitten im Dorf mit individuell eingerichteten Zimmern. Eine ausgezeichnete Küche und ein hervorragend sortierter Weinkeller hat den Schwanen unter die besten Landgasthöfe in Rheinland-Pfalz katapultiert und ihm einen lobenden Eintrag im Gault-Millau-Führer gesichert. ❍❍

Hotel, Restaurant Café Burg Liebenstein, Burg Liebenstein, 56341 Kamp-Bornhofen, Tel. 0 67 73/3 08 oder 2 51, www.castle-liebenstein.com. Wohnen und speisen auf einer mittelalterlichen Burg hoch über dem Rhein. Im Turm- oder Kaminzimmer residiert man wie ein Burgherr und genießt den herrlichen Blick auf den Fluss. Übrigens: Nachts spukt manchmal das Burggespenst »Freifrau von Liebenstein« durchs Treppenhaus! ❍❍

Burg Eltz

Auf der mittelalterlichen Ritterburg wurde bereits in frühen Zeiten das Modell der Wohngemeinschaft praktiziert: Mehrere Familien teilten sich den knappen Platz auf einem Felsplateau.

Als es noch die Deutsche Mark gab, gehörte die auf dem 500-DM-Schein abgebildete Burg Eltz sicherlich zu den bekanntesten im Lande. Noch heute präsentiert sie sich in ihrer kaum veränderten mittelalterlichen Form – und das bedeutet vor allem Enge auf dem schmalen Felsen über dem Elzbach.

Der gelöcherte Harnisch

Agnes, eine Tochter des Grafen zu Eltz, war bereits in Kindertagen dem Junker von Braunsberg versprochen worden. Als die beiden heranwuchsen, wurde dem Mädchen klar, dass sie ihren Verlobten niemals heiraten wollte. »Lieber gehe ich ins Kloster«, meinte sie. Während eines Festes auf der Burg Eltz, zu dem auch der Braunsberger geladen war, wurde Agnes deutlich: Als sich der Junker ihr näherte, um sie in aller Öffentlichkeit zu küssen, stieß sie ihn von sich und verließ den Saal. Diese Schmach konnte der junge Mann nicht auf sich sitzen lassen, und so kam er am folgenden Tag wieder auf die Burg zurück, um dem Grafen den Fehdehandschuh vor die Füße zu werfen.

Der Graf und seine Söhne sowie die Mannen der Burg ließen daraufhin größte Vorsicht walten und hatten stets ein Auge auf Agnes. Doch nichts geschah. Eines Morgens brachen die Burgherren zu einem Turnier auf und ließen das junge Mädchen mit nur wenigen Leuten zurück. Darauf hatte der Braunsberger gewartet: Gleich in der folgenden Nacht griff er die Burg Eltz an. Agnes wurde vom Klirren der Waffen geweckt. Sie rannte in die Kammer ihres jüngsten Bruders, zwängte sich in dessen Harnisch, griff ein Schwert und rannte hinunter zu den Wächtern. Sie schlug sich hervorragend, sodass sich der Braunsberger, als ihm der uner-

Allgemeine Infos

Adresse: Gräflich Eltz'sche Kastellanei, Burg Eltz, 56294 Münstermaifeld, Tel. 0 26 72/95 05 00, www.burg-eltz.de
Lage und Anfahrt: Münstermaifeld liegt ca. 30 km westlich von Koblenz und ist über die A 48 zu erreichen. Die Anfahrt zur Burg erfolgt von Münstermaifeld über Wierschem, Ausschilderung zum Parkplatz Burg Eltz folgen, von dort 15 Min. Fußweg (800 m) hinunter ins Elzbachtal oder mit dem Pendelbus ab Parkplatz.
Öffnungszeiten: Ostern bis 1. Nov. tgl. 9.30–17.30 Uhr, Besichtigung nur mit Führung (alle 10–15 Min.).

Essen und Unterkunft

In der **Vorburg der Burg Eltz** befinden sich zwei Selbstbedienungsrestaurants: die Oberschänke am Burgbrunnen und im Goldschmiedehäuschen sowie die Unterschänke an der Linde und einer Säulenhalle. Beide bieten Snacks, Kaffee und Kuchen sowie Eltzer Wein. ❍
Erlebnishotel Sewenig, Moselstr. 5, 56254 Müden, Tel. 0 26 72/13 34, www.hotel-sewenig.de. Gemütliche Zimmer, Ferienwohnungen in nahe gelegenem Neubau, angeschlossenes Weingut, Minigolfplatz. Auf der Tageskarte des Restaurants stehen Moselfisch-Spezialitäten. ❍❍

schrockene Kämpfer schließlich gegenüberstand, nur noch mit einem »Feuerrohr« zu wehren wusste. Ohne zu ahnen, wen er vor sich hatte, zielte er auf das Mädchen. Als er später erfuhr, dass er seine große Liebe erschossen hatte, verließ er das Land. Ein durchlöcherter Harnisch im Comtessenzimmer erinnert heute noch an diese Geschichte.

› Mehrere Burgherrensitze in einem

So eng es auf dem rund 70 m emporragenden Felsen über dem Elzbach auch zugehen mag: Den knappen Baugrund teilten sich mehrere Familien mit ihren befestigten Häusern. Noch heute tragen die Gebäude, die zusammen die Burg Eltz bilden, ihre Namen: Da gibt es das Rübenacher Haus, die Kempenicher und die Rodendörfer Häuser sowie Haus Platteltz. Eine solche Burg, auf der verschiedene Zweige einer Familie zusammenleben, ist eine Ganerbenburg.

1157 erscheint die Burg Eltz erstmals in den Urkunden. Mit dem gut befestigten Wohnsitz sollte eine Wegeverbindung vom Moseltal auf die Eifelhöhen gesichert werden. Bei der Enge des Burgfelsens blieb den verschiedenen Bauherren nichts anderes übrig, als für das Mittelalter ungewöhnlich hoch zu bauen: Einige der Gebäude weisen sechs bis sieben Geschosse auf!

Ein Brand im Jahr 1920 zerstörte große Teile der malerischen Dachlandschaft, die erst nach dem Zweiten Weltkrieg wieder in alter Form rekonstruiert wurde.

› Die Burg erleben

Besonders eindrucksvoll ist die einsame Lage von Burg Eltz. Wie zu längst vergangenen Zeiten nähert man sich ihr auch heute noch auf steilem Anstieg durch den Wald. Dabei wird Besuchern schnell klar, wie schwierig es für potenzielle Angreifer war, überhaupt erst zur Burg zu gelangen.

Wie knapp der Raum auf dem Felsen ist, lässt auch die Enge der Innenräume spüren – vor allem bei großem Besucherandrang. Da in den Burgräumen sehr viel ursprüngliche Ausstattung zu sehen ist, kann man diese nur mit einer **Führung** (ca. 40 Min.) besichtigen.

» In der Umgebung

Das Moseltal

Der untere Talabschnitt nahe des Elzbachtals beindruckt durch unglaublich steile Weinbergterrassen, die nur eine der Attraktionen der Moselweinstraße sind. Neben romantischen Winzerorten mit zahllosen Fachwerkhäusern in den engen Gassen gibt es auf den Höhen über dem Moseltal auch zahlreiche Burgen und Burgruinen zu entdecken.
www.mosellandtouristik.de

Wanderung zur Burg Pyrmont

Durchs schöne Eltztal führt ein Wanderweg (ca. 10 km, 2,5 Std.) von der Burg Eltz zur stolzen Burg Pyrmont (www.burg-pyrmont.de). Es geht zwar stetig auf und ab, der Weg an sich ist jedoch nicht schwierig zu gehen und auch mit Kindern gut zu bewältigen.

Schloss Stolzenfels

Ein preußischer Feriensitz voller italienischer Heiterkeit und bayerisch-englischer Burgenromantik im Mittelrheintal.

1823 schenkte die Stadt Koblenz Kronprinz Friedrich Wilhelm von Preußen die Ruine der Burg Stolzenfels. Einige Jahre später entstand auf den Grundmauern der Burg ein romantisches Schloss, das heute noch einen guten Eindruck vom Lebensgefühl des 19. Jhs. gibt.

Die Zeit als Burg

1242 bis 1259 ließ der Trierer Erzbischof Arnold II. von Isenburg mit seiner Burg Stolzenfels die erste kurtrierische Befestigung im Rheintal bauen – an einer Stelle, von der sich die Mündung des Lahntals gut überwachen ließ. Unter Erzbischof Balduin wurde die Burg durch eine Mauer mit dem Ort verbunden; Stolzenfels entwickelte sich zu einer wichtigen Rheinzollstätte. Ab dem 15. Jh. verlor die Burg an Bedeutung. 1689 wurde sie im Pfälzischen Erbfolgekrieg von französischen Truppen zerstört.

Die Zeit als Schloss

1836 bis 1842 erlebte die Ruine unter Friedrich Wilhelm einen Neuaufbau. Wehrhaftigkeit war nicht mehr gefragt; darum verzichtete man auf eine Rekonstruktion des einstigen Berings, aus Zwingern wurden Gärten, und in der Umgebung des Schlosses legte man einen Landschaftspark an. Selbst mitten auf dem ehemaligen Burggelände entstand ein Pergola-Garten mit mediterranem Charakter. Man erreicht ihn durch eine Arkade, die den Wirtschaftstrakt mit dem neuen Schlosstrakt auf der Rheinseite verbindet.

› Schreibkabinett der Königin

In diesen Räumlichkeiten befinden sich ein kleiner und ein großer Rittersaal, die königlichen Gästezimmer sowie die Privatgemächer der Schlossherrin im nördlichen Teil und die des Schlossherrn auf der Bergseite. Die Innenausstattung gibt einen guten Eindruck von der Wohnkultur und Geisteshaltung in der Mitte des 19. Jhs. Friedrich Wilhelm bevorzugte neogotische Innenarchitektur, wie sich in den Wandvertäfelungen mit ihren Maßwerkformen oder in den Fresken zeigt. Die weiß-blaue Farbkombination, auf die man immer wieder stößt, wählte man zu Ehren der Gemahlin Friedrich Wilhelms. Elisabeth, eine Schwester Ludwigs I. von Bayern, stammte aus dem Hause Wittelsbach.

Das Schloss erleben

Bei einer rund 50-minütigen **Führung** sieht man nahezu das gesamte Bauwerk. Man wandert durch die Außenanlagen, durch den italienisch angehauchten Pergolagarten und über die Terrassen auf den ehemaligen Wehranlagen mit schönem Blick hinunter ins Rheintal. Im Innern stehen Besuchern die Küche, die königlichen Wohngemächer sowie der Kleine und Große Rittersaal offen.

Ein hochherrschaftliches **Kulturzentrum** war Schloss Stolzenfels schon im 19. Jh. Auch heute finden im Rittersaal wieder musikalische Darbietungen oder Konzerte mit Führungen in der Pause statt, aber auch Musiktheater und Lesungen sowie ein Humordichter-Festival im Mai.

» In der Umgebung

Festung Ehrenbreitstein

Gegenüber dem Deutschen Eck, dem Zusammenfluss von Rhein und Mosel, liegt die Festung mit schöner Aussicht auf die Flüsse und die Koblenzer Altstadt. Die spannendste Art, das riesige Festungsgelände zu entdecken, ist eine Theaterführung mit einem Schauspieler. www.festungehrenbreitstein.de

Altstadt von Koblenz

Auf 2000 Jahre Geschichte blickt die Stadt an Rhein und Mosel zurück. Die ältesten historischen Gebäude sind an den Flüssen zu finden: an der Mosel die kurtrierische Burg (13. Jh.) mit der Balduinbrücke (14. Jh.), am Rhein die romanische Kirche St. Kastor und das klassizistische Residenzschloss der Trierer Erzbischöfe. www.koblenz.de

» Allgemeine Infos

Adresse: Schloss Stolzenfels, 56075 Koblenz, Tel. 02 61/5 16 56, www.schloss-stolzenfels.de

Lage und Anfahrt: Im südlichen Stadtgebiet von Koblenz, im Ortsteil Stolzenfels, überragt das gelbe Schloss das Rheintal. Es ist in ca. 15 Min. auf einem teils steilen Fußweg von der B 9 erreichbar. Ausgewiesene Parkplätze gibt es nicht, man kann das Auto aber im Ort oder an der B 9 abstellen.

Öffnungszeiten: Besichtigung nur mit Führung, April–Sept. Di–So 10–18 Uhr, Okt., Nov. und Jan.–März Di–So 10–17 Uhr, Dez. geschlossen, letzter Einlass 60 Min. vor Schließung.

» Essen und Unterkunft

Historischer Weinkeller Koblenz, Mehlgasse 14–16, 56068 Koblenz, Tel. 02 61/9 73 89 87, www.weinkeller-koblenz.de. Weinlokal und Restaurant unter historischen Gewölben. Ambitionierte Küche mit viel Fisch, dazu eine eindrucksvolle Weinkarte, die gute Tropfen aus der Region und aus aller Welt bereithält. So geschl. ❍❍❍

Hotel Haus Morjan, Konrad-Adenauer-Ufer, 56068 Koblenz, Tel. 02 61/30 42 90, www.hotel-haus-morjan.de. An der Rheinpromenade der Koblenzer Altstadt nahe dem Deutschen Eck gelegen. Großzügige Zimmer mit Rheinblick. Restaurant mit rheinischen Spezialitäten, Café mit Terrasse zum Rhein, Schiffsanlegestellen direkt vor der Tür. ❍❍

Diehl's Hotel, Rheinsteigufer 1, 56077 Koblenz, Tel. 02 61/9 70 70, www.diehls-hotel.de. Gegenüber dem Deutschen Eck, direkt am Rhein und zu Füßen der Festung Ehrenbreitstein. Sehr schöne Zimmer mit Rheinblick, Wellness-Bereich mit Sauna, Schwimmbad und verschiedenen Anwendungen, sehr gutes Restaurant mit herrlicher Rheinterrasse. ❍❍

Burg Pfalzgrafenstein

Ein steinernes Schiff mitten im Rhein – so präsentiert sich die bilderbuchhafte Burg Pfalzgrafenstein ihren Besuchern.

»Aber dieses Schloß, die Pfalz genannt, mit seinen spitzen Schiefertürmen, seinen gewaltigen, unmittelbar aus dem Rhein schräg aufsteigenden Mauern und der vorderen, als Bewaffnung gegen Eis mit Eisen beschlagenen Kante derselben, möchte wohl einzig in seiner Art sein.«

Carl Gustav Carus, 1835

Beste Lage als Zollstelle

Der ungewöhnliche Standort der kleinen Burg auf der Felsklippe Falkenau mitten im Rhein macht deutlich, dass König Ludwig der Bayer sie 1326/27 ausschließlich zum Zweck des Zollkassierens errichten ließ. Näher konnte man nicht an die Schiffe gelangen und einen ersten Blick auf ihre Ladung werfen. Säumige Zahler konnte man noch mit einer schweren Eisenkette durch den Strom an der Weiterfahrt hindern.

Darüber war natürlich kein Schiffer erfreut, und die Klagen über die allzu effektiv arbeitenden Zöllner drangen sogar bis zum Papst nach Rom. Hier beschwerten sich die Kirchenleute über die üppigen Abgaben. Reiche Klöster besaßen nämlich Ländereien und Weinberge am Rhein, und sie wollten natürlich keinen Zoll für ihre selbst produzierten Abendmahls- und Tischweine zahlen.

Aber der Pfalzgrafenstein war beileibe nicht die einzige Zollstelle am mittleren Rhein: Zwischen Mainz und Köln gab es zwölf dieser unerfreulichen Stopps, und an jedem einzelnen wurde kräftig kassiert!

Zwei kleine Burgen in einer

Seine erste Zollstelle ließ Ludwig der Bayer als fünfeckigen Turm auf das Inselchen im Rhein setzen. Die Spitze dieses ursprünglich frei stehenden Turmes war natürlich gegen die Strömung gerichtet: Sie sollte – wie bei einem Schiff – Wellen brechen und vor allem im Winter den Druck von Eisschollen vermindern, indem sie das Eis zerteilte.

Sechs Geschosse ragte der Zollturm empor, und erst im dritten Geschoss befand sich aus Sicherheitsgründen der Eingang. Über eine Wendeltreppe in der mächtigen Mauer der Spitze gelangten die Wächter und Zöllner von einer Ebene in die nächste.

1338 bis 1342 umgab man den einsamen Turm im Strom mit einer heute noch äußerst imposant wirkenden, 12 m hohen Ringmauer. Selbstverständlich musste auch bei ihrer Anlage die Spitze, die wie ein Schiffsbug gegen die Strömung zeigt, aus besonders stabilem und massivem Mauerwerk errichtet werden. Rund 8 m dick ist die Spitze in ihrer größten Ausdehnung, die 1607 durch einen Bastionsvorbau aus mächtigen Sandsteinquadern noch verstärkt wurde.

20 bis 30 Zöllner taten auf dem Pfalzgrafenstein ihren Dienst. Sie hatten im südlichen Teil ihre bescheidenen Quartiere, während der Kommandant im Nordteil über dem Eingang seine eigene kleine Wohnung – zwei Kammern, Küche und einen Aborterker – besaß. Bis ins 19. Jh. hinein wurde von der »Pfalz«, wie man den Pfalzgrafenstein auch nannte, Zoll kassiert.

Die Burg erleben

Das steinerne Schiff kann man auf eigene Faust erkunden und dabei ausgiebig durch die Wehrgänge, Geschützstände mit in Position gestellten Kanonen, aber auch durch die Kammern der einstigen Besatzung streifen. Sehr eindrucksvoll ist die Aussicht aus den Luken auf den Rhein – man fühlt sich tatsächlich wie auf einem Schiff, wenn die Rheindampfer zum Greifen nahe vorbeifahren.

In der Umgebung

Bacharach

Eine Stadtmauer, viele alte Fachwerkhäuser, ein malerischer ehemaliger Posthof (Restaurant, Café) und eine romanische Kirche, über der die Ruine der gotischen Wernerkapelle aufragt – dieses Ensemble ließ Bacharach zum Inbegriff eines romantischen Winzerortes werden. Das wunderschöne Städtchen bekrönt die Burg Stahleck. Wein kann man überall probieren und kaufen. www.rhein-nahe-touristik.de

Loreley

Die berühmteste Rheinländerin, bekannt von Amerika bis Japan, ist ohne Zweifel die Loreley. Den besten Blick auf den sagenumwobenen Felsen hat man vom linken Ufer, von den Parkplätzen an der B 9. Nicht versäumen sollte man aber auch die unvergleichliche Aussicht auf das Rheintal vom Loreley-Felsen aus sowie den Abstecher zum nahen Besucherzentrum Loreley (s. auch S. 243).
www.tal-der-loreley.de

Allgemeine Infos

Adresse: Burg Pfalzgrafenstein, 56349 Kaub, Tel. 01 72/2 62 28 00 (auf der Burg), Besucherdienst Tel. 01 80/5 22 13 60 (Burgen- und Schlösserverwaltung Rheinland-Pfalz) oder Tel. 02 61/7 19 87 (Stadt Kaub), www.stadt-kaub.de

Lage und Anfahrt: Kaub liegt 45 km südlich von Koblenz am Rhein. Der Pfalzgrafenstein auf einer winzigen Felseninsel mitten im Rhein ist per Fähre (halbstündlich, nur bei normalem Wasserstand) von Kaub zu erreichen.

Öffnungszeiten: April–Sept. Di–So 10–18, sonst 10–17 Uhr, Jan., Febr. nur Sa, So geöffnet, im Dezember geschlossen.

Essen und Unterkunft

Weinwirtschaft Laquai, Schwalbacher Str. 20, 65391 Lorch, Tel. 0 67 26/83 92 13, www.weingut-laquai.de. Das Fachwerkhaus mit Garten lockt mit Spezialitäten wie Wildschweinfilet oder Wispertalforelle. Mo, Di geschl. ❍–❍❍

Historische Weinstube Uff de Bach, Blücherstr. 1, 56349 Kaub, Tel. 0 67 74/83 16, www.uff-de-bach.de. In dem Fachwerkhaus gibt es zum Wein regionale Gerichte, aber auch Snacks wie Wildsülze. Mo, Di geschl. ❍

Hotel Zum Turm, Zollstraße 50, 56349 Kaub, Tel. 0 67 74/9 22 00, www.rhein-hotel-turm.com. Sechs liebevoll eingerichtete Zimmer in einem Haus neben einem mittelalterlichen Turm, Blick auf den Pfalzgrafenstein. ❍❍

Heidelberger Schloss

Ein Sinnbild der Romantik – dank besonders malerischer Lage am Nordhang des Königstuhls über dem Neckar und der Heidelberger Altstadt.

Das Heidelberger Schloss vereinigt eine mittelalterliche Burg und eine Renaissanceresidenz. Es ist umgeben von den großen Terrassen des ehemaligen Hortus Palatinus (Pfälzischer Garten). Von der eindrucksvollen Anlage genießt man fantastische Ausblicke auf die Altstadt sowie das Neckar- und das Rheintal.

› Denkmal einer großen Liebe

Am Eingang zum Stückgarten, so benannt nach den »Stücken«, den Geschützen zur Verteidigung des Schlosses, steht ein Tor aus rotem Sandstein. Friedrich V. ließ die Säulen in Form von Baumstämmen und mit steinernem Blumenschmuck meißeln. Das fertige Tor stellte er 1615 als Geburtstagsüberraschung für seine junge Gemahlin Elisabeth Stuart in einer einzigen Nacht auf.

› Von der Burg zum Schloss

Nähert man sich dem Eingang des Schlosses, erscheint es mit seinem tiefen Graben und den doppelten Torgebäuden sehr abweisend und wehrhaft.

Im Innenhof werden die verschiedenen Bauabschnitte deutlich: Auf der westlichen (linken) Seite stehen die Reste der kurfürstlichen Burg aus dem 15./16. Jh., wie der Ruprechtsbau und der Bibliotheksbau. Die Brunnenhalle mit ihren schlanken Säulen und ihrem Gewölbe erinnert an eine mittelalterliche Kapelle. An sie schließen sich die ehemaligen Wirtschaftsgebäude an.

Allgemeine Infos

Adresse: Service Center Schloss Heidelberg, 69117 Heidelberg, Tel. 0 62 21/53 84 31, www.schloesser-und-gaerten.de
Lage und Anfahrt: Keine Parkplätze am Schlossberg, deshalb empfiehlt sich die kurze Fahrt mit der Bergbahn, Talstation nahe Kornmarkt/Rathaus, oder der Treppenweg Kurzer Buckel.
Öffnungszeiten: tgl. 8–17.30 Uhr.

Essen und Unterkunft

Zum Güldenen Schaf/hip hotel, Hauptstr. 115, 69117 Heidelberg, Tel. 0 62 21/2 08 79, www.schaf-heidelberg.de, www.hip-hotel.de. Historisches Restaurant mitten in der Altstadt mit Pfälzer Spezialitäten, aber auch mediterran inspirierten Gerichten (z. B. Lammcarré oder Lammbratwürstchen). Über dem Restaurant liegt das erste Hip Hotel Deutschlands. 15 Zimmer sind nach Städten benannt und entsprechend eingerichtet: orientalische Üppigkeit in »Marrakesch«, japanische Schlichtheit in »Tokio«, ein großes Che-Wandporträt in »Havanna« – und verwinkelter Dachzimmer-Charme, Dachterrasse und Panoramablick in »Heidelberg«. OO

Hotel und Winzerstube Goldener Pflug, Obertorstr. 5, 69469 Weinheim, Tel. 0 62 01/9 02 80, www.hotel-goldener-pflug.de. Moderne Komfortzimmer hinter altem Fachwerkgemäuer. Die Winzerstube serviert Deftig-Pfälzisches wie Saumagen oder Brot mit Bibbelekäs; dazu munden die hervorragenden badischen Tropfen. OO

› Besonders romantisch: das Heidelberger Schloss in abendlicher Beleuchtung

Mit ihren prächtigen Fassaden ziehen der Ottheinrichbau und der Friedrichbau die Blicke auf sich. Sie entstanden im Stil der Renaissance.

Mitte des 16. Jhs. wandelte sich die wehrhafte Burg zu einer Residenz, für die man einen ausgedehnten Garten südlich und östlich des Schlosses anlegte. Dieser prächtige Hortus Palatinus wurde nie fertiggestellt, da er, ebenso wie das Schloss, im Dreißigjährigen Krieg in Mitleidenschaft gezogen wurde. Weitere Zerstörungen brachten Ende des 17. Jhs. die Truppen des französischen Königs Ludwig XIV. Seitdem ist das Schloss größtenteils eine Ruine, was es für die Romantiker des 19. Jhs. noch reizvoller machte.

› Das Schloss erleben

Schon der Blick auf die äußeren Anlagen von den verschiedenen Gartenterrassen lohnt den Weg (gratis). Mehr bietet die individuelle Besichtigung des Innenhofes inklusive dem Fasskeller und der Terrasse vor dem Friedrichsbau. Auf einer geführten Tour sieht man die mittelalterlichen Räume und die Gemächer des Friedrichbaus.

Die Renaissancefassaden bilden eine authentische Kulisse für das romantische Musical »Student Prince«. Die Romanze in englischer Sprache wird bei den **Schlossfestspielen** (Juni bis Aug.) aufgeführt. **Schlossbeleuchtungen** heißen die Feuerwerke, die das Schloss an drei Samstagabenden im Sommer (Anfang Juni, Mitte Juli, Angang Sept.) festlich illuminieren. www.schlossfestspiele-heidelberg.de

» In der Umgebung

Heidelberger Altstadt

Die altehrwürdige Universitätsstadt ist beliebtes Reiseziel von Touristen aus aller Welt. Zwischen Alter Brücke und Karlsplatz, in geschäftigen Gassen und auf der Hauptstraße genießt man die unvergleichliche Atmosphäre der Altstadt. www.heidelberg-tourismus.de

Schloss Schwetzingen

Das kurpfälzische Klein-Versailles oder von der Freizeitgestaltung bei Hofe.

» Verspielt-lebensfroh präsentiert sich das Schwetzinger Schloss, eingebettet in eine berühmte Parklandschaft. Die gesamte Anlage macht deutlich, dass die Kurfürsten hier nicht repräsentieren, sondern sich der standesgemäßen Freizeitgestaltung hingeben wollten. Wie das fürstliche »Ferienvergnügen« einst aussah, lässt sich heute noch bei einem Spaziergang durch Schloss und Park erahnen. Eine besondere Attraktion ist das prächtige Rokokotheater, das nach wie vor genutzt wird.

› Mozart in Schwetzingen

Im Juli 1763 hielten sich die Mozarts mit ihren beiden Wunderkindern Wolfgang und Nannerl für zwei Wochen in Schwetzingen auf. Die Familie war auf Reisen, um die talentierten Jungmusiker an europäischen Fürstenhöfen vorzustellen – Wolfgang war gerade erst sieben Jahre alt, als er in Schwetzingen erstmals konzertierte, seine Schwester elf. Der ehrgeizige Vater war bestrebt, für den Sohn eine Anstellung als »Hofcompositeur« oder zweiter Kapellmeister zu arrangieren.

Mit ihren Konzerten vor gekrönten Häuptern, in Theatern, Kirchen und Bürgerhäusern, trugen die Kinder wesentlich zum Familieneinkommen bei. Das Publikum war regelmäßig entzükkt, auch am Abend des 18. Juli 1763, als Wolfgang und Nannerl in einem der südlichen Zirkelsäle vor dem Kurfürsten und der Hofgesellschaft auftraten. »Meine Kinder haben ganz Schwetzingen in Bewegung gesetzet«, schrieb der stolze Vater Leopold Mozart.

Mit der ersehnten Anstellung am kurpfälzischen Hof klappte es jedoch nie. Nur der Auftrag, eine Oper zu schreiben, sprang heraus: 1781 wurde Mozarts »Idomeneo« in München uraufgeführt. In jener Zeit hatte der Musenhof im Schwetzinger Schloss schon etwas von seinem alten Glanz verloren, denn der Kurfürst hatte 1777die bayerische Kurwürde geerbt und seine Residenz nach München verlegt. Damit hatte die Kurpfalz den herausragenden Mäzen der Schönen Künste und Förderer der Wissenschaft verloren.

› Carl Theodors Lustschloss und Musenhof

Mit einer mittelalterlichen Wasserburg begann die Baugeschichte des Schwetzinger Schlosses. Im 16. Jh. nutzten die Pfalzgrafen die einstige Veste vor allem als Jagdschloss; sie kamen von Heidelberg hierher zu den wildreichen Forsten des Hardtwalds.

Wie die gesamte Kurpfalz wurde auch Schwetzingen im späten 17. Jh. während des Pfälzischen Erbfolgekriegs von den Truppen Ludwigs XIV. zerstört. Doch die Kurfürsten Johann Wilhelm und sein Nachfolger Carl Philipp wollten nicht auf ihr Lustschloss verzichten, sodass man bald mit einem Neubau begann. Adam Breunig errichtete in der ersten Hälfte des 18. Jhs. die dreiflügelige Anlage des Hauptgebäudes, wobei alte, noch bestehende Bauteile weiter genutzt wurden. Daraus ergab sich, dass nicht alles streng symmetrisch geriet, wie es eigentlich dem Ideal der Zeit entsprach.

Die große Zeit für das Schwetzinger Schloss und das Städtchen vor seinem Tor sollte unter Kurfürst Carl Theodor (1724–1799) kommen. Er hatte beschlossen, sich neben seiner Residenz in Mannheim in Schwetzingen eine Sommerresidenz nach der neuesten Mode errichten zu lassen. Ungewöhnliche Bauten entstanden hier in der Mitte des 18. Jhs.: Als repräsentativen Rahmen des Schlossparks im Osten setzten die Architekten Guillaume d'Hauberat und Franz Wilhelm Rabaliatti die sog. Zirkelgebäude mit ihrem bogenförmigen Grundriss an beide Seiten des Schlosses an. Im nördlichen Zirkelgebäude hielt eine Orangerie Einzug, während das südliche mit seinen Festsälen, dem Jagd- und dem Tanzsaal (heute Mozart-Saal) der Unterhaltung diente. In den ebenerdigen Sälen ließen sich drinnen wie draußen Sommerfeste veranstalten.

Der Höhepunkt des kurfürstlichen Luxus und Vergnügens entstand in nur zehn Wochen Bauzeit von Mai bis Juli 1752: das Rokokotheater. Nicolas de Pigage errichtete es hinter dem nördlichen Zirkelgebäude und verband es mit diesem, so dass sich ein Foyer erübrigte. Aber sonst scheute Carl Theodor keine Kosten! Er akzeptierte sogar, dass das »kleine Theatrum zur Exhibierung (Aufführung) der französischen Komödie« dreimal soviel Geld verschlang wie geplant. Auch ein eigener Hofkapellmeister und ein Hofkomponist als künstlerischer Leiter des Musentempels wurden eingestellt.

Nachdem der kurpfälzische Hofstaat 1777 nach München umgezogen war, wurde es ruhig im Schwetzinger Schloss. Elisabeth Augusta ließ für ihren Gemahl Carl Theodor 1780 einen Gartenpavillon errichten. Mit diesem Geschenk versuchte sie, den abgewanderten Landesherrn wieder nach Schwetzingen zu locken, allerdings erfolglos – ab 1800 holte der Nachfolger sogar die Möbel und Kunstwerke Carl Theodors an die Isar.

Die neuen Herren in der rechtsrheinischen Pfalz, die Markgrafen und späteren Großherzöge von Baden, gestalteten das zweite Obergeschoss im Stil des Empires und Biedermeiers, wobei die »altmodischen« Seidentapeten durch Papiertapeten ersetzt wurden. Nach dem Tod der Großherzogin Stephanie 1860 nutzte der Hof das Schloss nur noch für Kurzaufenthalte. Seit 1919 dient es als Museum.

› Der Schlossgarten

Auf mehr als 70 ha Fläche kann man im Schlossgarten durch die Gartenbaugeschichte des 18./19. Jhs. wandern. An die Sommerresidenz schließt sich ein ausgedehntes Gartenparterre an, das mit der geometrischen Gestaltung des Wegenetzes, der Blumenbeete und der Wasserflächen noch ganz der französischen Gartenarchitektur des Barocks verpflichtet ist. Der erste Höhepunkt in der Symmetrie- und Blickachse ist der zentrale Arion-Brunnen. Das französische Gartenparterre schließt die symmetrische Hirschgruppe ab, ein Meisterwerk von Peter Anton von Verschaffelt.

Die Hofgesellschaft amüsierte sich gern im Apollo-Tempel; der Apollo-Hain wurde als Naturtheater genutzt. Als exotische Theaterkulisse diente

› Drei Mal war W. A. Mozart im Laufe seines Lebens in Schwetzingen

auch der Hof der Moschee im südlichen Parkteil. Auch im Schwetzinger Park durften eine Orangerie, Tempelbauten und Skulpturen nicht fehlen.

› Das Schloss erleben

Bei einer **Schlossführung** besichtigt man nicht nur die prächtigen Repräsentationsräume. Auch Einblicke in den ganz profanen Alltag werden gewährt, wie zum Beispiel in der Puderkammer für die Perücken oder in der Retirade, dem »stillen Örtchen«. Bei Sonderführungen begibt man sich auf einen »Modestreifzug« oder entdeckt »Des Fürsten neue Möbel«.

Nicht minder unterhaltsam sind **Gartenführungen** durch den Schlosspark. Schließlich gibt es nicht überall eine chinesische Brücke, eine barocke Moschee oder die künstliche Ruine einer römischen Wasserleitung zu sehen. »Mondscheinführungen« oder Themenführungen werden neben der klassischen Gartentour angeboten, einige speziell für Familien. Man kann den Park auch individuell erkunden.

Seit mehr als 50 Jahren sind die **Schwetzinger Festspiele** im internationalen Kulturleben etabliert. Jedes Jahr von April bis Juni finden im Rokokotheater und in den Sälen der Zirkelgebäude Opernaufführungen und Konzerte statt. Der Reiz in der Programmgestaltung liegt in der Gegenüberstellung von Altem und Neuem.

In Erinnerung an den berühmten Gast feiert man im September das **Schwetzinger Mozartfest,** das Künstler und Gäste aus aller Welt anzieht. Dabei ist die Förderung des musikalischen Nachwuchses ein wichtiges Ziel.

In der Umgebung

Ladenburg

Ein sehenswertes Städtchen gut 20 km nördlich von Schwetzingen ist Ladenburg, einst Nebenresidenz der Bischöfe von Worms. Der Bischofshof (16./17. Jh.) beherbergt heute das Lobdengau-Museum. Wie weit die Geschichte der Stadt zurückreicht, zeigen Reste einer römischen Marktbasilika unter der St.-Gallus-Kirche. Ein Ereignis der jüngeren Vergangenheit war die Einrichtung der ersten Autogarage der Welt – daraus wurde das Automuseum Dr. Carl Benz. Der große Autoerfinder wohnte ab 1903 am heutigen Dr.-Carl-Benz-Platz. www.ladenburg.de

Speyer

Einen knapp 19 km langen Abstecher auf das linke Rheinufer lohnt das 2000 Jahre alte Speyer. Die barocke Stadt mit dem 55 m hohen mittelalterlichen Stadttor, dem Altpörtel, im Westen, wird vom Dom der Stauferkaiser überragt. Das monumentale Gotteshaus (11. Jh.) aus mächtigen roten Sandsteinquadern gehört zum UNESCO-Weltkulturerbe. www.speyer.de

Allgemeine Infos

Adresse: Schlosskasse Schwetzingen, Tel. 0 62 02/12 88 28, und Service Center, Tel. 0 62 21/53 84 31, www.schloesser-und-gaerten.de
Lage und Anfahrt: Mitten in Schwetzingen, die B 36 führt am Schloss vorbei.
Öffnungszeiten: Schloss nur mit Führung, während der Sommerzeit (Ostern bis Okt.) Di–Fr 11–16, Sa, So, Fei 11 bis 17 Uhr, Nov.–März Fr 14 Uhr, Sa, So, Fei 11, 14 und 15 Uhr. Schlossgarten April bis Sept. tgl. 8–20 Uhr, Okt., März tgl. 9–18, Nov.–Febr. tgl. 9–17 Uhr.

Essen und Unterkunft

Schwetzinger Brauhaus zum Ritter, Schlossplatz 1, 68723 Schwetzingen, Tel. 0 62 02/92 49 50. Szenetreff mitten im Geschehen auf dem Schlossplatz mit Blick auf die Schlossfassade. Zur großen Auswahl an Bieren passt die deftige Brauhausküche mit saisonalen Spezialitäten wie Pilzen oder Spargel. Mittags gibt es ein preiswertes Stammessen. ❍

Hotel Restaurant Adler Post, Schlossstr. 3, 68723 Schwetzingen, Tel. 0 62 02/2 77 70, www.adler-post.de. Aus der ehemaligen Großherzoglich Badischen Posthalterei am Schloss wurde ein traditionsreicher Familienbetrieb mit schönen Gästezimmern, Sauna und Fahrradverleih. Im Winter sitzt man im Restaurant gemütlich am Kachelofen und vor dem knisternden Kaminfeuer, im Sommer lockt eine Terrasse. Das Haus ist Mitglied bei der Chaîne des Rôtisseurs und bietet erlesene regionale und französische Küche. ❍❍

Pension Brenner, Kleine Krautgärten 5, 68723 Schwetzingen, Tel. 0 62 02/9 31 70, www.pensionbrenner.de. Kleine Frühstückspension auf einem Bauernhof nördlich des Schlossparks. Auf dem Hof werden Getreide, Tabak und natürlich der berühmte Schwetzinger Spargel angebaut – wenn Sie in der Saison kommen, können Sie sich küchenfertig geschälte Stangen mit nach Hause nehmen. ❍

Burg Hohenzollern

Das Denkmal einer Familie mit vielen Türmchen und Zinnen – weithin sichtbar am Rand der Schwäbischen Alb.

» **Eine Tour durch das neugotische Märchenschloss ist dank der vielen Porträtgemälde derer von Hohenzollern auch ein Streifzug durchs Familienalbum eines sehr erfolgreichen Geschlechts. Die männlichen Mitglieder arbeiteten sich vom Stand eines schwäbischen Grafen bis zu dem des deutschen Kaisers hoch. Aber auch Frauen aus dem Hause Hohenzollern haben Geschichte geschrieben.**

› Ferien für Berliner Kinder

Die schlechte Lebenssituation vieler Kinder im Nachkriegsdeutschland und besonders im geteilten Berlin bewog Prinzessin Kira (1909–1967), geborene Großfürstin von Russland und Nichte des letzten Zaren, ein Jugendwerk zu gründen. Gemeinsam mit ihrem Mann, Dr. Louis Ferdinand Prinz von Preußen, rief sie 1952 eine gemeinnützige Stiftung ins Leben, die als »Prinzessin Kira von Preußen Stiftung« heute ihren Namen trägt. Kinder sollten erholsame Tage weit weg von den Hinterhöfen und Straßen des zerstörten Berlins erleben können – bei einem kostenlosen Ferienaufenthalt auf Burg Hohenzollern.

Im Sommer 1954 verbrachten die ersten zehn Berliner Mädchen mit ihrer Lehrerin Ferien auf der Burg, danach kamen zehn Jungen. Die Kinder gelangten mit amerikanischen Flugzeugen über die Luftbrücke aus dem damals eingeschlossenen Berlin nach Frankfurt und reisten von dort weiter zur Schwäbischen Alb.

Auch heute noch, mehr als 55 Jahre nach der Gründung der Stiftung, ist das Jugendwerk aktiv. In Zeiten wachsender Kinderarmut kümmert sich die Stiftung um sozial benachteiligte Kinder. Jungen und Mädchen aus Berlin und Brandenburg werden eingeladen, auf einer eigens dafür eingerichteten Burgetage unbeschwerte Ferientage zu verbringen. Inzwischen haben schon über 11 000 Kinder Urlaub auf Burg Hohenzollern gemacht, und viele weitere werden folgen – dank Spenden sowie der Erlöse aus dem alljährlichen Stiftungskonzert im Grafensaal.

› Von der Burg zum Denkmal einer Dynastie

Auf dem 855 m hohen Bergkegel Zoller errichtete man im 11. Jh. eine erste Burg, über die jedoch wenig bekannt ist. Erst im 13. Jh. wird der Name »Zolre« erstmals überliefert.

1214 fand in der gräflichen Familie eine weitreichende Erbteilung in die zwei Linien statt, die bis heute existieren und die deutsche Geschichte wesentlich mitprägten. Der schwäbische Zweig blieb im Gebiet rund um die Stammburg ansässig, während sich die neue fränkische Linie weiter östlich engagierte. Aus ihr gingen im 15. Jh. die Markgrafen, später Kurfürsten, von Brandenburg hervor. 1701 krönte sich Kurfürst Friedrich III. zum preußischen König. Im 19. Jh. stiegen die Hohenzollern weiter auf: 1871 wurde Wilhelm I. nach dem Deutsch-Französischen Krieg zum deutschen Kaiser proklamiert.

Anfang des 19. Jhs. befand sich auf dem Zollernberg nur noch eine ruinö-

› Der Blaue Salon auf Burg Hohenzollern, auch Königinnenzimmer genannt

se Burganlage aus dem 15. Jh. Nachdem der preußische Kronprinz und spätere König Friedrich Wilhelm IV., ein ausgewiesener Burgenliebhaber, 1819 die Ruine des Stammsitzes seiner Vorfahren besucht hatte, beschloss er, sie wiederherzustellen. Doch erst 1850 konnte sein Bruder Wilhelm den Grundstein für den neugotischen Wiederaufbau nach Plänen des Architekten Friedrich August Stüler legen. 1867 fand in Anwesenheit König Wilhelms I., seiner Familie und des Sigmaringer Fürstenhauses die feierliche Einweihung der neuen Burg Hohenzollern statt.

Bei der Gestaltung dieser neugotischen Burg ließ sich Stüler von mittelalterlichen Burgenbauten in Deutschland, England, Frankreich und Italien inspirieren. Von Beginn an war die neue Festung nicht als Residenz geplant – sie war auch niemals über längere Zeit bewohnt –, sondern sie sollte ein eindrucksvolles Denkmal für das Haus Hohenzollern und seinen Aufstieg zur führenden Dynastie im Lande werden.

› Die Burg erleben

Allein schon der überwältigende Anblick der majestätisch auf dem Bergkegel thronenden Burg und der weite Ausblick von oben auf die Schwäbische Alb lohnen die Anreise.

Durch das Adlertor gelangt man in drei Wegschlaufen über Aufgang bzw. Auffahrt in den Burghof. Das erste Gebäude zur Linken ist das einzige erhaltene der mittelalterlichen Vorgängerburg, die St.-Michaelskapelle. Auf der rechten Seite beginnt der U-förmige Baukomplex mit der neugotischen protestantischen Christuskapelle.

Die Innenräume der Burg Hohenzollern, die zu den meistbesuchten Europas gehört, können nur im Rahmen einer **Führung** (max. 60 Personen in einer Gruppe) erkundet werden. Bei der Besichtigung des Familiendenkmals steht am Anfang einer Führung selbstverständlich die Stammbaumhalle, wo in Wandmalereien die beiden Linien des Hauses Hohenzollern sehr dekorativ dargestellt sind. Im Grafensaal, dessen Architektur an einen Kirchenbau erinnert, bekommen Besucher eine Vorstellung davon, wie großartig hier Feste gefeiert wurden. In der Bibliothek zeigen Wandgemälde ebenfalls Geschichtliches, dieses Mal einiges zu den Vorgängerburgen und den Sagen, die sich um sie ranken.

Der besonders prächtige Blaue Salon bietet eine kleine Ahnengalerie mit Porträts der berühmtesten Familienmitglieder, wie z. B. Königin Luise oder ihr Sohn Friedrich Wilhelm IV. Eine Rarität ist das Porträt des Prinzen Waldemar: Es wurde von seiner Mutter Kaiserin Victoria, der Tochter der englischen Queen Victoria, gemalt. Die künstlerisch ambitionierte Dame war mit dem 99-Tage-Kaiser Friedrich III. verheiratet.

Auch die Kasematten und Teile eines Geheimgangs wurden freigelegt; sie werden für einen kleinen Aufpreis ebenfalls auf der Führung gezeigt.

Im Laufe des Jahres gibt es eine Reihe von **Veranstaltungen,** wie Konzerte, Open-Air-Kino im Burghof oder auch Themenabende, bei denen im Rahmen eines speziellen Vortrags Geschichte besonders anschaulich gemacht wird. Krönender Abschluss der Saison ist ein romantischer Weihnachtsmarkt im Burghof zu Beginn der Adventszeit.

In der Umgebung

Hohenzollernstraße

Als Rundfahrt kann man diese ca. 300 km lange touristische Route von Haigerloch mit seinem Renaissanceschloss über die ehemalige Residenzstadt Hechingen, Gammertingen (ehemaliges Schloss, heute Rathaus), das stolze Hohenzollernschloss Sigmaringen (s. Titelbild), Pfullendorf, das Renaissanceschloss Meßkirch, Leibertingen mit Burg Wildenstein, Kloster Beuron im Donautal, Burg Straßberg und das Zollernschloss Balingen zurück nach Haigerloch gestalten. Den offiziellen Anfangspunkt in Sulz am Neckar mit dem Wasserschloss Glatt sollte man keinesfalls auslassen! Die Hohenzollernstraße lässt sich auch per Rad erkunden oder – in verkürzter Form – auf einem Rundwanderweg in elf Tagesetappen (Pauschalangebote für Wandern ohne Gepäck).

Aber nicht nur Burgen, zahllose Ruinen, Schlösser und historische Orte lohnen den Weg, sondern auch die unterschiedlichen Landschaftsformen vom oberen Neckar über das Albvorland, die Schwäbische Alb, das Donautal und weite Teile Oberschwabens bis in die Nähe des Bodensees.

Für Musikfreunde bietet der Verein Hohenzollernstraße ein Faltblatt mit den Schlosskonzerten entlang der Hohenzollernstraße. Manche der Konzerte finden in Kirchen, wie der Stadtkirche von Balingen (15./16. Jh.) oder der Klosterkirche Mariaberg, statt.
www.hohenzollernstrasse.de

Zollernalb geologisch

Die markante Lage der Burg Hohenzollern regt dazu an, sich auch mit der Geologie der Region zu beschäftigen. Dafür bieten sich im Geopark Schwäbische Alb, der 2004 die international begehrte Auszeichnung als Mitglied des »Global Network of UNESCO Geoparks« erhielt, gute Gelegenheiten.

Die Zollernalb liegt im Westen dieses Geoparks, wo die Berge der Alb am höchsten sind. Aber weit beeindruckender als ihre Höhe ist ihre Anordnung – fast in Reih und Glied stehen sie in der Landschaft – und ihre markante Form mit den ebenen Gipfelplateaus und den steilen Hängen zu jeweils einer Seite.

Dieses typische Bild einer Schichtstufenlandschaft, der Albtrauf mit seinen vorgelagerten Zeugenbergen, lässt sich dank verschiedener sehr anschaulicher Lehrpfade gut studieren. Auf dem Naturlehrpfad Zollerblick in Haigerloch gibt es das Panorama mit der Burg Hohenzollern als attraktive Zugabe zur Flora und Fauna. Zum lehrreichen touristischen Angebot des Geoparks gehören auch Erlebnispfade, das Kennenlernen von Höhlen, Dolinen, Quellen, Wasserfällen und Museen sowie Wanderungen mit Albführern. www.zollernalb.com

» Allgemeine Infos

Adresse: Burg Hohenzollern Verwaltung, 72379 Burg Hohenzollern (Gemarkung Bisingen), Tel. 0 74 71/ 24 28, www.burg-hohenzollern.de
Lage und Anfahrt: Die Burg liegt ca. 6 km südlich von Hechingen und ist über die A 81 Stuttgart–Singen (Ausfahrt Empfingen) zu erreichen. Vom Burgparkplatz geht es 15–20 Min. weiter auf einem relativ steilen Weg. Pendelbus im Sommerhalbjahr.
Öffnungszeiten: Innenräume nur mit Führung tgl. Mitte März–Ende Okt. 9–17.30 Uhr, Nov.–Mitte März 10–16.30 Uhr.

» Essen und Unterkunft

Burgschenke Hohenzollern, auf der Burg Hohenzollern, Tel. 0 74 71/23 45, www.brielhof.de. Das Restaurant (saisonale Spezialitäten) und die Gartenterrasse (Selbstbedienung) mit schönem Blick auf die Burggebäude werden vom Hotel Brielhof zu Füßen des Burgbergs betrieben. Im Winter Mo geschl. ❍
Restaurant Hofgut Domäne, Brielhof 1, 72379 Hechingen, Tel. 0 74 71/ 96 01 92 10, www.hofgut-domaene.de. Dieser schön restaurierte Gutshof, der bis ins 16. Jh. zurückgeht, hat weit mehr zu bieten als urige Stuben und einen großen Biergarten. Da wäre zunächst die leckere schwäbische Küche mit vielen Spätzle- und Maultaschenkreationen. Mindestens genauso beeindruckend ist jedoch der Eventkalender, der Rittermahle mit Livemusik, Bierproben oder Aufführungen im »Theatertrepple« verzeichnet. Im Sommer erklingt So/Fei um 11 Uhr Live-Musik aller Stilrichtungen. Kinder lieben den großen Streichelzoo des Hofguts.
Ein besonderes Angebot ist die abendliche Besichtigung der Burg Hohenzollern mit Fackelwanderung von der Burg hinab zum Hofgut, wo ein Lagerfeuer und ein Menü warten. ❍❍
Nouveau Relais Hotel Linde, Untere Vorstadt 1, 72458 Albstadt, Tel. 0 74 31/ 13 41 40, www.hotel-linde-albstadt.de. In einem alten Fachwerkhaus erwarten den Gast elegante Zimmer mit extragroßen Betten. Moderner Komfort und historisches Flair vereinen sich hier auf das Schönste. ❍❍

Die Meersburg

Die mächtige Residenz der Konstanzer Bischöfe mit wunderbarem Blick auf den Bodensee.

Die Meersburg, auch Altes Schloss genannt, rühmt sich, die älteste bewohnte Burg Deutschlands zu sein. Doch heute hat sie sogar mehr als Mittelalterliches zu bieten – u. a. die Räume einer Dichterin aus dem Münsterland, Annette von Droste-Hülshoff.

Eine erfolglose Belagerung

Eine Bischofswahl 1334 zwang den Hausherrn der Meersburg, Fürstbischof Nikolaus I. von Kensingen, seine Wehranlagen auf den neuesten Stand zu bringen. Kaiser Ludwig der Bayer wollte nämlich mit militärischen Mitteln den Wahlausgang nach seinen Wünschen gestalten und Albrecht von Hohenberg den Sieg zuschanzen.

400 Bergleute schlugen binnen kürzester Zeit einen 14 m tiefen Halsgraben aus dem Sandstein, der nur mit Hilfe einer Zugbrücke passiert werden konnte. Der Wellbaum zum Heraufziehen der Brückenplatte und die Rollen, über die die Ketten liefen, stehen heute noch am Burgeingang. Auch mit der Wasserversorgung gab es kein Problem, denn die Bergleute hatten einen bis zum Bodensee hinabreichenden Brunnen angelegt – und als »Hintertür« aus dem Pferdestall einen Geheimgang hinunter zum See, den man noch sehen kann. Vierzehn Wochen lang belagerten die Mannen des Kaisers die Meersburg vergeblich …

Unter dem Dagobertsturm

Der Sage nach soll Merowingerkönig Dagobert die Meersburg im 7. Jh. gegründet haben. Aus dieser Zeit ist jedoch keinerlei Bausubstanz erhalten; auch der Dagobertsturm genannte Bergfried datiert erst ins frühe 13. Jh. Mit dem Aussterben der Herren von Meersburg in der ersten Hälfte des 12. Jhs. fiel die Burg an den Konstanzer Bischof. Zunächst nutzte man sie nur als Sommerresidenz. Aus dem 13./14. Jh. stammen noch die Dürnitz, der älteste Innenraum der Burg, der schlichte Rittersaal sowie der Palas mit Teilen gotischer Ausstattung.

Die Reformation brachte große Veränderungen, denn in Konstanz bekannte man sich zum neuen Glauben. Die Bischöfe mussten sich auf das katholisch gebliebene Nordufer des Bodensees zurückziehen, und so wurde die Meersburg 1526 ständiger Bischofssitz. Aus diesem Anlass erhielt der Fürstensaal im 16. Jh. seine Renaissance-Ausstattung und die Bildnisse aus der fürstbischöflichen Zeit.

Nach rund 220 Jahren entsprach das mittelalterliche Gemäuer nicht mehr den Ansprüchen der Kirchenmänner. Sie ließen gegenüber das barocke Neue Schloss errichten. In die Burg zog die Verwaltung des Fürstbistums ein.

Dem Großherzogtum Baden, das nach der Säkularisation 1803 für kurze Zeit die Burg besaß, wurde der Unterhalt bald zu teuer – das Gemäuer wurde an Freiherr Joseph von Laßberg verkauft. Er richtete sich häuslich ein und holte 1841 sogar seine Schwägerin Annette von Droste-Hülshoff an den Bodensee, wo sie ihre letzten acht Lebensjahre verbrachte. 1877 ging die Burg in den Besitz des Münchners Karl Mayer von Mayerfels über, dessen Erben sie heute noch bewohnen.

Die Burg erleben

Auf eigene Faust kann man die Meersburg erkunden, ein gut ausgeschilderter **Rundgang** hilft dabei. Alle Räumlichkeiten, die zu einer Burg gehören, vom Verlies über Wehrgänge, Rittersaal und Burgküche bis zu den Gemächern, sind vorhanden und mit viel historischem Inventar ausgestattet.

Für Kinder, die schon lesen können, macht ein Quiz-Fragebogen das Erforschen der Burg noch spannender.

Der **Dagobertsturm** kann nur mit Führung (alle 15–20 Min., Nov.–März nur für angemeldete Gruppen) bestiegen werden.

Ein ganz anderes Gesicht, nämlich das des Biedermeiers, zeigt die Meersburg in den Räumen, die Annette von Droste-Hülshoff bewohnt hat.

Während des Sommers finden ca. alle 14 Tage **Konzerte** auf historischen Instrumenten mit Musik des Mittelalters und der Renaissance statt.

In der Umgebung

Meersburg

Ein mittelalterliches Stadtbild mit malerischen Gassen, die Burg, das barocke Schloss und acht Museen lohnen den Besuch. Vom milden Klima profitiert der hiesige Weinbau. Falls der See zum Baden zu kalt ist: Eine Attraktion für kleine und große Wasserratten ist die Meersburg-Therme direkt am Bodenseeufer. www.meersburg.de

Bodensee

Von den Anfängen des Menschen am »Schwäbischen Meer« erzählt das Archäologische Freilichtmuseum Pfahlbauten Unteruhldingen. Wie sehr die Region vom Klima begünstigt ist, zeigt sich auf der Blumeninsel Mainau, aber auch auf Reichenau. Dank der guten Schiffsverbindungen erreicht man an fast jeden Ort am See auf dem Wasserweg. www.bodensee-tourismus.com

Allgemeine Infos

Adresse: Burg Meersburg, Schlossplatz 10, 88709 Meersburg, Tel. 0 75 32/8 00 00, www.burg-meersburg.de
Lage und Anfahrt: Von den Parkplätzen am Rand der Altstadt ist der ca. zehnminütige Fußweg ausgeschildert.
Öffnungszeiten: März–Okt. tgl. 9 bis 18.30 Uhr, Nov.–Febr. tgl. 10–18 Uhr

Essen und Unterkunft

Burg-Café, Tel. 0 75 32/8 00 00. Im stilvollen Barocksaal des Alten Schlosses mit Blick auf den Bodensee oder auf der Aussichtsterrasse genießt man Kuchen, Eis und Pfannkuchen. ❍

Gasthof zum Bären, Marktplatz 11, 88709 Meersburg, Tel. 0 75 32/4 32 20, www.baeren-meersburg.de.
Im ältesten Gasthaus der Stadt mit seinem Türmchen warten romantische Zimmer, teils mit Erker, auf den Gast. Das Restaurant serviert deftige schwäbische Spezialitäten, Fisch aus dem Bodensee und Meersburger Weine. ❍❍

Hotel Zum Schiff, Bismarckplatz 5, 88709 Meersburg, Tel. 0 75 32/4 50 00, www.hotelzumschiff.de. Einschlafen zum Wellengeplätscher des Bodensees – diesen Traum erfüllt das Hotel mit Seeterrasse und Biergarten: Es ist nur fünf Meter vom Ufer enfernt. ❍❍

Veste Coburg

Die »Fränkische Krone« und
die Kunstsammlungen der Herzöge
von Sachsen-Coburg und Gotha.

Auf einem steil nach drei Seiten abfallenden Felsen liegt die Veste Coburg, eine der größten und besterhaltenen Burganlagen Deutschlands. Bauten vom Mittelalter bis ins 20. Jh. beherbergen mehrere Sammlungen, von Gläsern über Gemälde und Waffen bis hin zu Schlitten und Kutschen. Außerdem befindet sich hier eine der größten grafischen Sammlungen Deutschlands.

Ein Herzogtum in aller Welt

Das Haus Sachsen-Coburg und Gotha verfolgte seit dem Ende des 18. Jhs. eine überaus erfolgreiche Heiratspolitik. Friedlich eroberte man die wichtigsten Throne, und dabei vollzog sich der Wandel von einem kleinen, stark verschuldeten Herzogtum zu einer weltweit bedeutenden Dynastie.

1795 gelang der Herzogin Auguste, geborene Gräfin zu Reuß-Ebersdorf, Gemahlin von Franz-Friedrich Anton von Sachsen-Coburg-Saalfeld, der erste Coup in der »Heiratsoffensive«. Mit ihren drei Töchtern reiste sie nach St. Petersburg, da Katharina die Große für ihren 16-jährigen Enkel, Großfürst Konstantin, in den deutschen Fürstenhäusern nach einer Braut suchte. Die 14-jährige Juliane aus Coburg wurde ausgewählt, und Herzogin Auguste trat mit nur zwei Töchtern, dafür aber

Allgemeine Infos

Adresse: Kunstsammlungen der Veste Coburg, 96450 Coburg, Tel. 0 95 61/87 90, www.kunstsammlungen-coburg.de

Lage und Anfahrt: Die Veste liegt über der Altstadt und dem Hofgarten, Parkplätze befinden sich in der Brandsteinsebene und am Gustav-Freytag-Weg. Busverbindung ab Theaterplatz Coburg.

Öffnungszeiten: Ende März–Anf. Nov. tgl. 9.30–17 Uhr, Nov.–März Di–So 13–16 Uhr, Besichtigung des Kupferstichkabinetts nach Vereinbarung.

Essen und Unterkunft

Restaurant-Café Burgschänke, Veste Coburg 1b, 96450 Coburg, Tel. 0 95 61/ 2 34 31 94. Man speist rustikal unter historischen Decken oder auf der herrlichen Terrasse mit traumhaftem Blick über Coburg und Umgebung. Ritteressen ab 20 Personen. Im Winter Mo geschl. ❍❍

Hotel Festungshof, Festungshof 1, 96450 Coburg, Tel. 0 95 61/8 02 90, www.hotel-festungshof.de. Renommiertes Haus am Fuß der Veste. Freundliche, große Zimmer sowie ein Restaurant mit fränkischer Küche und mediterran geprägten Fisch- und Fleischspezialitäten. Wunderschöner Biergarten. ❍❍

Jugendherberge Coburg, Parkstr. 2, 96450 Coburg, Tel. 0 95 61/1 53 30, www.coburg.jugendherberge.de. Im Traumschlösschen der einst berühmten Sängerin Rosine Stoltz in einem Park am südlichen Stadtrand wurde diese Jugendherberge eingerichtet. Die Zimmer haben ihre romantische Ausstrahlung bewahrt. Dreibett- bis Sechsbettzimmer sowie Familienzimmer. ❍

mit 60 000 Rubeln für sich und jeweils 50 000 für die übrig gebliebenen Mädchen, den Heimweg an. Für die herzogliche Kasse war die Brautschau sehr erfolgreich gewesen, und Franz Friedrich Anton konnte trotz der finanziell angespannten Lage in seinem Herzogtum eine hochrangige grafische Kollektion aufbauen, die heute im Kupferstichkabinett auf der Veste zu sehen ist.

Als russische Großfürstin holte Juliane ihren Bruder Leopold an den Zarenhof, um ihn mit der britischen Thronerbin Charlotte bekannt zu machen. Die beiden heirateten, jedoch verstarben Charlotte und ihr erstes Kind, das König von Großbritannien geworden wäre, im Wochenbett.

Leopolds Ambitionen in London waren dahin; stattdessen nahm er 1831 die Wahl zum König von Belgien an. Auf dem Thron engagierte er sich weiter in der Heiratspolitik, so dass man ihn bald als »Onkel Europas« bezeichnete. Seine Verwandtschaft brachte er in den bedeutendsten Fürstenhäusern unter. Auf den Thronen von Großbritannien, Portugal, Württemberg, Bulgarien, Österreich, Italien, Luxemburg und Mexiko, wo seine Tochter Charlotte zur Kaiserin aufgestiegen war, saßen Mitglieder des Hauses Sachsen-Coburg-Saalfeld. Besonders mit dem britischen Thron wurden dank der neun Kinder und vielen Enkel von Queen Victoria und ihrem Prinzgemahl Albert von Sachsen-Coburg und Gotha viele Königshäuser verwandtschaftlich verbunden: das deutsche, griechische, spanische, norwegische, rumänische, jugoslawische, schwedische und dänische.

› Veste Coburg – Die Fränkische Krone

Ein dreifacher Mauerring schützt eine der größten Burgen Deutschlands auf einem 135 x 260 m großen Felsplateau, das die Stadt Coburg um 167 m überragt. Schon eine fränkische Fliehburg soll sich in dieser im Wortsinne herausragenden Lage befunden haben. Gesichert sind die Anfänge der »Koburk« im 11. Jh., zunächst als Propstei des Klosters Saalfeld. Eine Burg auf diesem Felsen war bestens geeignet, um die bedeutende Handelsstraße von Italien über Nürnberg nach Erfurt bzw. Leipzig zu schützen.

Besucher von heute genießen die weite Aussicht über das Frankenland, die einst strategisch so wichtig war. Sie reicht vom Thüringer Wald bis zum Fränkischen Jura und dem Staffelberg im Maintal, im Westen bis zur Rhön und im Osten bis zum Frankenwald und zum Fichtelgebirge.

› Die drei Bauphasen

Drei große Bauphasen erlebte die ausgedehnte Burganlage. Die erste dauerte von ihrer Gründung bis zu einem schweren Brand im Jahr 1499. In dieser Epoche entstanden Gebäude mit mächtigen Buckelquadern, wie sie am Blauen Turm (um 1230), dem ältesten erhaltenen Bau der Veste, noch zu sehen sind. Zwischen dem Blauen Turm und der Steinernen Kemenate dehnte sich der sonst nicht weiter bebaute Bereich der Vorburg aus, während in der östlichen Hälfte des Burggeländes ein steinerner Palas, eine Kapelle und ein frei stehender Bergfried zu finden waren.

Ab 1500 wurden zahlreiche Gebäude errichtet, und die Veste erhielt weitgehend ihr heutiges Aussehen. Zu den Formen der Spätgotik kamen die der Renaissance. Ein Beispiel dafür ist die Große Hofstube (1504) im Obergeschoss der Steinernen Kemenate. Hier steht der mittlerweile älteste und einzige vollständig erhaltene gusseiserne Ofen Deutschlands, der 1501 gebaut wurde. An den spätmittelalterlichen Festsaal schließen sich die Lutherzimmer an, die an den berühmten Gast auf der Burg 1530 erinnern. Prunkvolle Raumgestaltung im Stil der Renaissance präsentiert die Hornstube von 1632. Mit den Jagdszenen in 60 Holzintarsienbildern gehört die Wandvertäfelung zu den Meisterwerken der deutschen Spätrenaissance. Nicht minder prächtig fiel die Kassettendecke aus.

Dieses Jagdintarsienzimmer fällt bereits in die dritte Epoche in der Baugeschichte, denn es wurde erst zwischen 1825 und 1840 auf der Veste eingefügt. In jener Zeit begann Herzog Ernst I., die Burg für museale Zwecke umzubauen. Die Sammlungen, die seine Vorfahren zusammengetragen hatten, verlangten nach angemessenen Räumlichkeiten, um sie dem Publikum zu präsentieren. Zum anderen wollte der Hausherr im Sinne der Burgenromantik des 19. Jhs. seiner Veste wieder ein älteres Aussehen geben.

Doch diese Veränderungen sollten schon rund fünfzig Jahre später wieder rückgängig gemacht werden. Der Burgenbauer und Begründer der Deutschen Burgenvereinigung, Bodo Ebhardt, ließ die romantischen Veränderungen, so zum Beispiel am Fürstenbau, entfernen und Bauten wie die Burgschänke neu errichten.

Der Fürstenbau diente noch bis 1945 als Wohnung der herzoglichen Familie. Zum Ende des Zweiten Weltkriegs fügten amerikanische Truppen der Veste, vor allem dem Herzoginbau, dem Hohen Haus und dem Carl-Eduard-Bau, schwere Schäden zu. Ab 1946 wurde die Veste Coburg umfangreich restauriert, dabei entstand eine Ausstellungsfläche von rund 4000 m^2.

› Die Burg erleben

Der im März 2008 wiedereröffnete **Fürstenbau** vermittelt einen guten Eindruck vom Leben eines kleinen, aber bedeutenden Fürstenhauses.

In der Steinernen Kemenate befindet sich die **Gemäldesammlung altdeutscher Meister** der Dürerzeit mit Werken z. B. von Lucas Cranach, Hans Holbein d. Ä. und natürlich Albrecht Dürer. Auch mittelalterliche Skulpturen werden hier gezeigt.

Im Carl-Eduard-Bau sind das **Kupferstichkabinett** und die **Ausstellung des Glases und des Kunsthandwerks** untergebracht. Ersteres ist mit ca. 220 000 Blatt von rund 5000 Meistern aller Schulen Europas vom 15. Jh. bis zur Gegenwart weltweit bekannt und eine der wichtigsten grafischen Kollektionen Deutschlands. Letztere präsentiert Gläser, von venezianischen Kostbarkeiten bis zu Meisterwerken des Jugendstils. Historisches Mobiliar, Instrumente, Gobelins, Fayencen und Porzellan ergänzen die kunsthandwerklichen Sammlungen.

Der Herzoginbau präsentiert die große **Coburger Waffensammlung.**

› Feudale Tischkultur im Wohnzimmer des wieder eröffneten Fürstenbaus

Sie umfasst Waffen sowie Jagdausrüstung vom Mittelalter bis ins 19. Jh. In der **Wagen- und Schlittenhalle** im Erdgeschoss sind u. a. zwei verschwenderisch vergoldete Prunkwagen aus dem 16. Jh. zu sehen, mit denen Herzog Johann Casimir zu seinen beiden Hochzeiten fuhr.

Führungen durch die Sammlungen, auch kindgerechte, werden regelmäßig angeboten.

» In der Umgebung

Altstadt von Coburg

Viele Sehenswürdigkeiten in Coburg sind ebenfalls eng mit dem Hause Sachsen-Coburg und Gotha verbunden, denn natürlich hat die herzogliche Familie auch die Stadt zu Füßen des Burgbergs entscheidend geprägt. Das heutige Stadthaus wurde 1599 als herzogliche Kanzlei gebaut, im Prinzen-Palais wohnte Erbprinz Friedrich Anton, der Begründer der »Heiratsoffensive«, vor seinem Regierungsantritt. Aber auch der Marstall, die Herzogliche Reithalle, das Hoftheater und eine Reihe von Denkmälern erinnern an die Familie. Das Schloss Ehrenburg wurde im 16. Jh. von den Herzögen als Stadtresidenz errichtet. Als große Parkanlage, die ursprünglich nur von Mitgliedern des Hofs betreten werden durfte, verbindet der Hofgarten heute die Stadt mit der Veste.
www.coburg-tourist.de

Alte Hofhaltung und Neue Residenz Bamberg

Ein Spaziergang durch
800 Jahre repräsentatives Wohnen
der Bamberger Bischöfe.

Die beiden bischöflichen Residenzen in direkter Nachbarschaft des bedeutenden Domes haben einen großen Teil dazu beigetragen, dass die Bamberger Altstadt zum UNESCO-Weltkulturerbe ernannt wurde. Bereits ab 1007 war die Alte Hofhaltung erster Bischofssitz in der Stadt, die Neue Residenz diente bis 1802 als Amts- und Wohngebäude der Fürstbischöfe.

Vom »Bauwurm« der Schönborns

Eine ganz besondere Leidenschaft pflegte man in der Familie von Schönborn: das Bauen prächtiger Schlösser und Residenzen. Die fränkische Grafenfamilie war auf der Karriereleiter steil nach oben geklettert und hatten zeitweise sogar die Bischofsstühle in Würzburg, Mainz und natürlich Bamberg inne. Daneben besaß sie Residenzen in Trier, Worms und Speyer. Man konnte es sich leisten, gefragte Meister wie die Architekten Balthasar Neumann und Johann Leonhard Dientzenhofer zu engagieren. Der Palastbau in Franken verdankt keiner Dynastie so viel wie den Schönborns.

Lothar Franz von Schönborn (1655–1729), der Erbauer der Neuen Residenz, behauptete, dass er vom »Bauwurm« besessen sei. Neben all der Pracht, die sein Ansehen förderte, sah er sich aber auch als sozial engagierten Auftraggeber. Wovon sollten denn die Künstler leben, soll er seinen Neffen und Nachfolger Friedrich Karl gefragt haben, wenn es nicht auch die Narren gäbe, die sie beschäftigten? Der Neffe pflegte das Familien-Image weiter und ließ das Residenzschloss in Würzburg bauen (s. S. 205 ff.).

Die Alte Hofhaltung

Bereits im 11. Jh. besaßen die Bamberger Bischöfe eine Pfalz in der Nachbarschaft ihres Domes. Reste des frühen Mauerwerks sind noch in der Alten Hofhaltung zu sehen. Zwei Kapellen der Pfalz existieren ebenfalls noch und können besichtigt werden: Es sind die Thomaskapelle und die Katharinenkapelle, beide im Jahr 1020 geweiht. Das Äußere der Alten Hofhaltung wird heute jedoch von Bauten aus der späten Gotik und der Renaissance bestimmt. Aus dem späten 15. Jh. stammen die erhaltenen Fachwerkbauten im rückwärtigen Teil, die mit ihren Laubengängen dem Innenhof sein malerisches Aussehen geben.

Ab 1568 wurde am Domplatz im Stil der Renaissance neu gebaut, und es entstanden der Ratsstubenbau und die Schöne Pforte (1571–1573). Diese Räumlichkeiten kann man besichtigen, denn sie werden seit 1934 vom Historischen Museum der Stadt Bamberg genutzt. In der Alten Hofhaltung werden nach und nach weitere alte Räume wieder zugänglich gemacht, die das Historische Museum vergrößern sollen.

Die Neue Residenz

Im frühen 17. Jh. ließ Fürstbischof Johann Philipp von Gebsattel Großes am Domplatz bauen: 1604 bis 1612 entstand der zweiflügelige Gebsattelbau, der heute den westlichen Teil der

Neuen Residenz ausmacht. Zum Hof öffnet sich das Gebäude mit Arkaden, wie es für die Architektur der Renaissance typisch ist. Auch bei den Fensterrahmungen und bei der Gestaltung der Wendeltreppe lässt sich dieser Baustil an der Oberen Hofhaltung wiederfinden.

Nur 14 Tage nach seiner Wahl zum Fürstbischof von Bamberg am 16. November 1693 verhandelte Lothar Franz von Schönborn bereits mit dem Architekten Johann Leonard Dientzenhofer über einen Ausbau der »Oberen Hofhaltung«. Die Bauleidenschaft der Schönborns war jedoch bereits berühmt-berüchtigt, denn der frisch Gewählte musste umgehend geloben, keine neuen Schlösser zu bauen oder »kostbahrlich« reparieren zu lassen. Deswegen war zunächst auch nur die Rede von Verbesserungen im bereits bestehenden Gebsattelbau. Aber schon zwei Jahre später setzte sich Lothar Franz über diese Verpflichtung hinweg und ließ im großen Stil planen. Zwischen 1697 und 1703 wurden die beiden langen Gebäudeflügel errichtet, die den Domplatz nun im Westen und Osten rahmen.

› Die Innenräume der Neuen Residenz

Mehr als 40 Prunkräume sind im Dientzenhoferbau heute zu besichtigen; sie zeichnen ein eindrucksvolles Bild von fürstlicher Raumgestaltung mit Stuckdecken, wertvollem Mobiliar und gewirkten Teppichen.

Der Höhepunkt aller Pracht findet sich im Kaisersaal. Der Würzburger Hofmaler Melchior Steidl, ein gebürtiger Tiroler, erhielt den Auftrag, den wichtigsten Saal der Residenz zu gestalten. Thema sollte die Verherrlichung von Kaisern seit der Antike sein. Dies verstand zu jener Zeit niemand als nüchterne Nachhilfestunde im Fach Geschichte, sondern vielmehr als Demonstration der eigenen großen Vergangenheit und Bedeutung: Für einen barocken Herrscher wie den Bamberger Fürstbischof war es selbstverständlich, sich auf diese Weise in die lange Reihe mächtiger Landesherren einzuordnen.

Zwischen 1707 und 1709 malte Melchior Steidl die Standbilder von Kaisern – vom Mittelalter bis zum gerade regierenden Joseph I. – an die Wände. Über den vier Türen und 14 Fenstern sind bedeutende Kaiser des west- und oströmischen Reiches in Medaillons zu sehen. In die Ecken des Saales platzierte Steidl Szenen, die die vier Weltmonarchien der Antike symbolisieren.

An diesen Prunksaal im zweiten Obergeschoss schließt sich das Kaiserappartement an, das der Fürstbischof eigens für solch hochrangigen Besuch errichten ließ. Zu dem kaiserlichen Gästequartier gehören mehrere prächtig mit Stuck und Wandmalereien ausgestattete Räume. Die fürstbischöflichen Wohnräume liegen einen Stock tiefer. Sie sind nicht so einheitlich in ihrer Gestaltung, denn schließlich wandelte sie jeder neue Hausherr nach seinem Geschmack wieder ab. Vom Interieur des Spätbarocks über Ausstattungen des Rokokos bis hin zum Klassizismus reicht die Palette.

Nachdem der letzte Fürstbischof von Bamberg, Christoph Franz von

› Die Fischerhäuser von Bamberg – »Klein-Venedig« an der Regnitz

Busek, 1805 in der Neuen Residenz gestorben und das Fürstbistum aufgelöst worden war, diente das Schloss verschiedenen bayerischen Herrschern als Wohnsitz.

› Der Rosengarten

Im Hof der Neuen Residenz breitet sich ein Rosengarten mit schönem Blick auf die Dächer der Altstadt aus. Wie die Gebäude ringsum hat auch der Garten seine kleine Geschichte, die bis ins späte 16. Jh. zurückreicht. Die heute erhaltene, streng symmetrische Anlage entstand im Jahr 1733 unter dem Fürstbischof Friedrich Karl von Schönborn. Die Pläne dazu lieferte niemand Geringeres als Stararchitekt Balthasar Neumann. In der Mitte des 18. Jhs. kamen die Rokoko-Elemente wie der Gartenpavillon und die verschiedenen Skulpturen hinzu. Im Sommer bildet die blühende Pracht eine duftende Kulisse für die Rosengarten-Serenaden.

Geöffnet März–Sept. tgl. 9–18 Uhr, Okt.–Febr. 9–16 Uhr, im Winter bei schlechter Witterung geschlossen.

› Die Bischofsresidenzen erleben

In der **Alten Hofhaltung** hat das **Historische Museum der Stadt Bamberg** seine Räume (Öffnungszeiten siehe Kasten S. 204).

In der **Katharinenkapelle** wird die Stadtgeschichte als Schattentheaterstück »Licht und Schatten in Bamberg« inszeniert (April–Okt. Sa 17 und 19.30 Uhr, So 11 Uhr). Im Innenhof der Alten Hofhaltung finden im Sommer **Theateraufführungen** statt.

Ein Teil der historischen Räume der **Neuen Residenz** ist mit **Führung** zu besichtigen, ein anderer Teil im Dientzenhoferbau wird von der Staatsbibliothek genutzt.

Der Gebsattelbau beherbergt die **Altdeutsche Galerie** und die **Barockgalerie** der Staatsgalerie.

In der Umgebung

Bamberger Altstadt
Viel Zeit sollte man der Bamberger Altstadt widmen – sie ist UNESCO-Welterbe. Das Alte Rathaus auf einer Insel in der Regnitz ist ebenso sehenswert wie die Benediktinerabtei Michaelsberg und die vielen Kirchen und Klöster. Wunderschön sind die Fischerhäuser an der Regnitz. Ebenfalls auf der rechten Flussseite entfaltet sich die Pracht barocker Stadtplanung am Grünen Markt und am Maxplatz mit dem Neuen Rathaus. Tipp: die Nachtwächter-Führung im Sommer Do, Fr, Sa um 21 Uhr. www.bamberg.info

Schloss Seehof
In Memmelsdorf ließen sich die Bamberger Fürstbischöfe im späten 17. Jh. die Marquardsburg, besser bekannt als Schloss Seehof, als Sommersitz vor den Toren der Stadt errichten (April–Okt. Di–So 9–18 Uhr). Im Barockgarten aus dem frühen 18. Jh. sind von Mai bis Anfang Okt. die Wasserspiele zu bewundern (tgl. 10–17 Uhr zur vollen Stunde; Garten ganzjährig geöffnet). www.schloss-seehof.de

Allgemeine Infos

Adresse: Schloss- und Gartenverwaltung Bamberg, Domplatz 8, 96049 Bamberg, Tel. 09 51/51 93 90, www.schloesser.bayern.de
Lage und Anfahrt: Die Alte Hofhaltung und die Neue Residenz liegen beide in direkter Nähe zum Dom. Da es dort keine Parkplätze gibt, empfiehlt sich der Bus 10 zur Haltestelle Domplatz.
Öffnungszeiten: Neue Residenz: April bis Sept. tgl. 9–18 Uhr, Okt.–März tgl. 10–16 Uhr. Historisches Museum der Stadt Bamberg in der Alten Hofhaltung: Mai–Okt. Di–So 9–17 Uhr, im Winter nur teilweise geöffnet.
Führungen: Im Rahmen der Dombergführungen (Neue Residenz, Alte Hofhaltung, Thomas- und Katharinenkapelle, Dom) mehrmals täglich.

Essen und Unterkunft

Schlenkerla, Dominikanerstr. 6, 96049 Bamberg, Tel. 09 51/5 60 60, www.schlenkerla.de. Am Fuß des Dombergs steht dieser Brauereiausschank, ein uriger historischer Gasthof, in dem das berühmte Rauchbier aus Eichenfässern gezapft wird. Dazu gibt es deftige Speisen. Im Winter Di geschl. ❍
Hotel Bambergerhof Bellevue, Schönleinsplatz 4, 96047 Bamberg, Tel. 09 51/9 85 50, www.bambergerhof.de. Historisches Luxushotel am Rand der barocken Bürgerstadt. Die Zimmer im Stil der Zeit um 1900 sind geräumig, hell und komfortabel. ❍❍
Romantik-Hotel Weinhaus Messerschmitt, Lange Str. 41,96047 Bamberg, Tel. 09 51/29 78 00, www.hotel-messerschmitt.de. Hotel im Geburtshaus des Flugzeugkonstrukteurs Willy Messerschmitt mit gemütlichen Zimmern und kleinem Wellnessbereich. Das angeschlossene Restaurant erfüllt auch Gourmetansprüche: Würstchen von Flussfischen auf Krebsrahm oder Gefüllte Kalbsschnitte »altfränkisch« sind nur zwei der Schmankerln, die Chefkoch Hermann Schiller kreiert. ❍❍

Bischöfliche Residenz Würzburg

Ein Meisterwerk des
Spätbarock und Rokoko von Weltrang
in der Würzburger Innenstadt.

Unter den baufreudigen Grafen von Schönborn schufen Künstler im 18. Jh. eine gigantische, prachtvolle Schlossanlage, die das Beste aus der europäischen Architektur und Kunst jener Zeit vereinigt. Seit 1981 gehört die ehemalige Residenz samt Hofgarten und Residenzplatz zum UNESCO-Welterbe.

Das weltberühmte Treppenhaus der Residenz

Dem erst 33-jährigen Architekten Balthasar Neumann (1687–1757) gelang mit der Residenz eine der eindrucksvollsten Raumschöpfungen barocker Profanarchitektur. Seine Pläne ließ Neumann von französischen Hofbaumeistern durchsehen, so dass Ideen der damals tonangebenden Architekten mit einflossen. Wie hervorragend auch die Statik geplant war, zeigte sich im Zweiten Weltkrieg, als das stützenfreie, 1743 vollendete Residenzgewölbe mit seinen Maßen von 18 x 30 m den Bomben standhielt.

Die Fläche, die den Treppenraum überspannt, bemalte Giovanni Battista Tiepolo 1752/53 mit einem Deckenfresko, das als das größte zusammenhängende der Welt gilt. Doch nicht nur die Dimension, auch die meisterliche Ausführung des frisch restaurierten Gemäldes ist von Weltrang. An die Ränder des antiken Götterhimmels setzte der Künstler Darstellungen der damals bekannten vier Kontinente als Frauenfiguren: Die Amerikanerin in wilder Gesellschaft von Krokodilen trägt einen Federkranz und man kredenzt ihr das Modegetränk des 18. Jhs. – einen Kakao. Eine schwarze Fürstin vertritt Afrika, Asien thront auf einem Elefanten und eine blonde Dame als Europa lauscht einem Konzert. In diesem illustren Kreis findet sich auch, lässig auf einem Kanonenrohr sitzend, der Architekt des genialen Raumes, Balthasar Neumann.

Das Prunkschloss der Schönborns

1683 beschloss das Würzburger Domkapitel, die Hofhaltung der Fürstbischöfe von der zu eng gewordenen Festung Marienberg in die Stadt zu verlegen. Der erste Bauherr war Fürstbischof Johann Philipp Franz von Schönborn, doch es dauerte drei weitere Amtszeiten der Schönborns, bis die Residenz vollendet war. Das riesige Bauprojekt sollte Macht und Einfluss der Familie repräsentieren.

Eine 168 m breite West- bzw. Hauptfassade und fast 400 Zimmer: Die Ausmaße der Würzburger Residenz sind wahrhaft gigantisch. Umso bemerkenswerter ist es, dass die Anlage nach einem einheitlichen Plan erbaut wurde und vollkommen geschlossen wirkt. Drei Generationen von Künstlern und Kunsthandwerkern aus ganz Europa schufen das monumentale Gesamtkunstwerk des 18. Jhs. Die Architektur lässt sich dem späten Barock zuordnen, die Ausstattung der meisten Säle und Kabinette dagegen schon dem Rokoko.

Die Kaiserzimmer und der Kaisersaal wurden äußerst prunkvoll eingerichtet, um den obersten Landesherrn standesgemäß beherbergen zu kön-

› 1720–1744 entstand der Rohbau, bis 1780 war die Innenausstattung fertig

nen. Die Gästeappartements der Kaiserzimmer bilden eine über 160 m lange Raumflucht – eine sog. Enfilade – mit dem Kaisersaal als Mittel- und Höhepunkt. Der Kaisersaal diente auch der Verherrlichung des Reiches und seiner bis zu den mittelalterlichen Kaisern zurückreichenden Historie. Tiepolo schuf die Deckenfresken: Sie zeigen die Trauung von Kaiser Barbarossa und Beatrix von Burgund im Jahr 1156 (Restaurierung bis 2009).

Nicht minder symbolträchtig ist die Ausstattung der Kaiserzimmer, deren Mobiliar auch den hohen Stand des Würzburger Rokokos verdeutlicht. Besonders luxuriös ist das Spiegelkabinett, das nach den Kriegszerstörungen 1979 bis 1987 rekonstruiert wurde.

Im Vergleich zu diesen üppig dekorierten Sälen geriet das nördliche kaiserliche Schlafzimmer (Napoleonzimmer) eher schlicht; dreimal übernachtete Napoleon darin. Hier zeigt sich, ebenso wie in den Ingelheimzimmern, die zwischen 1776 und 1781 als Wohnung des Fürstbischofs entstanden, mit dem klassizistischen Interieur bereits eine neue Stilepoche.

An dem 1765/66 fertiggestellten Schloss, das als Haupt- und Winterresidenz gedacht war, konnte sich der Fürstbischof jedoch nicht lange erfreuen. Mit der Säkularisation 1802 verloren die Kirchenfürsten ihre weltliche Macht, ihre Fürstbistümer wurden aufgelöst, und so kam Würzburg 1814 zum jungen Königreich Bayern.

Die Wittelsbacher nutzten das Schloss als Nebenresidenz, bis es nach dem Ende der Monarchie in Bayern 1921 zum Museum umfunktioniert wurde.

› Das Schloss erleben

Die **Standard-Schlossführungen** leiten bis zu 40 Personen durch die 40 zu besichtigenden Räume; bei mehr als 300 000 Besuchern im Jahr sind solche Dimensionen verständlich.

Vom Residenzplatz gelangt man in die **Hofkirche,** die 1732/34 als Teil des südlichen Schlossflügels erbaut wurde und von außen gar nicht als Kirche erkennbar ist. Das relativ kleine Gotteshaus gehört zu den vollkommensten deutschen Sakralbauten des 18. Jhs. Konzipiert wurde es von Balthasar Neumann. Der 1735 bis 1743 gestaltete Innenraum ist ein Fest fürs Auge: Die Dekoration stammt teilweise von Lucas von Hildebrandt, die während des Krieges zerstörten Deckenfresken sind Rekonstruktionen. Original erhalten sind zwei Altarblätter (Tiepolo, 1752) an den Seitenaltären. Eines zeigt die »Himmelfahrt Mariens« (links), das andere den »Himmelssturz«.

Im Verhältnis zur Größe der Residenz musste der **Hofgarten** kleiner ausfallen: Hofgärtner Johann Prokop Mayer kämpfte mit dem schwierigen, da ansteigenden und in den Spitzen ehemaliger Bastionen der Stadtbefestigung endenden Gelände am Rand der Stadt. Diese Spitzen geben der Anlage auf der Ostseite ihren Abschluss. Die Begrenzung erleichterte die Planung und Unterteilung in verschiedene Bereiche, wie den Ostgarten, die Terrasse auf der Bastionsspitze, den Südgarten oder den Küchengarten. Die Gestaltung zeigt viele Variationen der Gartenarchitektur des Rokokos.

Im Südflügel präsentiert das **Martin von Wagner Museum** eine Kollektion europäischer Malerei vom späten Mittelalter bis zum 20. Jh., eine Antiken- und eine Graphische Sammlung.

› Feste in der Residenz und dem Hofgarten

In der zweiten Maihälfte ist das **Barockfest des Fränkischen Weinbauverbandes** ein doppeltes Erlebnis: Einem Konzert im Kaisersaal folgt ein Frühlingsmenü mit Würzburger Wein. Selbstverständlich sind die drei Weingüter der Stadt dabei: der Staatliche Hofkeller, das Juliusspital und das Bürgerspital Zum Heiligen Geist.

Das **Mozartfest der Stadt Würzburg** im Juni/Juli bietet klassische Konzerte mit renommierten Künstlern im Kaisersaal, im Hofkeller, im Bürgerspital und an anderen historischen Orten. Rundherum gibt es ein üppiges Kulturprogramm. Ein besonderes Schmankerl sind die Nachtmusiken im illuminierten Hofgarten (www.mozartfest-wuerzburg.de).

Ende Juni bietet der prachtvolle Hofgarten der Residenz die einmalige Kulisse für das **Weinfest des Staatlichen Hofkellers** (www.hofkeller.de).

Am ersten Samstag im Oktober bildet die Residenz den Rahmen für die **Residenznacht der Schloss- und Gartenverwaltung Würzburg,** eine Museumsnacht mit Musik, Tanzaufführungen etc. für Jung und Alt (www.schloesser.bayern.de, www.residenz-wuerzburg.de).

In der Umgebung

Festung Marienberg
Die erste Residenz der Würzburger Fürstbischöfe mit tollem Blick über die Altstadt thront über dem linken Mainufer. Nach langer wechselvoller Geschichte dient sie musealen Zwecken: Das Fürstenbaumuseum zeigt Möbel, Wandteppiche und Gemälde sowie die Schatzkammer, das Mainfränkische Museum präsentiert Festungs- und Stadtgeschichte.
www.schloesser.bayern.de

Maintal
Steile Weinberge wechseln ab mit sanften Wiesen und Feldern. Am Fluss reihen sich kleine historische Altstädte und romantische Fachwerkdörfer aneinander. Immer wieder gibt es zwischen all den kulturellen Schätzen und Sehenswürdigkeiten kulinarische Verlockungen in Weinstuben und Winzerhöfen. Viele Veranstaltungen rund um den Wein gehören zu den Attraktionen der Weinbauregion. Auf Sportliche wartet der Main-Radwanderweg, der den vielen Flussschlingen folgt.

Allgemeine Infos

Adresse: Schloss- und Gartenverwaltung Würzburg, Residenzplatz 2, 97070 Würzburg, Tel. 09 31/35 51 70, www.schloesser.bayern.de, www.residenz-wuerzburg.de.

Lage und Anfahrt: Die Residenz in der Würzburger Innenstadt auf der rechten Mainseite ist mit den Trambahnen 1, 3 und 5 sowie mit den Bussen 9 und 14 zu erreichen. Parkplätze (Gebühr) vor der Residenz.

Öffnungszeiten: Residenzführung April–Okt. tgl. 9–18 Uhr, Nov.–März tgl. 10–16.30 Uhr, Hofgarten mit Orangerie: tgl. bis Einbruch der Dunkelheit. Man kann die Residenz auch ohne Führung besichtigen, gelangt dann jedoch nicht in die südlichen Kaiserzimmer und das Spiegelkabinett.

Essen und Unterkunft

Backöfele, Ursulinergasse 3, 97070 Würzburg, Tel. 09 31/5 90 59, www.backoefele.de. Fränkische Küche und Weine. Die Gaststube und der malerische Innenhof des alten Anwesens sind rustikal und gemütlich. OO

Wein- und Gasthaus Zum Stachel, Gressengasse 1, 97070 Würzburg, Tel. 09 31/5 27 70, www.weinhaus-stachel.de. In einem mittelalterlichen Gebäude mit langer Gasthoftradition gibt es regionale Küche: Fisch, Wild, Käse und natürlich Wein. So geschl. OO

Weinstube Juliusspital, Juliuspromenade 19, 97070 Würzburg, Tel. 09 31/5 40 80, www.juliusspital.de. Zu Weinen aus der Region werden passende Schmankerln kredenzt: Fisch aus dem Main oder eine herzhafte Brotzeit. OO

Best Western Premier – Hotel Rebstock, Neubaustr. 7, 97070 Würzburg, Tel. 09 31/3 09 30, www.rebstock.com. Hinter der rosafarbenen Rokokofassade eines Palais verbirgt sich ein Vier-Sterne-Hotel. Die 72 Zimmer sind wunderschön eingerichtet, teils mit Antiquitäten. Das Restaurant Rebstock bietet eine vielfach ausgezeichnete Küche, die Fränkisches und Mediterranes raffiniert verbindet. OO

Willibaldsburg

In Eichstätt locken ein Besuch beim Archaeopteryx und ein Spaziergang durch den historischen Bastionsgarten.

Von Anfang an war die Willibaldsburg kein reiner Festungsbau, sondern auch fürstlicher Wohnsitz der Bischöfe von Eichstätt. Im Stil der Renaissance wurde die Burg aufwendig umgebaut und ein botanischer Garten angelegt. Noch heute beeindruckt vor allem der Gemmingenbau über der Altmühl, der sich von außen abweisend und wehrhaft präsentiert.

Sieben Hirsche zur Grundsteinlegung

Nach Überlieferung des Architekten Elias Holl war die Grundsteinlegung des Schlosses im Mai 1609 ein pompöses Fest. »Ihro Churfürstliche Gnaden«, der Bischof Johann Konrad von Gemmingen, war im prächtigen Ornat in Begleitung der »fürnehmsten« geistlichen und weltlichen Herren auf den Schlossberg gekommen. In den ersten Stein des neuen Schlosses hatte man ein Loch gehauen, in das der Bischof goldene und silberne Münzen »in ziemlicher Anzahl« hineinlegte, dazu noch ein zweifaches Glas mit rotem und weißem Wein sowie einen Zettel, auf dem die Namen der wichtigsten Anwesenden standen.

Als der Grundstein mit einem zweiten Stein bedeckt wurde, schallten Heerpauken und Trompeten durch das Altmühltal, und sämtliche Kanonen wurden dreimal abgefeuert, so dass man meinen konnte, »es werde der Berg zusammen einfallen«. Anschließend gab es eine stattliche Mahlzeit, und auf das Glück des neuen Baus wurde »mächtig« getrunken. Danach veranstaltete der Bischof zu Ehren seiner Gäste eine Jagd, bei der sieben große Hirsche erlegt wurden – eine hervorragende Grundlage für das nächste Festessen.

Sicher vor den Bürgern

1355 war es für den Eichstätter Bischof in der Stadt wegen der nach Selbstständigkeit strebenden Bürger zu unsicher geworden, so dass er sich für einen wehrhaften Wohn- und Amtssitz außerhalb der Stadt entschied und die erste Willibaldsburg errichten ließ.

Für seine Nachfolger müssen die Zeiten auch nicht viel besser gewesen sein, denn die mittelalterliche Burg erlebte immer wieder erhebliche Um- und Ausbauten. In der zweiten Hälfte des 16. Jhs. errichtete Martin von Schaumburg den nach ihm benannten Bau, der jedoch im 19. Jh. eingeebnet wurde.

Die Veränderungen seines Nachfolgers Johann Konrad von Gemmingen im frühen 17. Jh. sollten dagegen von längerer Dauer sein: Der sogenannte Gemmingenbau ist heute der besterhaltene Teil der Willibaldsburg. Dieses frühe Barockgebäude prägt mit seinen beiden Ecktürmen, die einst noch Zwiebelhauben trugen, die eindrucksvolle Ansicht aus der Ferne. Auch die Befestigung seiner Residenz ließ der Hausherr mit neuen Bastionen noch einmal verstärken.

Rund hundert Jahre später hatten sich die Beziehungen zu den Eichstätter Bürgern deutlich verbessert, und der Bischof konnte es um 1730 wagen, seine Hofhaltung in die Stadt, in die

Nachbarschaft des Domes, zu verlegen und dort eine neue, bürgernahe Residenz zu beziehen.

Das Schicksal der Willibaldsburg sah danach wenig erfreulich aus: Sie wurde im Inneren teilweise sehr verändert, denn das dicke Gemäuer diente zunächst als Zuchthaus. Dann verfiel die Burg zunehmend; man nutzte sie sogar als Steinbruch. Der Schaumbergbau, der ehemalige Löwenturm und die sogenannten Kurtinenhäuser wurden im 19. Jh. eingeebnet. Damit fiel die gesamte südwestliche Bebauung der Willibaldsburg zwischen der Schellenbergbastion und der Schildmauer der Zeit zum Opfer.

Zwischen 1970 und 1976 wurde das Innere des Gemmingenbaus umgestaltet, um Räumlichkeiten für das Jura-Museum zu schaffen. Man verzichtete darauf, zerstörte Bauteile zu rekonstruieren und setzte bewusst moderne Elemente in die historische Bausubstanz. Dem Besucher soll sofort der Kontrast zwischen dem Gemäuer des 17. Jhs. und den modernen Veränderungen auffallen. Karljosef Schattner, der Diözesanbaumeister des Bistums Eichstätt, prägte die Altstadt von Eichstätt mit seinem Verständnis von modernem Bauen in historischer Umgebung. Und nun ist auch die Willibaldsburg außerhalb der Altstadt ein Beispiel für die Kombination kontrastreicher und sich trotzdem harmonisch ergänzender Baustile.

› Die Burg erleben

Von der Ferne erweckt die Willibaldsburg, vor allem der Gemmingenbau, der als wehrhaftes Geviert über der Altmühl thront, noch einen sehr originalgetreuen historischen Eindruck. Im Inneren erwarten den Besucher jedoch keine Räumlichkeiten mit historischer Ausstattung mehr.

Zwei hochinteressante Museen haben in das teilweise rekonstruierte Gemäuer Einzug erhalten. Im **Jura-Museum** zeigt die Ausstellung der Staatlichen Naturwissenschaftlichen Sammlungen Fossilien der Solnhofener Plattenkalke. Diese Versteinerungen ermöglichen eine Zeitreise in eine rund 150 Millionen Jahre alte tropische Inselwelt, die von Fischsauriern, Krokodilen, Korallenfischen und Krebsen sowie von den berühmten Flugsauriern bevölkert war. Spektakulärstes Exponat ist ein Fossil des Urvogels Archaeopteryx, das in der Gegend gefunden wurde – eines von nur etwa zehn Exemplaren weltweit.
www.jura-museum.de

Die Sammlungen des **Museums für Ur- und Frühgeschichte** widmen sich der Entwicklungsgeschichte der Region von der Steinzeit bis zum Frühmittelalter. Herausragende Exponate sind die Skelette von Mammut, Höhlenhyäne und Rentier sowie Römerfunde und eine spätmerowingische Grabanlage. www.altmuehltal.de/eichstaett/ur-museum.htm

› Bastionsgarten

Der baufreudige Bischof von Gemmingen ließ einen botanischen Garten anlegen; Vorlage war das Buch »Hortus Eystettensis« (Der Eichstätter Garten) aus dem Jahre 1613 von Basilius Besler. 1998 konnte die Sammlung mit den teils vergessenen oder hier inzwi-

› Der Eichstätter Archaeopteryx im Jura-Museum

schen ausgestorbenen Pflanzen als Bastionsgarten auf der Schmiedebastion wieder eröffnet werden. Dafür mussten zahlreiche Pflanzen auch aus der ganzen Welt zusammengetragen werden, weil es sie in ihren alten Formen in Franken nicht mehr gab.
Geöffnet Ostern bis Mitte Okt. Di bis So 9–18 Uhr.

» In der Umgebung

Eichstätt

Die barocke Altstadt lockt mit ihren schönen Plätzen – Marktplatz und Residenzplatz –, aber auch mit ihren Straßen und Gassen zum ausgiebigen Bummeln und Verweilen. Eichstätt kann mit einem romanisch-gotischen Dom, dem barocken Bischöflichen Palais und einer Sommerresidenz mit Hofgarten aufwarten, außerdem mit verschiedenen Barockkirchen und Klöstern sowie schönen historischen Domherren- und Bürgerhäusern. Mannigfaltige Stadtführungen, Themenführungen oder geführte abendliche Spaziergänge laden zum Entdecken des »bayerischen Florenz« ein. www.eichstaett.de

Naturpark Altmühltal

Der Naturpark Altmühltal ist eine der populärsten deutschen Regionen für Wanderer, Radfahrer und Wassersportler. Neben dem Altmühltal-Radweg gibt es zahlreiche weitere schöne Radwege in die Seitentäler, wie zum Beispiel in das Urdonautal. Aber auch Wanderwege wie der Frankenweg, der Altmühltal-Panoramaweg, der Wallfahrerweg oder der Ostbayerische Jakobsweg durchziehen den Naturpark. Die Altmühl ist bei Kanu- und Kajakfahrern beliebt.

Für Fossiliensammler ist der Naturpark Altmühltal als Teil der südlichen Frankenalb ein Begriff. In Eichstätt am Blumenberg und in einigen anderen

Orten kann man in eigens dafür eingerichteten »Hobby-Steinbrüchen« auf die Suche nach den versteinerten Zeugnissen aus der Urgeschichte gehen. Auch Liebhaber römischer Geschichte werden im Altmühltal fündig. 2005 wurde der obergermanisch-raetische Limes in seiner gesamten Länge zum UNESCO-Weltkulturerbe ernannt. Ein großer Abschnitt des Limes verläuft durch das Altmühltal, wo an manchen Orten Wachtürme oder wie in Pfünz bei Eichstätt ein Teil des Römerkastells auf alten Fundamenten wieder aufgebaut wurden.
www.naturpark-altmuehltal.de

Altmühltherme Treuchtlingen
Ebenfalls im Naturpark Altmühltal sorgt die Thermenanlage in Treuchtlingen, etwa 27 km westlich von Eichstätt, für Wohlbehagen. Seit 2006 gibt es hier sogar eine Salzgrotte aus Salz vom Toten Meer. Kinder toben sich auf den Riesenrutschen aus oder versuchen, den Wogen im Hallenwellenbad standzuhalten. Ein Freibad, Solarien oder eine Saunalandschaft fehlen genauso wenig wie ein Restaurant und eine Cafeteria. In den letzten beiden Wochen der bayrischen Sommerferien ist die Therme geschlossen.
www.altmuehltherme.de

» Allgemeine Infos

Adresse: Willibaldsburg, Burgstr. 19, 85072 Eichstätt, Tel. 0 84 21/47 30, www.schloesser.bayern.de
Lage und Anfahrt: Hoch über der Altmühl südwestlich der Eichstätter Altstadt auf einem Felsen gelegen, Parkplätze unterhalb der Burg.
Öffnungszeiten: April–Sept. Di–So 9–18 Uhr, Okt.–März Di–So 10–16 Uhr.

» Essen und Unterkunft

Burgschänke, Burgstr. 19, 85072 Eichstätt, Tel. 0 84 21/8 04 44, www.burgschaenke.net. Im Innenhof der Willibaldsburg mit großem Biergarten und schönen Räumen, z. B. dem Rittersaal. Die Küche bietet Hausmannskost, auf Vorbestellung Gans- bzw. Entenessen (ab vier Pers.) sowie Ritteressen (ab 12 Pers.). Mo geschl. ❍
Schmankerlwirtshaus zur Krone, Domplatz 3, 85072 Eichstätt, Tel. 0 84 21/44 06, www.krone-eichstaett.de. Restaurant in einem ehemaligen Domherrenhof mit Festsaal, Domstube und Biergarten. Regionale Küche mit besten und frischesten Zutaten. ❍❍
Hotel Adler, Marktplatz 22, 85072 Eichstätt, Tel. 0 84 21/67 67, www.adler-eichstaett.de. Großzügige Zimmer in einem denkmalgeschützten Barockhaus. Einige Räume sind behindertenfreundlich ausgestattet (Aufzug!). Zertifiziert als »Wanderwirt« und »Fahrradfreundlich«. Frühstücksbüfett mit Vollwertkost und Bioecke. ❍❍
Hotel Braugasthof Trompete, Ostenstraße 3, 85072 Eichstätt, Tel. 0 84 21/9 81 70, www.braugasthof-trompete.de, auch Zimmer mit Bad/WC auf dem Gang. Historischer Gasthof in der Altstadt mit direktem Anschluss zu einem Radwanderweg. Große, helle Zimmer. Restaurant mit bayerischer Küche und mediterranen Spezialitäten; ruhiger Biergarten, sonnige Terrasse, Barbereich. ❍

Schloss Nymphenburg

Die prachtvolle barocke Sommerresidenz der bayerischen Kurfürsten und Könige in München.

Nur sieben Kilometer trennten die Herrschaften in ihrer Residenz in München von ihrem Sommersitz »draußen« zwischen Neuhausen und Obermenzing. Inzwischen liegen die einstigen Dörfer mitten in der Millionenstadt, aber die ausgedehnten Parkflächen und die Schloss- und Parkbauten versetzen Besucher noch heute in eine ganz andere Welt.

Von Parkburgen und Lusthäusern

Auch wenn sie das Wort »Burg« in ihren Namen tragen, so sind die Parkburgen von Nymphenburg alles andere als wehrhaft. Sie dienten als Schlösschen oder *maisons de plaisance.*

Die Badenburg (1718–1721) Max Emanuels ist das erste ganz dem Badevergnügen gewidmete Lustschlösschen Europas. Den über zwei Geschosse reichenden, aufwendig gestalteten Baderaum schmückt ein Deckenbild mit Nymphen. Für angenehm temperiertes Wasser im Bassin sorgte ein Warmwasserkessel mit durchlaufender Rohrschlange im Untergeschoss.

Die damals moderne Vorliebe fürs Exotische verkörpert die Pagodenburg (1716–1719). Ihr Name leitet sich von kleinen chinesischen Götterfiguren ab, die man Pagoden nannte. Im Stil der Chinamode des 18. Jhs. wurden einige Räume mit Lackmalerei und chinesischen Tapeten ausgestattet.

Rustikaler präsentiert sich die Magdalenenklause in einem einsamen Waldteil des Parks. In der künstlichen Ruine (1725–1728) gibt es einen als Grottenkapelle gestalteten Raum und klösterlich-streng gehaltene Zimmer.

Weniger besinnlich ging es in der Amalienburg zu, die 1734–1739 als Jagdschlösschen für Kurfürstin Amalia und ihr Hobby, die Fasanenjagd, errichtet wurde. Die spezielle Nutzung dieses Gebäudes lässt sich an den Namen der Zimmer, wie Jagdzimmer, Fasanenzimmer oder Hunde- und Gewehrkammer, ablesen. Der Spiegelsaal auf kreisrundem Grundriss mit seinen verspiegelten Wandfeldern und üppigem Stuck zählt zu den Hauptwerken des europäischen Rokokos.

Schloss und Park als Gesamtkunstwerk

Die fast 300-jährige Geschichte des Schlosses und die des Parks Nymphenburg sind untrennbar miteinander verflochten. Aus Dankbarkeit für die Geburt des Thronfolgers Max Emanuel 1662 schenkte Kurfürst Ferdinand Maria seiner Frau Henriette Adelaide große Ländereien. Nach Plänen des Bologneser Architekten Agostino Barelli wurde dort ab 1664 ein Sommerschloss mit einem kleinen Ziergarten an der Westseite errichtet.

Max Emanuel veränderte und vergrößerte das Schloss seiner Mutter wesentlich: Unter der Leitung Enrico Zuccallis entstanden ab 1701 nördlich und südlich des vorhandenen Schlossbaus je zwei dreigeschossige Wohnpavillons, die durch Galerien mit dem Mittelpavillon verbunden wurden. Im Norden wohnte der Kurfürst, im Süden die Kurfürstin, während sich in der Mitte die Prunkräume befanden.

› Rokoko in Vollendung: die Amalienburg im Nymphenburger Schlosspark

Auch die Gartenanlage ließ Max Emanuel erweitern – von Charles Carbonet, einem Schüler des Versailler Gartenarchitekten André Le Nôtre. Auf Carbonet geht wohl der Kanal zurück, der ab 1701 in der bereits vorhandenen Schneise angelegt wurde, um das Wasser aus der 2 km entfernten Würm in den Garten zu leiten.

1715 übernahm Joseph Effner die Bauleitung in Nymphenburg. Er wirkte nicht nur bei den Veränderungen des Schlosses mit, sondern entwarf auch die Parkburgen und gestaltete den großen Schlosspark weiter. Unter seiner Führung und mit Unterstützung durch Dominique Girard entwickelten sich Schloss und Garten zu der weithin gerühmten Barockanlage. Das Kanalsystem, eine Vielzahl von Wasserkünsten und die dafür notwendigen Pumpwerke wurden vollendet. Im Inneren des Schlosses vermittelt noch das nördliche Vorzimmer einen Eindruck von der Umgestaltung zu Beginn des 18. Jhs.: mit hellen Wandtäfelungen, vergoldeten Flachschnitzereien und Versailler Tafelparkett.

In der Mitte des 18. Jhs., zur Zeit des Kurfürsten Max III. Joseph, wurde das Schloss im Stil des Rokokos ausgestattet. Das Prunkstück aus dieser Epoche ist der Festsaal des Hauptschlosses: Der Steinerne Saal im Mittelbau mit einem Deckenfresko von Johann Baptist Zimmermann reicht vom ersten Obergeschoss bis unter das Dach.

Ab 1799 gestaltete Friedrich Ludwig von Sckell die Gartenlandschaft um. Ein englischer Landschaftspark war nun gefragt, doch Sckell ließ nicht alles umgraben: Das Gartenparterre am

Schloss blieb in vereinfachter Form erhalten, ebenso die Mittelachse des Kanals mit der Kaskade. Doch in den Bereichen jenseits der Mittellinie formte Sckell aus den barocken Anlagen einen scheinbar natürlichen Park, der bis heute weitgehend erhalten ist.

› Schloss und Park erleben

Viel Zeit und bequeme Schuhe braucht man für das Gesamtkunstwerk Schloss und Park Nymphenburg.

Bei einer **Schlossbesichtigung** wandert man individuell durch die Gemächer und Prunkräume. Die Schönheitsgalerie König Ludwigs I. von Bayern ermöglicht einen Vergleich von Schönheitsidealen damals und heute. Joseph Stieler malte die attraktiven Damen 1827–1850. Natürlich ist hier auch das Porträt der irischen Tänzerin Lola Montez zu sehen, mit der Ludwig I. eine turbulente Affäre hatte.

In der abwechslungsreichen **Parklandschaft** mit künstlichen Hügeln und Seen sind die Wasserflächen aus der Zeit des barocken Gartens sehenswert. Die **historischen Pumpwerke** in den Brunnhäusern des Schlossparks (Grünes Brunnhaus im »Dörfchen« und Johannisbrunnhaus im Schloss-Nordflügel) sind von Ostern bis Anfang Okt. tgl. 9–16 Uhr zu besichtigen.

In den Hallen der ehemaligen Pferdestallungen ist das **Marstallmuseum** untergebracht. Es zeigt u. a. historische Staats- und Galawagen, Prunkschlitten und Ausrüstung rund ums Pferd. An den Märchenkönig Ludwig II. erinnern prachtvolle Wagen und Schlitten im Stil des Historismus sowie 26 Porträts seiner Lieblingspferde.

Ebenfalls im Marstall befindet sich die Porzellansammlung der Familie Bäuml, das **Museum Nymphenburger Porzellan.** Kurfürst Max II. Joseph gründete die berühmte Manufaktur 1747. Von diesen Anfängen bis in die 1920er-Jahre wird die Entwicklung des edlen Kunsthandwerks in Nymphenburg lückenlos dokumentiert.

Das **Museum Mensch und Natur** im Nordflügel ist lebendig und unterhaltsam gestaltet. Besonderer Beliebtheit erfreut sich die Abteilung »Spielerische Naturkunde – nicht nur für Kinder«. Anders als im Schloss ist hier Anfassen, Ausprobieren und Knöpfe drücken ausdrücklich erwünscht – sehr zur Freude der Kids.

Veranstaltungen in Schloss und Park unter www.schloesser.bayern.de

» In der Umgebung

Botanischer Garten

Durch ein kleines Tor kann man vom Park direkt in den Botanischen Garten weiterwandern. Hier wachsen auf einer Fläche von 22 ha und in den über 4500 m² umfassenden Gewächshäusern rund 14 000 Pflanzenarten – damit gehört die Anlage zu den bedeutendsten Botanischen Gärten der Welt.

Münchner Residenz

Nicht nur der Vollständigkeit halber empfiehlt sich auch die Besichtigung der Residenz, die bis 1918 Wohn- und Regierungssitz des Hauses Wittelsbach war. Säle und Gemächer aus allen kunsthistorischen Epochen sind hier zu sehen, darunter mit dem Antiquarium der größte profane Renaissancesaal nördlich der Alpen oder elegante Rokokosäle, wie die Grüne Galerie mit ihrer bedeutenden Bildersammlung.

Die Schatzkammer der Wittelsbacher birgt Kostbarkeiten aus edelsten Materialien. Meisterwerke der Goldschmiedekunst von der Antike über das Mittelalter bis hin zu Barock und Klassizismus sind zu sehen, ebenso die bayerischen Kroninsignien.

Tritt man aus der Residenz heraus, steht man mitten in der Münchner Innenstadt, die zu weiteren Erkundungen und Besichtigungen verlockt.
www.schloesser.bayern.de

Allgemeine Infos

Adresse: Schloss- und Gartenverwaltung Nymphenburg, Eingang 19, 80638 München, Tel. 0 89/17 90 80, www.schloesser.bayern.de

Lage und Anfahrt: Schloss und Park liegen im Nordwesten Münchens. 450 Parkplätze am Schloss. Tram 17 (ab Hauptbahnhof) und Bus 51 bis Haltestelle »Schloss Nymphenburg«.

Öffnungszeiten: Schloss Nymphenburg, Amalienburg, Marstallmuseum/Porzellanmuseum: April–Mitte Okt. tgl. 9 bis 18 Uhr, Mitte Okt.–März tgl. 10–16 Uhr.

Museum Mensch und Natur:
Di, Mi, Fr 9–17, Do 9–20, Sa, So, Fei 10–18 Uhr, www.musmn.de
Badenburg, Pagodenburg, Magdalenenklause: April–Mitte Okt. tgl. 9–18 Uhr, Mitte Okt.–März geschl.
Park: Jan., Febr., Nov. 6.30–18, März 6–18.30, April, Sept. 6–20.30, Mai–Aug. 6–21.30, Okt. 6–19, Dez. 6.30–17.30 Uhr.

Essen und Unterkunft

Schlosswirtschaft Zur Schwaige, Schloss Nymphenburg, Eingang 30, 80638 München, Tel. 0 89/12 02 08 90, www.zur-schwaige.de. Am südlichen Schlossrondell liegt der denkmalgeschützte ehemalige Schwaigerhof. Jeder Raum hat seinen eigenen Charakter, und draußen unter alten Kastanien findet man einen der schönsten Biergärten Münchens. Die Schlosswirtschaft ist für bayerische Spezialitäten und ihre gehobene Spargelküche bekannt. ⚪⚪

Café im Palmenhaus, Schloss Nymphenburg, Eingang 43, 80638 München, Tel. 0 89/17 53 09, ww.palmenhaus.de. Zwischen Palmen, Euphorbien und Kakteen sitzt man in einem 1820 von Sckell errichteten Gewächshaus. Köstliche Kuchen und Torten sowie bayerische Küche sind als Stärkung nach dem Parkspaziergang willkommen. ⚪⚪

Hotel Laimer Hof, Laimer Str. 40, 80639 München, Tel. 0 89/1 78 03 80, www.laimerhof.de. Ruhig in einem Villenviertel 5 Min. vom Schloss gelegen, bietet die Hotelvilla 23 charmanthistorisch eingerichtete Zimmer. Die Turmzimmer werden gern von Romantikern gebucht. ⚪⚪

Romantik Hotel Insel Mühle, Von-Kahr-Str. 87, 80999 München, Tel. 0 89/8 10 10, www.weber-gastronomie.de. In der Inselmühle aus dem 14. Jh. wurde bis 1923 Korn gemahlen. Heute warten in dem 4-Sterne-Haus romantische Zimmer auf den Gast – rustikal-elegant eingerichtet und teils mit alten Balkendecken. Im Restaurant wird ambitioniert-traditionell gekocht. ⚪⚪

Schloss Neuschwanstein

Das Traumschloss
eines Königs, der seinen Beruf
verfehlt hat.

» In malerischer Lage auf einem zerklüfteten Felsen ließ König Ludwig II. von Bayern das wohl bekannteste seiner Schlösser errichten. Umgeben von den Helden der Sagenwelt zu leben – von Parzival, Lohengrin und Tannhäuser – war ihm jedoch nur für wenige Tage vergönnt.
Der Bau im Stil des romantischen Historismus, genauer der Neoromanik, mutet wie ein Schloss aus einem Märchenbuch an. Neuschwanstein ziert unzählige Postkarten, Bildbände und Poster und ist weit über Deutschlands Grenzen hinaus berühmt.

› Gedanken des Bauherrn

In einem Brief an seinen Freund Richard Wagner schrieb Ludwig II. im Mai 1868: »Ich habe die Absicht, die alte Burgruine Hohenschwangau bei der Pöllatschlucht neu aufbauen zu lassen im Styl der alten deutschen Ritterburgen ... Der Punkt ist einer der schönsten, die zu finden sind ... Auch Reminiscenzen aus Tannhäuser (Sängersaal mit Aussicht auf die Burg im Hintergrunde) und Lohengrin (Burghof, offener Gang, Weg zur Kapelle) werden Sie dort finden; in jeder Beziehung schöner und wohnlicher wird diese Burg werden als das untere Hohenschwangau, das jährlich durch die Prosa meiner Mutter entweiht wird; sie werden sich rächen, die entweihten Götter, und oben weilen bei uns auf steiler Höh', umweht von Himmelsluft.« So steht es im amtlichen Führer des Schlosses Neuschwanstein.

Bereits nach vier Jahren Regierungszeit in München wollte der junge König aus der ihm verhassten Residenzstadt fliehen und sich in der Berglandschaft des Allgäus auf einem steilen Felsen mit einem Märchenschloss direkt gegenüber dem Schloss Hohenschwangau (s. S. 246) sein Paradies auf Erden errichten lassen.

› Kulisse einer Theater- und Fantasiewelt

Am 5. September 1869 wurde der Grundstein gelegt. Für die Planungen war zunächst Baurat Eduart Riedel verantwortlich, der die Ideen des Bühnenmalers Christian Jank in Architektur umsetzte. Aber auch der König griff in die Planungen ein, ließ oftmals noch Änderungen vornehmen und beschäftigte sich besonders mit den Wandmalereien. 1874 trat Georg Dollmann die Nachfolge Riedels an, und er leitete die Arbeiten bis zum schicksalhaften Jahr 1886, in dem der »Kini« unter mysteriösen Umständen am 13. Juni im Starnberger See ertrank. Bereits am 1. August 1886 wurde das Schloss zur Besichtigung freigegeben.

Als Vorbild für sein Neuschwanstein wählte König Ludwig II. die Wartburg. Der fünfstöckige Palas, das herrschaftliche Wohngebäude, erinnert daran, aber auch die Bemalung des Speisezimmers mit Motiven des Sängerkriegs (s. S. 127 ff.). Trotzdem wurde Schloss Neuschwanstein keine Kopie einer mittelalterlichen Burg; es ist eine Neuschöpfung im Stil des Historismus, bei der die Formen der deutschen Spätromanik aus dem frühen 13. Jh. als Vorlagen dienten. Ein charakteristisches Detail, im oberen Schlosshof gut zu sehen, sind die verschiedenen Abwandlungen des Arkadenfensters: Von den Zwillingsarkaden mit zwei Bogenöffnungen bis hin zu Arkaden mit drei Öffnungen und verschieden gestalteten Umrahmungen reicht die Palette. Der Rundbogen der Romanik taucht nicht nur bei den Fenster- und Türöffnungen auf; er zeigt sich auch als Zierform auf dem Mauerwerk der Giebelwände.

Als Baumaterial verwendete man weißen Kalkstein aus dem nahen Steinbruch Alter Schrofen, der das märchenhafte Aussehen der historistischen Burg noch unterstreicht. Deutlich hebt sich davon der Torbau mit

› Der Thronsaal nimmt den ganzen Westteil des Palas ein

seinen roten Backsteinwänden und den gelblichen Sandsteintürmen ab.

Der Palas im Westen der Anlage beherbergt in seinem dritten und vierten Obergeschoss die Wohn- und Repräsentationsräume des Königs, die mit großem Aufwand gestaltet wurden.

› Das Schlafzimmer

Üppigste neugotische Schnitzereien finden sich im Schlafzimmer des Königs. Das Prunkbett erinnert mit seinen Schnitzereien aus Eichenholz an gotische Altäre; auch biblische Motive sind zu entdecken. Bei den auf Gobelinstoff gemalten Wandbildern, den Tonfiguren am Kachelofen und den Schnitzereien an der Ausgangstür kommen Ludwigs Vorlieben für Sagen und Opern, besonders denen von Richard Wagner, zum Tragen. Das Hauptthema ist hier »Tristan und Isolde«. Die Kapelle, die sich als Erker an das Schlafzimmer anschließt, zeigt den Namenspatron des Hausherrn, den hl. Ludwig bzw. König Ludwig IX. von Frankreich. Im Flügelaltar, in Wand- und Glasbildern huldigte Ludwig von Bayern seinem Namensvetter.

› Wohnzimmer und Arbeitszimmer

Das Wohnzimmer präsentiert eines der Lieblingsthemen des Königs, die Lohengrinsage. Manchmal kleidete sich Ludwig sogar in die Gewänder seines bevorzugten Helden, des Schwanenritters. Natürlich findet sich das edle weiße Tier in diesem Raum in geschnitzten Ausführungen, gestickt auf Vorhänge und sogar als Blumenbehälter aus Majolika auf dem Ofen. Im Arbeitszimmer steht dagegen alles unter dem Motto der Tannhäuser-Sage. Die Wandbilder erzählen die Geschichte, die auch auf der Wartburg spielt.

› Sängersaal

Große Auswirkungen auf den historistischen Burgenbau – nicht nur für

Neuschwanstein – hatten alte Sagen, die durch Richard Wagner und seine Opern »Tannhäuser« und »Lohengrin« wieder aktuell geworden waren. Bereits 1867 hatte man bei den damaligen Ausbauten auf der Wartburg (s. S. 127 ff.) einen Sängersaal geschaffen. Ludwig wollte nicht zurückstehen und ließ auch für sein Schloss einen Sängersaal planen. Die Wände schmücken Szenen aus der Parzivalsage.

Thronsaal

Der bedeutendste Saal des Schlosses ist – wie es schon seine Größe anzeigt – der Thronsaal. Nur er reicht über zwei Geschosse. In seiner Gestaltung erinnert der Prunkraum an prächtige Kirchenbauten im byzantinischen Stil, aber auch die Allerheiligenhofkirche in der Münchner Residenz stand hierfür Pate. Farbenpracht mit viel Gold bestimmt den Saal. Die beiden Säulenreihen, die andeuten, dass der Saal über zwei Geschosse reicht, täuschen kostbares Baumaterial vor. Mit rotbraunem Stuckmarmor soll der Anschein von Porphyr, mit blauem die Illusion von Lapislazuli erweckt werden.

Bei den Wandmalereien, die der König selbst zusammenstellte, stehen Themen aus der Antike, dem Alten Testament und dem Christentum im Vordergrund. Dazu gehören Abbildungen der zwölf Apostel und sechs heiliggesprochener Könige. Für Ludwig sollte sich der Traum, sich in dieser Gesellschaft auf den Thron setzen zu können, nicht erfüllen, denn er starb vor der Vollendung dieses Saales. Der geplante Thronsessel aus Gold und Elfenbein wurde nicht mehr gefertigt.

Modernster Komfort

So sehr Ludwig bei der künstlerischen Ausstattung an Altem hing, für den Alltag liebte er neuesten Komfort. Also gab es eine Heizung, fließendes Warmwasser und Toiletten mit Spülung. Seine Dienerschaft rief der »Kini« mit einer batteriebetriebenen Klingelanlage. Auch die Küche ließ er mit modernster Technik ausstatten: Über den Speiseaufzug wurde das Essen in vorgewärmtem Geschirr transportiert.

Das Schloss erleben

Bei über einer Million Besuchern im Jahr und Führungen in elf Sprachen sollte man sich nicht der Illusion hingeben, das Märchenschloss in Ruhe und mit Muße betrachten zu können. In der Hochsaison besichtigen jeden Tag bis zu 5000 Touristen aus aller Welt das Traumschloss des »Kini«!

Die Eintrittskarten kauft man im Ticketcenter in Hohenschwangau. Schon mit dem Ticket, auf dem eine feste, unbedingt einzuhaltende Einlasszeit vermerkt ist, wird deutlich, dass der Führungsbetrieb straff durchorganisiert ist und wenig Raum für romantische Träumereien lässt. Trotzdem bieten sich zum Beispiel von der historischen Marienbrücke über der Pöllatschlucht herrliche Ausblicke auf Neuschwanstein ohne Touristen im Vordergrund. Über dem Genuss des Panoramas darf man jedoch nicht die Länge des Wegs zum Schloss vergessen – 20 bis 30 Gehminuten ab Ticketcenter –, damit man pünktlich zur festgelegten Einlasszeit da ist! Wer weniger gut zu Fuß ist oder königlich anreisen will, kann in einer Kutsche vorfahren.

In der Umgebung

Walderlebniszentrum Ziegelwies
Das Ausstellungs- und Informationszentrum südlich von Füssen bietet Interessantes zu den Themen Wald und Natur. Im Außengelände mit Bergwald- und Auwaldpfad erfährt man viel über Naturräume und Biotope, es gibt Spielstationen für Familien mit Kindern. Und auch die Ausstellungsräume bieten viel Wissenswertes und Interessantes. Dort geht man den Fragen nach, wie ein Bienenstaat organisiert ist und was die Königin von ihren Untertanen unterscheidet. Außerdem erfährt man, welche Schutzfunktion der Bergwald hat. Tiroler Straße 10, 87629 Füssen, Tel. 0 83 62/9 38 75 50, Di-Fr 10-16 Uhr, www.walderlebniszentrum.eu, www.wez-ziegelwies.de

Museum der Stadt Füssen im Kloster St. Mang
Das Museum an der Lechhalde 3 präsentiert die Repräsentationsräume des früheren Benediktinerstiftes St. Mang, darunter die Annakapelle mit dem Füssener Totentanz. Außerdem beherbergt das Museum eine Sammlung historischer Lauten und Geigen sowie eine Abteilung zu Ludwig II.

Allgemeine Infos

Adresse: Schlossverwaltung Neuschwanstein, Neuschwansteinstr. 20, 87645 Schwangau, Tel. 0 83 62/93 98 30, www.neuschwanstein.de
Lage und Anfahrt: Hohenschwangau (4 km östl. von Füssen) erreicht man über die A7/B17. Gebührenpflichtige Parkplätze in Hohenschwangau, dann 20–30 Gehminuten zum Schloss oder Kutschfahrt bis kurz unterhalb des Schlosses.
Öffnungszeiten: Besichtigung nur mit Führung (35 Min.). Ticketcenter in Hohenschwangau: April–Sept. tgl. 9–18 Uhr, Okt.–März tgl. 10–16 Uhr; Führungen April–Sept. tgl. 9–18 Uhr, März–Okt. tgl. 10–16 Uhr.
Es gibt Sonderführungen für Rollstuhlfahrer und Gehwagenbenutzer Mi um 18 Uhr (April–Sept.) bzw. 16 Uhr; vorherige Anmeldung erforderlich. Tel. 0 83 62/93 98 80, www.ticketcenter-hohenschwangau.de

Essen und Unterkunft

Altstadthotel Zum Hechten, Ritterstr. 6, 87629 Füssen, Tel. 08 36 2/9 16 00, www.hotel-hechten.com. Die Zimmer dieses Altstadthotels sind gemütlich, der Vitalbereich lädt mit Sauna und Solarium zum Relaxen ein. Im Restaurant serviert man deftige alpenländische Spezialitäten. ○○
Michelangelo im Kloster St. Mang, Lechhalde 1, Tel. 0 83 62/92 49 24, www.k4-fuessen.de. Das Café und Restaurant im Gewölbe des Klosters St. Mang ist ein schöner Ort für einen Kaffee oder um sich mit einem der italienischen Gerichte zu stärken. Im Sommer bewirtschaftet das Restaurant den Barockgarten des Klosters mit. ○○
Hotel Kurcafé, Prinzregentenplatz 4, 87629 Füssen, Tel. 0 83 62/93 01 80, www.kurcafe.com. Hierher kamen schon Kaiser und Könige, um die hausgemachten Kuchen und Torten zu genießen. Tipp: die Sissi-Torte! ○○

Tour 1

Zu den Wasserschlössern des Nordens

Diese Tour führt durch Niedersachsen, Mecklenburg-Vorpommern und Schleswig-Holstein. In der seenreichen Landschaft wurde so mancher Wohnsitz auf eine Insel gebaut – oder die Burgherren ließen, mangels größerer Erhebungen im flachen Land, ihre Festung mit Wassergräben sichern, die später bei den Schlössern meist beibehalten wurden.

› Die Tour im Überblick

Vom Ausgangspunkt Bad Pyrmont (s. S. 84 ff.) geht es nach Norden über Hameln und Bückeburg (s. S. 79 ff.) die Weser abwärts bis Nienburg. Dann durchquert man die Lüneburger Heide via Uelzen. Bei Dömitz wird die Elbe passiert, um nach Ludwigslust (s. S. 56 ff.) zu gelangen. Von Schwerin (s. S. 46 ff.) fährt man dann über Lübeck, Eutin (s. S. 40 ff.) und Plön zum Ziel Gottorf (s. S. 35 ff.). Abstecher führen nach Hitzacker an der Elbe, zur Niedersächsischen Mühlenstraße und ins Freilichtmuseum Molfsee. Länge: ca. 570 km

› Hameln

Von Bad Pyrmont ist das geschichtsträchtige Hameln nach kurzer Fahrt erreicht. Die wunderschöne Altstadt schmücken zahlreiche Gebäude im Stil der Weserrenaissance. Den Weg zum berühmten Rattenfängerhaus (1603) säumen Renaissancegiebel und -bauten: Hochzeitshaus, Stiftsherrenhaus oder Leisthaus. Das Hochzeitshaus ist heute Zentrum des europäischen Kulturprojektes »Erlebniswelt Renaissance« (s. S. 82). Neben den Bauten der Weserrenaissance bietet Hameln schöne Fachwerkhäuser und zwei mittelalterliche Türme samt Stadtmauer.

Hameln Marketing & Tourismus, Deisterallee 1, 31785 Hameln, Tel. 0 51 51/95 78 13, www.hameln.de

Schlosshotel Münchhausen, Schwöbber 9, 31855 Aerzen, 0 51 54/7 06 00, www.schlosshotel-muenchhausen.com. Fünf-Sterne-Haus in einem aufwendig restaurierten Schloss der Weserrenaissance. 10 km südwestlich von Hameln, liegt es in einem 8 ha großen Schlosspark, umrahmt von zwei 18-Loch-Golfplätzen. 66 luxuriöse Zimmern und Suiten sowie zwei Restaurants mit Seeterrasse lassen keine Wünsche offen. Traumhafter Spa-Bereich mit Pool, Sauna und Hamam. Das Gourmetrestaurant serviert feinste französische Gerichte, im Schlosskeller gibt es deutsche Küche. ❍❍

› Nienburg

Von Hameln kann man über Bückeburg (s. S. 79 ff.) bis Nienburg der Straße der Weserrenaissance folgen. Nienburg war einst der wichtigste Weserübergang zwischen der Porta Westfalica und Bremen. Hier hatten die Grafen von Hoya ihre Residenz. Von ihrer ehemaligen Wasserburg blieb nur noch der Stockturm. Erhalten sind eine Reihe von alten Burgmannenhäusern, Patrizierhäusern und ein ehemaliger Posthof – alles Fachwerkbauten. Am Rathaus lassen sich Bauteile aus der Weserrenaissance

Backsteinarchitektur

Beim Bau wehrhafter oder repräsentativer Architektur stand man einst vor dem Problem, dass es im Nord- und Ostseeraum von Natur aus an Steinbrüchen fehlt. Wollte ein Bauherr auf behauene Steine zurückgreifen, musste er hohe Transportkosten einplanen. An Lehmvorkommen mangelte es im norddeutschen Tiefland hingegen nicht und so bot sich die Produktion von Ziegelsteinen an. Um das 12. Jh., mit der späten Romanik, setzte sich der Backstein durch. Seine Blütezeit erlebte das Baumaterial im späten Mittelalter mit der Backsteingotik. Insbesondere für den Ostseeraum wurde das Bauen mit Ziegeln landschaftsprägend: Kirchen, Klöster, Rathäuser, Burgen, Bürgerhäuser und auf dem Lande Gutshöfe und Herrensitze wurden daraus gemauert. An manch einer Schlossfassade sieht man von außen vielleicht keine Ziegel – aber verwendet wurden sie höchstwahrscheinlich doch! Viele Schlossherren ließen die Ziegelwände mit dünnen Steinplatten verblenden oder – noch preiswerter – einfach verputzen und dann Fugen einkratzen, die große Steinquader vortäuschen sollen.

entdecken, während die Hauptkirche der Stadt, St. Martin, ein Beispiel für die norddeutsche Backsteingotik ist. Eine kulinarische Attraktion ist der Nienburger Spargel, über den das Niedersächsische Spargelmuseum informiert. www.nienburg.de, www.mittelweser-tourismus.de

Niedersächsische Mühlenstraße

Von Nienburg geht es über Bad Fallingbostel und Munster nach Uelzen (130 km). Wenn man Zeit hat, kann man auch von Winsen durch die Lüneburger Heide Richtung Uelzen der Mühlenstraße folgen – vor allem für Familien mit Kindern eine interessante Alternative. Wasser- und Windmühlen, aber auch durch Motoren angetriebene Anlagen können teilweise auch innen besichtigt werden.

Wassermühle Oldendorf/Luhe, Tel. 0 41 32/3 42, in Betrieb, Besichtigung nur nach Anmeldung.

Wassermühle Holxen (zw. Suderburg und Uelzen), funktionstüchtige Museumsmühle, Tel. 0 58 26/14 12.

Wassermühle Bohlsen (bei Gerdau), Tel. 0 58 08/98 70, Verkauf von Öko-Getreideprodukten und -gebäck. www.deutsche-muehlen.de/nms

Hitzacker

Auf dem Weg nach Ludwigslust lohnt der kleine Abstecher nach Hitzacker. Das Städtchen liegt auf einer Insel in der schiffbaren Jeetzel vor deren Mündung in die Elbe. Ein Bummel durch die Straßen und Gassen mit ihren alten Fachwerk- und Backsteinhäusern oder ein Spaziergang über den Deich ist äußerst reizvoll.

Jagdschloss Friedrichsmoor

Nördlich von Ludwigslust wurde 1705 inmitten des Niederungsgebietes der Lewitz im Auftrag von Herzog Friedrich Wilhelm ein Jagdhaus im Stil einer Blockhütte errichtet. Im Jahre

Tour 1
0
30 km
DÄNEMARK
Ærø
Lolland
Langeland
Bagenkop
Rødbyhavn
Fehmarn
Puttgarden
Burg
Föhr
Wyk
Dagebüll
Langeneß
Schlüttsiel
Halligen
Hooge
Bredstedt
Pellworm
Husum
Nationalpark
Nordfriesland
Schleswig-
Glücksburg
Flensburg
Gelting
Kappeln
Gottorf
Schleswig
Schlei
Eckernförder Bucht
Dänisch Nienhof
Kropp
Eckernförde
Altenhof
Gettorf
Laboe
Schönberg
Kieler Bucht
Friedrichstadt
Tönning
St.-Peter-Ording
Schleswig-Holsteinisches
Büdelsdorf
Rendsburg
Kronshagen
Kiel
Westensee
Naturpark Westensee
Molfsee
Preetz
Lütjenburg
Oldenburg
Lensahn
Mecklenburger Bucht
Heide
Büsum
Albersdorf
Nord-Ostsee-Kanal
Dithmarschen
Holstein
Plön
Holsteinische Schweiz
Naturpark
Malente
Schönwalde
Eutin
Grömitz
Meldorf
Wattenmeer
Neumünster
Bosau
Haffkrug
Neustadt
Lübecker Bucht
Marne
Scharbeutz
Timmendorfer Strand
Boltenhagen
Poel
Neuwerk
Cuxhaven
Brunsbüttel
Itzehoe
Bad Segeberg
Bad Bramstedt
Ratekau
Travemünde
Bad Schwartau
Dassow
Wismar
Stockelsdorf
Lübeck
Grevesmühlen
Flessenow
Otterndorf
Wischhafen
Glückstadt
Kaltenkirchen
Bad Oldesloe
Reinfeld
Schweriner See
Drochtersen
Elbe
Elmshorn
Henstedt-Ulzburg
Bargteheide
Langen
Stade
Pinneberg
Norderstedt
Rellingen
Ahrensburg
Ratzeburg
Gadebusch
Bremerhaven
Wedel
Fuhlsbüttel
Hamburg
Mölln
Schwerin
Loxstedt
Bremervörde
Altes Land
Reinbek
Schaalsee
Harsefeld
Buxtehude
Schwarzenbek
Wittenburg
Weser
Geesthacht
Seevetal
Hagenow
Osterholz-Scharmbeck
Zeven
Tostedt
Buchholz
Winsen (Luhe)
Lauenburg
Boizenburg
Worpswede
Bleckede
Ludwigslust
Ritterhude
Lilienthal
Handeloh
Lüneburg
Delmenhorst
Bremen
Scheeßel
Grabow
Schneverdingen
Oyten
Neuenland
Rotenburg
Hitzacker
Stuhr
Dömitz
Weyhe
Achim
Bispingen
Lüneburger
Dannenberg
Visselhövede
Langwedel
Syke
Soltau
Munster
Verden
Gerdau
Lüchow
Wittenberge
Bad Fallingbostel
Uelzen
Walsrode
Bassum
Faßberg
Seehausen
Suderburg
Bergen-Belsen-Denkmal
Bergen
Oldendorf
Salzwedel
Sulingen
Niedersachsen
Heide
Hankensbüttel
Osterburg
Nienburg
Winsen
Wittingen
Sachsen-
Celle
Neustadt am Rübenberge
Wedemark
Aller
Steinhuder Meer
Klötze
Rehburg
Hannover Langenhagen
Langenhagen
Burgwedel
Gifhorn
Gardelegen
Peters-hagen
Loccum
Garbsen
Burgdorf
Uetze
Wolfsburg
Anhalt
Wunstorf
Hannover
Minden
Stadthagen
Edemissen
Lehrte
Oebisfelde
Bückeburg
Barsinghausen
Laatzen
Peine
Braunschweig
Lehre
Obernkirchen
Löhne
Porta Westfalica
Pattensen
Königslutter
Haldensleben
Sarstedt
Ilsede
Hessisch-Oldendf.
Springe
Lahstedt
Vechelde
Bad Oeynhsn.
Rinteln
Nordstemmen
Lengede
Cremlingen
Helmstedt
Wolmirstedt
Bad Salzuflen
Hameln
Hildesheim
Wolfenbüttel
Aerzen
Lemgo
Bad Salzdetfurth
Salzgitter
Schöningen
Magdeburg
Lage
Salzhemmendorf
Leine
Bad Pyrmont
Bodenwerder
Bockenem
Schladen
Detmold
Goslar
Schönebeck
Steinheim
Kassel
Seesen
Leipzig

1791 ersetzte es Herzog Friedrich Franz I. durch einen dreiflügeligen Fachwerkbau. In dem kürzlich restaurierten Jagdschloss mit seiner Jagdtapete von 1814 befinden sich heute ein Hotel/Pension und ein Restaurant. Auf dem Gelände werden Vollblutaraber und Lewitzschecken gezüchtet.

Jagdschloss Friedrichsmoor, Schloßallee 10, 19306 Friedrichsmoor, Tel. 03 87 57/5 45 71, www.jagdschloss-friedrichsmoor.de. Vier großzügige Hotelzimmer im Haupthaus, sechs Pensionszimmer im Jugendherbergsstil im Marstall. ❍

› Lübeck

Über die A 24/A 1 gelangt man nach Lübeck (ca. 140 km). Die Stadt an der Trave ist der Inbegriff mittelalterlicher Backsteinarchitektur. Teile der Altstadt – die alte Hansestadt Lübeck – gehören zum UNESCO-Welterbe. Mit seiner für den Backsteinbau typischen Schirmfassade wurde das **Rathaus** (13. Jh.) zum Vorbild für zahllose Bauten im Ostseeraum. Das **Heiligen-Geist-Hospital** (1290), eines der bedeutendsten Monumentalbauwerke des Mittelalters, ist eine der ältesten Sozialeinrichtungen Europas. Wahrzeichen der Stadt ist das **Holstentor** (1464/78). Der romanische **Dom** wurde – natürlich – aus Backstein erbaut.

Lübeck & Travemünde Marketing GmbH, Holstentorplatz 1–5, 23552 Lübeck, Tel. 04 51/8 89 97 00, www.luebeck-tourismus.de

Ringhotel Friederikenhof, Langjohrd 15–19, 23560 Lübeck, Tel. 04 51 51/80 08 80, www.friederikenhof.de. Zehn Autominuten südlich der Altstadt, in Oberbüssau, liegt der ehemalige Gutshof mit farbenfrohen, gemütlichen Zimmern. Restaurant mit Kamin und großem Garten. ❍❍

› Freilichtmuseum Molfsee

Über die A1 fährt man von Lübeck nach Eutin (s. S. 40 ff.) und anschließend nach Molfsee, südwestlich von Kiel. Das größte Freilichtmuseum Norddeutschlands bietet mit über

› Im Freilichtmuseum Molfsee

70 historischen Gebäuden Einblicke in den Alltag und das Wirtschaften vergangener Jahrhunderte. Spielplatz, Karussell, Museumsbahn und Streicheltiere begeistern die Kleinsten.

Schleswig-Holsteinisches Freilichtmuseum, Hamburger Landstr. 97, 24113 Molfsee, Tel. 04 31/65 96 60, www.freilichtmuseum-sh.de, Mitte März–Ende Okt. tgl. 9–18 (letzter Einlass 17 Uhr), Nov.–Ende März nur So 11–16 Uhr.

Über die A 215 / A 210 / A 7 sind es noch gut 60 km bis nach Schleswig mit dem Schloss Gottorf (s. S. 35 ff.).

Tour 2

Residenzen und Lustschlösser an Havel und Elbe

In besonders reizvollen Landschaften – den Seenplatten Brandenburgs, der Elbaue und den Weinhängen des Elbtals bis zur malerischen Sächsischen Schweiz – bauten Könige, und auch Landesherren wussten die schönen Gegenden zu schätzen. Sie ließen sich hier gern ihre Lustschlösser errichten. Auf dieser Tour folgen Sie den Spuren preußischer und sächsischer Könige durch malerische Landstriche.

› Die Tour im Überblick

Ausgangspunkt ist im Norden Schloss Rheinsberg (s. S. 61 ff.) inmitten der Seen des Stechlin-Ruppiner Lands. Von hier geht es nach Potsdam mit Schloss Sanssouci (s. S. 69 ff.) und dann über den Höhenzug Fläming ins Elbetal, wo der Weg dem Fluss folgt. Nach Wittenberg besucht man Torgau, Schloss Moritzburg, Radebeul und Schloss Pillnitz (s. S. 145 ff.) bei Dresden. Im »Elbflorenz« sollte man unbedingt einen Altstadtbummel einplanen. Ein weiterer Höhepunkt ist die Albrechtsburg (s. S. 142 ff.) im romantischen Meißen. Abschluss der Reise ist die Festung Königstein (s. S. 155 ff.) nahe der tschechischen Grenze. Länge: ca. 390 km

› Zu Gast bei preußischen und sächsischen Königen

Neben ihrer Hauptresidenz Berlin ließen die brandenburgischen Kurfürsten ab dem 17. Jh. und die preußischen Könige ab Anfang des 18. Jhs. bis zum frühen 20. Jh. verschiedene Schloss- und Gartenanlagen in die Havellandschaft bei Potsdam setzen. Der Gartengestalter Peter Joseph Lenné fasste im 19. Jh. mehrere dieser Ensembles zu einer ausgedehnten Parklandschaft zusammen, die gemeinsam mit Seen und Flussläufen die historische Stadt Potsdam umrahmt. Das Gesamtkunstwerk, das von Sanssouci über den Neuen Garten und Sacrow bis nach Berlin, zur Pfaueninsel und nach Glienecke, reicht, gehört zum Weltkulturerbe.

In Sachsen wurde zunächst die Albrechtsburg in Meißen als Residenz geplant, doch Dresden lief schon im 15. Jh. der kleineren Stadt den Rang ab. Vergleichbar mit Potsdam errichtete man in und um Dresden eine Reihe repräsentativer Bauten. Schlösser im Barock- und Rokokostil, die zu den herausragenden Leistungen europäischer Baukunst zählen, entstanden auch an der Elbe. Dresden und bislang auch das Dresdner Elbtal stehen ebenfalls auf der UNESCO-Liste.

Stiftung Preußische Schlösser und Gärten Berlin-Brandenburg, www.spsg.de; **Staatliche Schlösser, Burgen und Gärten Sachsen,** www.schloesser.sachsen.de

› Schlafen im Grünen

Schloss & Gut Liebenberg, Ortsteil Liebenberg, 16775 Löwenberger Land, Tel. 03 30 94/70 05 00, www.schlossundgutliebenberg.de. Eine Idylle in einer wald- und seenreichen Landschaft gelegen, etwa 50 km südöstlich von Rheinsberg. Der märkischer Landsitz wurde in ein Hotel umgewandelt, umgeben von einem

Schlosspark, den Lenné gestaltete. Großzügige, sehr stilvolle Zimmer im Schloss und im Seehaus. ❍❍

Hotel, Restaurant & Weberstube Vierseithof, Haag 20, 14943 Luckenwalde, Tel. 0 33 71/6 26 80, www.vierseithof.com. Zwischen Berlin und Wittenberg liegt dieses Hotel in einer denkmalgeschützten Hofanlage. Besonders bemerkenswert ist die Ausstattung des Hauses mit modernen Kunstwerken. Kleiner Wellnessbereich mit Sauna. Das mehrfach ausgezeichnete Gourmetrestaurant gehört zu den besten und schönsten Brandenburgs. Nur marktfrische Produkte der Region werden hier verarbeitet, u. a. Beelitzer Kaninchen und Linumer Wiesenkalb. ❍❍

› Lutherstadt Wittenberg

Von Potsdam gelangt man über die B 2 oder die A 9 in die Lutherstadt (80 km). Wittenberg, 1183 erstmals urkundlich erwähnt, diente seit Ende des 15. Jhs. als kurfürstliche Residenz Friedrichs des Weisen. Seine kluge Politik, die 1502 gegründete Universität sowie das Wirken Luthers und anderer Reformatoren führte dazu, dass die Stadt an der Elbe zu einem europäischen Zentrum des geistigen Lebens aufstieg. Bis weit über das Jahrhundert hinaus bewahrte sich Wittenberg eine bedeutende Rolle in Theologie, Wissenschaft und Kultur.

Ein Bummel durch die Altstadt ist eine Reise in die Zeit der Reformation und der Renaissance. An die Tür der **Schlosskirche** schlug Martin Luther 1517 seine folgenschweren Thesen. Im Innern befinden sich die Gräber

Luthers und Melanchthons. Dann gelangt man zu den **Cranach-Höfen,** die das Wirken der Künstlerfamilie im Wittenberg des 16. Jhs. belegen, zur **Stadtkirche** mit dem eindrucksvollen Cranach-Altar und zu den Häusern von Philipp Melanchthon und Martin Luther. Noch heute ist das originale Wohnzimmer im **Lutherhaus** erhalten, wo Luther ab 1511 fast 35 Jahre lang lebte und wirkte.(April–Okt. tgl. 9–18, Nov.–März Di–So 10–17 Uhr). Die Lutherstätten Wittenbergs stehen auf der Liste des Weltkulturerbes.

Wittenberg Information, Schlossplatz 2, 06886 Wittenberg, Tel. 0 34 91/49 86 10, www.wittenberg.de

› Torgau

Schon Martin Luther schwärmte: »Torgaus Bauten übertreffen an Schönheit alle aus der Antike, selbst der Tempel des Königs Salomo war nur aus Holz.« Dass die Worte des Reformators heute noch gelten, zeigt ein Besuch der fast vollständig erhaltenen Innenstadt aus dem 16. Jh.

An die 500 Baudenkmale im Stil der Spätgotik und der Renaissance bilden ein städtebauliches Ensemble von internationalem Rang. Herausragend sind das prächtige, den Markt beherrschende **Rathaus** sowie **Schloss Hartenfels** (tgl. 10–18 Uhr). Die einstige Residenz der sächsischen Kurfürsten gilt als besterhaltenes Schloss der Frührenaissance in Deutschland. Das bedeutendste Zeugnis der Renaissancearchitektur in Torgau schuf Konrad Krebs 1533–1536 mit dem **Großen Wendelstein.** Wie eine Spindel schwingt sich die elegante Treppe ohne zusätzliche Versteifungen über zwei Stockwerke nach oben. Das obere Portal ziert die historisch erste plastische Darstellung von Luther auf einem Medaillon. Luther war es auch, der am 5. Oktober 1544 die Schlosskirche von Hartenfels weihte.

Torgau-Informations-Center, Markt 1, 04860 Torgau, Tel. 0 34 21/ 7 01 40, www.torgauinfo.de

Hotel & Restaurant Rittergut Adelwitz, Am Rittergut 15, 04886 Arzberg bei Torgau, Tel. 03 42 22/4 37 56, www.rittergut-adelwitz.de. Altes Rittergut in einem wunderschönen Park.

› Wege zu Luther

Zwischen Wittenberg und Torgau folgt man einem Abschnitt der Route »Wege zu Luther«. Dabei bietet sich die Gelegenheit, Luther und seine Lebensorte – Eisenach, Erfurt, Schmalkalden, Eisleben, Torgau und natürlich Wittenberg – in einer für die deutsche und europäische Geschichte bedeutenden Kulturlandschaft kennenzulernen. In Eisleben ergibt sich der Anschluss zur Tour 3 (s. S. 235 ff.).

Die »Wege« führen auf die Wartburg (s. S. 127 ff.) und ins Lutherhaus in Eisenach, in das Augustinerkloster in Erfurt, in Luthers Geburts- und Sterbehaus in Eisleben, auf Schloss Wilhelmsburg in Schmalkalden, auf Schloss Hartenfels in Torgau und ins Lutherhaus und Melanchthonhaus in Wittenberg. Besucher erwarten Dauer- und Sonderausstellungen, Führungen, Konzerte, Vorträge und vieles mehr. www.wege-zu-luther.de

› Markante Türme prägen die Silhouette von Schloss Moritzburg

Gemütlich-rustikale Zimmer, Restaurant mit feiner internationaler Karte, Reiterhof. ❍❍

› Schloss Moritzburg

Über Riesa und Großenhain geht es weiter zu Schloss Moritzburg (ab Torgau ca. 80 km), ein reizvolles Ausflugsziel im Norden von Dresden. In seinem Jagdrevier hatte Herzog Moritz Mitte des 16. Jhs. ein Jagdschloss bauen lassen. August der Starke gab den Umbau zu einer barocken Schlossanlage in Auftrag, 1727 waren die Arbeiten abgeschlossen und drei Jahre später der große Teich um den Prachtbau angelegt. Kostbare barocke Ledertapeten, eine riesige Sammlung von Geweihtrophäen sowie Möbel, Porzellan und Gemälde des 17./18. Jhs. oder auch die Ausstellung zur Moritzburger Küchenkultur machen die Besichtigung interessant. Ein weiterer Höhepunkt ist das »Moritzburger Federzimmer« mit ca. 2 Mio. in Leinwand gewebten Vogelfedern.

Zeit nehmen sollte man sich auch für einen Spaziergang durch den barocken Schlosspark und den anschließenden Waldpark mit einem Sommerschlösschen im chinesischen Stil.

April–Okt.tgl. 10–17.30 Uhr, Nov., Dez. und Febr., März Di–So 10–16 Uhr, Jan. nur Sa, So 10–16 Uhr, www.schloss-moritzburg.de

› Schloss Wackerbarth, Radebeul

Nur ein Katzensprung ist es von Moritzburg nach Radebeul. Es ist vor allem als Wohnsitz Karl Mays bekannt, doch gibt es neben dem Karl-May-Museum auch Villen, Weinberge und ein Schloss zu entdecken.

August Christoph Graf von Wackerbarth war ein großer Förderer des Weinbaus, und Weinterrassen umgeben seinen idyllisch gelegenen barocken Altersruhessitz. Schloss Wackerbarth ist nicht nur Sachsens älteste Sektkellerei, sondern auch ein Erlebnisweingut, das sich der 800-jährigen Weinbautradition Sachsens genauso verschrieben hat wie dem zeitgemäßen Genuss mit allen Sinnen.

Sächsisches Staatsweingut, Wackerbarthstr. 1, 01445 Radebeul, Tel. 03 51/8 95 50, www.schloss-wackerbarth.de

Nach dem Besuch Dresdens (s. S. 148) empfiehlt sich die Fahrt mit dem Schaufelraddampfer nach Pillnitz und weiter nach Königstein (s. S. 155 ff.). www.saechsische-dampfschifffahrt.de

Tour 3

Burgen und Schlösser mitten in Deutschland

Diese Tour führt durch die Mittelgebirgslandschaften von Hessen, Sachsen-Anhalt und Thüringen. Dabei reist man nicht nur durch abwechslungsreiches, sondern auch durch geschichtsträchtiges Land: Im 11. und 12. Jh. lagen die bevorzugten Aufenthaltsorte von Kaisern und Königen in dieser Region, die wichtige Fernhandelswege durchzogen. Längere Abschnitte des Tourenvorschlags folgen der Südroute der Straße der Romanik.

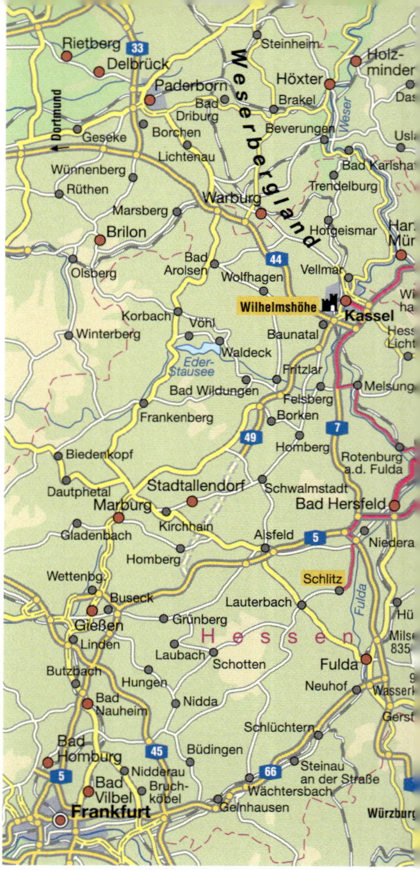

› Die Tour im Überblick

Die Rundreise beginnt in Kassel-Wilhelmshöhe (s. S. 113 ff.). Danach geht es nach Wernigerode (s. S. 92 ff.) und Quedlinburg, weiter am nördlichen Harzrand entlang bis ans Saaleufer und zum Schlossberg von Merseburg (s. S. 97 ff.). Zunächst der Saale und dann der Ilm aufwärts folgend, gelangt man über Weimar und Erfurt nach Gotha (s. S. 132 ff.). Die Wartburg (s. S. 127 ff.) bei Eisenach ist die nächste Attraktion, bevor man nach einem Abstecher nach Schlitz wieder durch das Hessische Bergland zurück nach Kassel fährt.
Länge: ca. 670 km

› Burgen und Burgstädtchen

Aus strategischen Gründen legte ein Burgherr im Mittelgebirge seinen Sitz meist als Höhenburg auf einem Berg an. Zu ihren Füßen entwickelten sich Siedlungen, in denen jene lebten, die auf der Burg in Lohn und Brot standen. Zu den Handwerkern gesellten sich in der Regel bald Kaufleute, und so konnte aus einer Burgsiedlung eine Burgstadt werden. Lebten Herrscher und Untertanen friedlich neben- und miteinander, gab es eine gemeinsame Befestigung für Stadt und Burg. Waren die Verhältnisse jedoch gespannt, baute der Burgherr seinen Sitz zur Stadt hin ebenso wehrhaft aus wie nach außen zum Umland.

› Quedlinburg

Die Kreisstadt am nördlichen Harzrand ist Deutschlands größtes Flächendenkmal. Seit 1994 stehen die

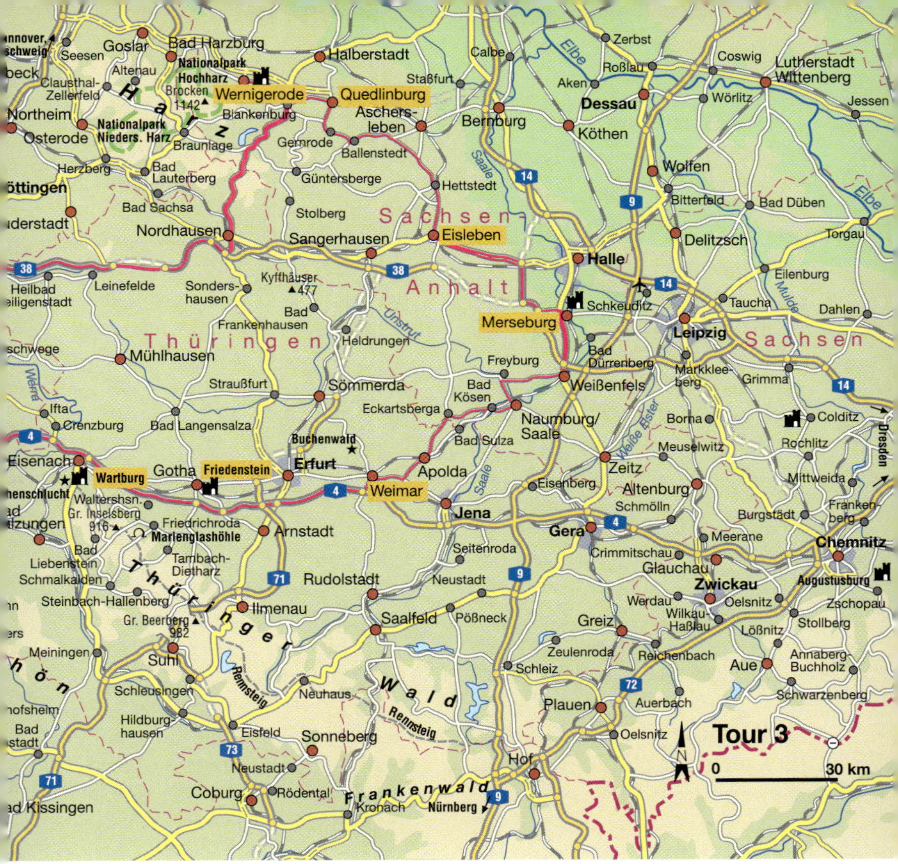

Altstadt mit dem Burgberg und der Kirche St. Wiperti sowie dem Münzenberg auf der Welterbeliste. Herausragende Bauwerke wie die ehemalige Kaiserpfalz (heute Schlossmuseum) und die Stiftskirche St. Servatius mit den Gräbern des ersten deutschen Königs Heinrich I. (876–936) und seiner Frau Mathilde sowie mit dem berühmten Domschatz gehören zu den Meisterwerken der Romanik.

In einer Kaiserurkunde des 10. Jhs. wird Quedlinburg »Metropole des Reiches« genannt. Aus dieser Zeit blieb unverändert die Krypta in der Basilika St. Wiperti erhalten (Sommer Mo–Sa 10–12, 14–17 Uhr, So 14 bis 17 Uhr, Winter nach Vereinb.).

Quedlinburg gilt mit seinem historischen Stadtgrundriss und über 1300 Fachwerkbauten aus acht Jahrhunderten als außergewöhnliches Beispiel für eine hervorragend erhaltene mittelalterliche Stadt. Eines der ältesten Fachwerkhäuser Deutschlands (um 1340) beherbergt das **Fachwerkmuseum** (Do geschl.). Ein Leckerbissen für Kunstfreunde ist die **Lyonel-Feininger-Galerie** im ehemaligen Abteigut des Stiftes (Mo geschl.).

Quedlinburg Tourismus-Marketing, Markt 2, 06484 Quedlinburg, Tel. 0 39 46/90 56 24, www.quedlinburg.de

Schlosshotel Zum Markgrafen, Wallstraße 96, 06484 Quedlinburg, Tel. 0 39 46/8 11 40, www.schlosshotel-zum-markgrafen.de. Ruhig in einem Park nahe am Marktplatz gelegen. 12 luxuriöse Zimmer, teils mit Whirlpool; Wellnessbereich. Kulinarische Genüsse versprechen Weinstube, Restaurant und Café. ❍❍

› Straße der Romanik

Von Quedlinburg führt ein Stück der Südroute der Straße der Romanik nach **Gernrode** (Stiftskirche St. Cyriakus, Führung im Sommer tgl. 15 Uhr. Stopps lohnen auch in **Ballenstedt** (Schloss, Mo geschl.) und bei **Burg Falkenstein** (Mo geschl.) in Pansfelde. Bei **Klostermansfeld** (Klosterkirche Maria Himmelfahrt, Mo–Fr 9–12, 13–15 Uhr) verlässt man die Route, um über Eisleben nach Merseburg (s. S. 97 ff.) zu fahren, wo man wieder auf die Straße der Romanik stößt. www.romanikstrasse.de

› Lutherstadt Eisleben und Kloster Helfta

In Eisleben wurde am 10. November 1483 Martin Luther geboren. **Luthers Geburtshaus** ist heute ein Museum (Nov.–März Mo geschl., sonst tgl.). In **Luthers Sterbehaus** erzählt eine Abteilung die Geschichte des Mansfelder Landes, die von der Stadt Eisleben und dem Kupferschieferbergbau geprägt ist (Nov.–März Mo geschl., sonst tgl.). Mit seinen historischen Gebäuden vermittelt der Eislebener Marktplatz heute noch einen Eindruck von der Blütezeit im 16. Jh., die dem Kupfererz zu verdanken war.

Das **Kloster Helfta** war im 13. Jh. ein geistesgeschichtlicher Mittelpunkt Deutschlands und das Zentrum der deutschen Frauenmystik. Heute leben hier wieder Zisterzienserinnen (www.kloster-helfta.de).

Den Spuren Martin Luthers kann man weiter auf den »Wegen zu Luther« folgen (s. S. 233).

Fremdenverkehrsverein Lutherstadt Eisleben/Mansfelder Land e.V., Bahnhofstr. 36, 06295 Lutherstadt Eisleben, Tel. 0 34 75/60 21 24, www.eisleben-tourist.de

Hotel an der Klosterpforte, Lindenstr. 34, 06295 Lutherstadt Eisleben, Tel. 0 34 75/7 14 40, www.klosterpforte.com. Drei-Sterne-Haus im Eingangsbereich des Klosters. Gemütliche, teils behindertengerechte Zimmer. Die Klosterschänke (schöner Biergarten) bietet Bier aus der hauseigenen Brauerei. ❍❍

› Zwischen Merseburg und Weimar

Von Merseburg aus zieht sich die Romanische Straße südwestwärts. An den Hängen des Unstruttales über dem Weinstädtchen Freyburg steht das große **Schloss Neuenburg.** In der »Kinderkemenate« wird Geschichte spielerisch vermittelt (Mo geschl.). Zu den berühmtesten Bauwerken auf der Strecke zählt der **Naumburger Dom** aus der Zeit der Spätromanik sowie Früh- und Hochgotik. Das **Zisterzienserkloster Schulpforta** (April bis

Okt. tgl., sonst nur Mo–Fr) gehörte vom 12. bis 14. Jh. zu den reichsten und mächtigsten Mitteldeutschlands. Über Bad Kösen erhebt sich die imposante Ruine der 1172 erstmals erwähnten **Rudelsburg** (Jan.–März Mo geschl., sonst tgl.). Noch älter ist die **Eckartsburg** in Eckartsberga (April bis Okt. tgl., Nov./ März nur Sa/So, sonst auf Anfrage). Von hier sind es auf der B 87 noch 20 km bis Weimar.

› Weimar

Mit seinen drei Bauhaus-Stätten sowie als »Klassisches Weimar« kann Weimar auf gleich zwei Einträge in der Welterbeliste verweisen. Auch bei den Schlössern trumpft Weimar mehrfach auf: Am Burgplatz befindet sich das **Stadtschloss,** Regierungssitz und Wohnstätte der Herzöge und Großherzöge. Die Prunkräume beeindrucken ebenso wie die Sammlung erstklassiger europäischer Kunst vom Mittelalter bis zum frühen 20. Jh. (Mo geschl.). Herzog Ernst August ließ sich mit **Schloss Belvedere** ein elegantes Lustschlösschen bauen. Es war mit seinen zahlreichen Nebengebäuden eine einheitlich durchgestaltete barocke Lustschlossanlage mit Russischem Garten, Heckengarten und Irrgarten (April–Okt. Di–So 10–18 Uhr).

Nahe Weimar stehen mit Tiefurt und Ettersburg weitere Schlösser. Und niemand wird an Weimar vorbeifahren, ohne sich die Wirkungsstätten Johann Wolfgang Goethes und Friedrich Schillers anzuschauen.

Tourist Information Weimar, Markt 10, 99423 Weimar, Tel. 0 36 43/74 50, www.weimar.de

› Blick auf Weimar

› Schlitz

Von Weimar gelangt man über Gotha und Eisenach nach Bad Hersfeld. Von hier lohnt ein Abstecher (ca. 30 km) nach Süden, nach Schlitz. Die Burgenstadt mit malerischen Fachwerkhäusern aus mehreren Jahrhunderten wird von vier Burgen bekrönt: der Vorder-, Hinter- und Schachtenburg (größtenteils 16. Jh.) und der Ottoburg (17. Jh.). In der Vorderburg befindet sich das Burgmuseum. www.schlitz.de

› Deutsche Fachwerkstraße

Attraktiv ist der Rückweg nach Kassel über einen Abschnitt der Fachwerkstraße (Schlitz – Bad Hersfeld – Rotenburg a. d. Fulda, evtl. weiter über Melsungen nach Kassel). Der Waldreichtum des Hessischen Berglands spiegelt sich in der Fachwerkbauweise der Region wider. Nicht nur Bauernhöfe und Bürgerhäuser, auch repräsentative Rathausbauten wurden im Fachwerkstil errichtet. Üppiges, oftmals auch farbig gefasstes Schnitzwerk schmückt die Hauswände. www.deutsche-fachwerkstrasse.de

Tour 4

Zu Raubrittern und Landesfürsten am Rhein

» **Das mittlere Rheintal bietet so viele Burgen und Burgruinen wie keine andere Landschaft Deutschlands: Statistisch gesehen gibt es hier alle zwei Kilometer eine! Außerhalb der Enge dieses Talabschnittes ließen baufreudige Landesherrn einige Jahrhunderte später ihre barocken Residenzen anlegen. Besonders attraktiv sind die hübschen Lustschlösser mit ihren ausgedehnten Parkanlagen.**

› Die Tour im Überblick

Die Tour folgt dem Lauf des Rheins: Als Einstieg im Norden empfiehlt sich Schloss Benrath in Düsseldorf, krönender Abschluss ist das Schwetzinger Schloss (s. S. 182 ff.), wahlweise auch Heidelberg (s. S. 179 ff.). Dazwischen liegen Schloss Augustusburg (s. S. 105 ff.) in Brühl und die Burgen und Weinterrassen des Rheintals, so Burg und Schloss Sayn (s. S. 160 ff.), Schloss Stolzenfels (s. S. 173 ff.), Marksburg (s. S. 165 ff.) und Pfalzgrafenstein bei Kaub (s. S. 176 ff.). Bei Koblenz bietet sich ein kleiner Ausreißer an die Mosel zur Burg Eltz (s. S. 170 ff.) an. Länge: ca. 360 km

› Burg – Berg – Burg – Berg

So stellt sich Reisenden seit mehr als 200 Jahren das Bild vom Rhein dar – das Mittelrheintal zwischen Bonn und Bingen/Rüdesheim gilt als berühmteste Burgenlandschaft Deutschlands. Der Abschnitt zwischen Koblenz und Bingen/Rüdesheim zählt sogar zum UNESCO-Weltkulturerbe. Hier reihen sich eine Burg und eine Burgruine an die nächste.

Der Grund für diese ungewöhnliche Ansammlung liegt in der Bedeutung des Rheins als Hauptwasserstraße Europas schon seit der Antike. Im Mittelalter kassierten Burg- und Landesherren reichlich Zölle von allen durchfahrenden Schiffen. Um Ansprüche weithin sichtbar zu machen, baute man eine Burg – und vielleicht noch einen Zollturm, wie den Mäuseturm von Bingen. Manche Burgherren kassierten auch unrechtmäßig und führten Raubzüge, berüchtigt waren im 13 Jh. die Ritter der Burgen Reichenstein und Sooneck.

Außerhalb dieses engeren Rheintals gab es mehr Platz, hier entstanden Schlösser mit Gärten und Parks, wie in Brühl und in Schwetzingen.

www.welterbe-mittelrheintal.de, www.talderloreley.de, www.rlp-info.de, www.romantischer-rhein.de

› Schloss und Park Benrath

1770 wurde das Lustschloss vollendet, das Kurfürst Carl Theodor, der auch Bauherr des Schwetzinger Schlosses war, beim Garten- und Baudirektor Nicolas de Pigage in Auftrag gegeben hatte. Durch den Mittelbau der dreiflügeligen Anlage betreten Besucher bei einer Führung die historischen Räume, die einen Eindruck vom Leben fernab der Residenz geben. Der Ostflügel des Schlosses beheimatet das Museum für Europäische Gartenkunst, der Westflügel ein Museum für Naturkunde. (Museen und Schloss Mo geschl., der Park ist jederzeit zugänglich)

Tour 4
0
30 km
Nordrhein-Westfalen
Hessen
Rheinland-Pfalz
Saarland
Westerwald
Hunsrück
Odenwald
Bergisches Land
Siebengebirge
Düsseldorf
Neuss
Ratingen
Velbert
Hagen
Iserlohn
Altena
Arnsberg
Brilon
Ennepetal
Schwelm
Wuppertal
Solingen
Benrath
Remscheid
Lüdenscheid
Sundern
Meschede
Langenfeld
Wermelskirchen
Lennestadt
Winterberg
Dormagen
Monheim
Kierspe
Schmallenberg
Leverkusen
Gummersbach
Kirchhundem
Bad Berleburg
Frankenberg
Köln
Bergisch Gladbach
Reichshof
Wenden
Hilchenbach
Kerpen
Hürth
Augustusburg
Köln/Bonn
Wiehl
Kreuztal
Netphen
Brühl
Wesseling
Lohmar
Siegen
Bad Laasphe
Biedenkopf
Erftstadt
Troisdorf
Siegburg
Hennef
Windeck
Wilnsdorf
Dautphetal
Bornheim
Bonn
Betzdorf
Marburg
Burbach
Haiger
Dillenburg
Gladenbach
Euskirchen
Königswinter
Rheinbach
Bad Honnef
Herborn
Bad Münstereifel
Remagen
Linz
Aßlar
Wettenbg.
Bad Neuenahr-Ahrweiler
Wetzlar
Buseck
Gießen
Hammerstein
Linden
Neuwied
Weilburg
Andernach
Sayn
Bendorf
Hadamar
Montabaur
Lahn
Limburg
Hungen
Koblenz
Bad Ems
Butzbach
Bad Nauheim
Mayen
Winningen
Lahnstein
Bad Camberg
Eltz
Stolzenfels
Marksburg
Usingen
Moselkern
Gr. Feldberg
890
Bad Homburg
Nidderau
Daun
Boppard
Mosel
St. Goarshausen
Cochem
Rheinfels
Loreley
Oberursel
Bad Vilbel
St. Goar
Beilstein
Oberwesel
Frankfurt
Kaub
Kloster Eberbach
Pfalzgrafenstein
Wiesbaden
Wittlich
Zell
Bacharach
Hanau
Eltville
Sooneck
Rüdesheim
Offenbach
Reichenstein
Traben-Trarbach
Assmannshausen
Neu-Isenburg
Trier
Rodgau
Bingen
Mainz
Frankfurt Rhein-Main
Bernkastel-Kues
Rüsselsheim
Rödermark
Piesport
Bad Kreuznach
Dieburg
Darmstadt
Nahe
Pfungstadt
Reinheim
Hermeskeil
Idar-Oberstein
Alzey
Rhein
Auerbacher Schloss
Michelstadt
Worms
Bensheim
Wolfstein
Lorsch
Erbach
Grünstadt
Tholey
Weinheim
Frankenthal
St. Wendel
Viernheim
Mannheim
Ludwigshafen
Hirschhorn
Illingen
Neunkirchen
Kaiserslautern
Bad Dürkheim
Eberbach
Friedrichsthal
Homburg
Schifferstadt
Neckar
Schwetzingen
Heidelberg
St. Ingbert
Saarbrücken
Zweibrücken
Neustadt
Speyer
Hockenheim
Neckargemünd
Kleinblittersdorf
Pirmasens
Philippsburg
Sinsheim
Landau
Karlsruhe

Für den über 600 000 m² großen Schlosspark sollte man die Wanderschuhe einpacken! Besucher können in Lust- und Jagdgarten lustwandeln und im ehemaligen Küchengarten erfahren, wie die Schlossküche mit Kräutern und Gemüse beliefert wurde. www.schloss-benrath.de

› Schloss Benrath am heutigen südöstlichen Stadtrand von Düsseldorf

› Die Loreley

Nach dem Besuch von Augustusburg, Sayn, Stolzenfels und evtl. Eltz gelangt man rheinaufwärts zum berühmtesten Felsen Deutschlands, der Loreley.

Nüchtern betrachtet ist die romantisch so innig besungene Loreley aber nicht mehr als ein 132 m hoher Felsen an einer Rheinenge. Vieles zum Thema Rhein wird im Besucherzentrum Loreley präsentiert (März–Nov. tgl. 10–18 Uhr). Von St. Goarshausen oder Kaub gelangt man auf den Höhen dorthin. Nicht versäumen sollte man den Blick ins Rheintal von der Kante des Loreleyfelsens. www.loreley-touristik.de

› Übernachten auf Burgen im mittleren Rheintal

Romantikhotel Schloss Rheinfels, Schlossberg 47, 56329 St. Goar, Tel. 0 67 41/80 20, www.schloss-rheinfels.de. Elegante Zimmer in einem neueren Haus auf der größten Burgruine am Rhein, Restaurant mit Ausblick ins Tal. ❍❍

Burghotel und Restaurant auf Schönburg, Auf Schönburg, 55430 Oberwesel, Tel. 0 67 44/9 39 30, www.hotel-schoenburg.com. Eine wieder aufgebaute Burg, die wie eine original mittelalterliche aussieht. Schöne Zimmer mit Himmelbett und Rheinblick-Balkon. Traumhaft: die Rheinterrasse des Feinschmeckerrestaurants. ❍❍

Jugendherberge Burg Stahleck, Burg Stahleck, 55422 Bacharach, Tel. 0 67 43/12 66, www.jugendherbergen.de. Auch mit schmalem Geldbeutel kann man einmal wie ein Burgherr übernachten – allerdings nur mit Mitgliedsausweis. Die Jugendherberge befindet sich in der Burg Stahleck aus dem 12. Jh. Von hier genießt man einen herrlichen Blick auf das Rheintal. Wanderern bietet der Rheinburgen-Wanderweg beste Erholung und fantastische Panoramaaussichten; außerdem gute Radwanderwege (Fahrradverleih im Hotel Gelber Hof). ❍

› Rhein und Wein

Auf den steilen Schieferhängen des Mittelrheins vom Siebengebirge bis nach Kaub gedeiht vor allem der Riesling hervorragend (www.mittelrhein-wein.com). Müller-Thurgau, Kerner, Grau- und Weißburgunder ergänzen die Vielfalt der Weißweine. Bei den

› Rhein in Flammen

Während eines eindrucksvollen Schauspiels im Sommer steht der »Rhein in Flammen«. Seit über 50 Jahren erstrahlt das mittlere Rheintal auf 17 km Länge zwischen Koblenz und Braubach/Spay am zweiten Augustwochenende im Glanz des Bengalischen Feuers. Die Tradition des Feuerwerks reicht zurück bis in die Mitte des 18. Jhs., als der Antrittsbesuch des Kurfürsten Johann-Philipp von Walderdorff in seinem Koblenzer Residenzschloss mit Lichterzauber gefeiert wurde. Von der Marksburg oder von Schloss Stolzenfels hat man einen herrlichen Blick. Sehr beliebt ist an diesem Abend auch eine Schiffstour unter dem Farb- und Lichtspektakel am rheinischen Himmel.

Neben dem Termin im August gibt es den »Rhein in Flammen« Anfang Mai zwischen Linz und Bonn, Anfang Sept. bei Oberwesel und Mitte Sept. bildet das Feuerwerk bei St. Goar/St. Goarshausen den Abschluss des Lichterspiels. www.rhein-in-flammen.com

Roten dominieren Spätburgunder, Dornfelder und Portugieser. Viele Winzer produzieren auch Rieslingsekt, Schnäpse, Liköre und Brände.

Höhepunkt der Burgen- und Weinromantik ist das Winzerdorf **Kaub** mit Burg Gutenfels über den Weinhängen und Pfalzgrafenstein zu ihren Füßen. Oder vielleicht doch das romantische **Bacharach** mit seiner mittelalterlichen Architektur auf der gegenüberliegenden Seite? Südwärts kommt man an **Burg Sooneck** vorbei, erst Raubrittersitz und viel später ein Wiederaufbauprojekt der Prinzen der preußischen Königsfamilie. Viel friedlicher als zu Zeiten des Raubrittertums geht es heute auch auf **Burg Reichenstein** zu, die ein Museum und ein Hotel vereint.

In Deutschlands wohl bekanntestem Rotweinort **Assmannshausen** – wieder auf dem rechten Ufer – hat man schon das Weinbaugebiet Rheingau erreicht und kann feinen Spätburgunder, hier auch Klebrot genannt, probieren.

In Bingen verlässt man das mittlere Rheintal; auf der A 61/A 6 erreicht man nach ca. 100 km Schwetzingen bzw. Heidelberg (A 61/A 656) als Endpunkte der Tour. Von Bingen lohnt noch der Abstecher nach Eltville zum Kloster Eberbach.

› Kloster Eberbach

Weinbau und mittelalterliche Architektur machen die im 12. Jh. in den Weinbergen des Rheingaus gegründete einstige Zisterzienserabtei zum beliebten Ausflugsziel (tgl. geöffnet). In dem romanischen Kloster wurde der Film »Der Name der Rose« gedreht. Führungen mit Weinprobe zu fixen Terminen.

Gastronomiebetriebe Kloster Eberbach, 65346 Eltville, Tel. 0 67 23/ 99 30, www.klostereberbach. com. Klare Linien und Grautöne dominieren die Einrichtung. Auch rollstuhlgerechte Zimmer und Saunabereich. In der Klosterschänke gibt es lokale Spezialitäten, aber auch Fisch und Vegetarisches. ❍❍

Tour 5

Residenzen von Bischöfen und Königen im Süden

» **Das Spektrum der Herrscher, die sich hier durch imposante Bauten verewigt haben, ist groß. Es reicht vom Pfalzgrafen in Neuburg bis zu Friedrich Barbarossa und seinen Nachfolgern, die lange als Kaiser Geschichte schrieben. Von wehrhaften Burgen über prachtvolle Residenzschlösser und in Architektur verewigten Traumwelten haben die einstigen bayerischen Landesherren viele Baupläne in die Tat umgesetzt.**

› Die Tour im Überblick

Diese Spurensuche beginnt im relativ jungen, aber umso außergewöhnlicheren Schloss Neuschwanstein (s. S. 220 ff.) und führt Richtung Norden über die Romantische Straße bis zur Donau. Von Neuburg an der Donau geht es durch das Altmühltal, über die Willibaldsburg (s. S. 210 ff.) bei Eichstätt und die Festung Wülzburg bei Weißenburg. Nach dem Besuch von Nürnberg fährt man durch den Steigerwald nach Würzburg mit seiner Residenz (s. S. 205 ff.) im Maintal. Länge: 480 km

› Baufreudige Kirchenmänner

Klösterliche Zurückhaltung war nicht unbedingt die Sache der Bischöfe, erst recht nicht der Fürstbischöfe, wenn es darum ging, Residenzen zu bauen. In diesen Anlagen vereinten sie himmlische und weltliche Pracht, verherrlichten den Kaiser und sich selber. Die besten Architekten ihrer Zeit engagierte man dafür. Nicht anders sah es aus, wenn die Raumfolgen eines Schlosses ausgestattet werden mussten: Auch hier kamen nur die besten Künstler zum Zuge. Übte sich ein hoher Kirchenmann doch einmal in relativer Bescheidenheit oder war er nicht auf dem neuesten Stand, dann half ihm sicher jemand aus der Verwandtschaft auf die Sprünge – so im Hause Wittelsbach (s. S. 106) oder im vom »Bauwurm« betroffenen Haus Schönborn (s. S. 201).

Schloss Hohenschwangau

Wer Schloss Neuschwanstein besucht, wird sich sicher auch das direkt gegenüber gelegene Schloss Hohenschwangau anschauen. Das romantische Schloss aus dem 19. Jh. geht auf eine Burg des 12. Jhs. zurück. 1832 erwarb Kronprinz Maximilian, der spätere König »Max Zwo«, die Ruine und ließ sie von dem Theatermaler Dominik Quaglio im englischen Tudorstil umbauen. In dieser Sommerresidenz der königlichen Familie verbrachte König Ludwig II. seine Kindertage. Die Inneneinrichtung aus der Biedermeierzeit blieb erhalten.

April–Sept. tgl. 9–18, Okt.–März tgl. 10–16 Uhr, nur mit Führung (Ticketcenter s. S. 224), www.hohenschwangau.de

› Romantische Straße

Diese touristische Route (vgl. S. 26 f.) verbindet über eine 350 km lange Strecke Schloss Neuschwanstein mit Würzburg. Im Rahmen dieser Tour kann man ihr bis Donauwörth folgen und gelangt so nach Steingaden mit der berühmten **Wieskirche** in prachtvollstem Rokoko (tgl. geöffnet).

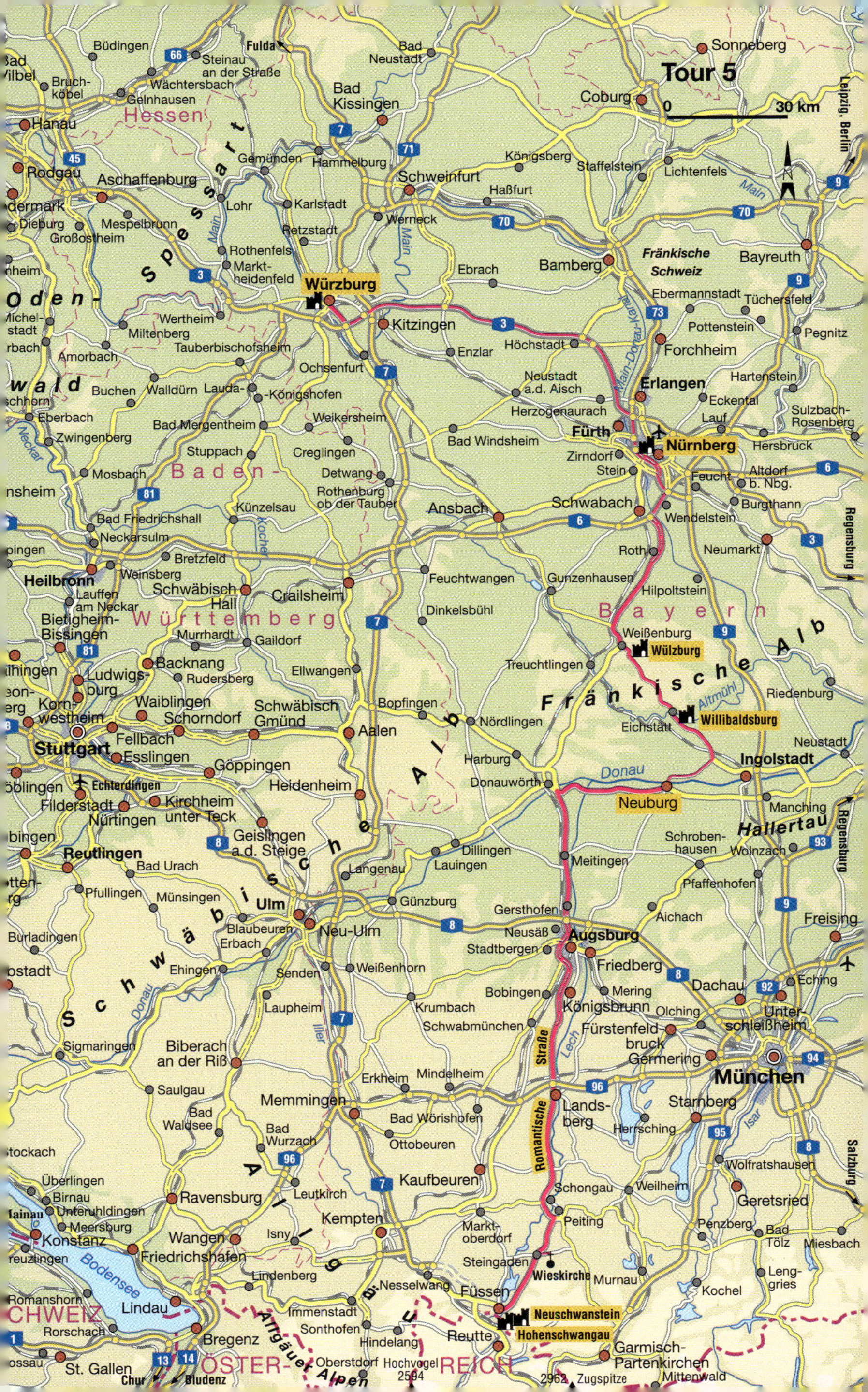

Tour 5
0
30 km
Sonneberg
Coburg
Bad Neustadt
Bad Kissingen
Fulda
Büdingen
Steinau an der Straße
Wächtersbach
Gelnhausen
Bruchköbel
Hanau
Hessen
Rodgau
Aschaffenburg
Dieburg
Mespelbrunn
Großostheim
Spessart
Gemünden
Hammelburg
Schweinfurt
Königsberg
Staffelstein
Lichtenfels
Haßfurt
Lohr
Karlstadt
Werneck
Retzstadt
Main
Rothenfels
Marktheidenfeld
Würzburg
Bamberg
Ebrach
Fränkische Schweiz
Bayreuth
Ebermannstadt
Tüchersfeld
Pottenstein
Pegnitz
Forchheim
Kitzingen
Höchstadt
Enzlar
Wertheim
Miltenberg
Tauberbischofsheim
Amorbach
Ochsenfurt
Odenwald
Buchen
Walldürn
Lauda-Königshofen
Neustadt a.d. Aisch
Erlangen
Hartenstein
Eckental
Lauf
Sulzbach-Rosenberg
Herzogenaurach
Fürth
Nürnberg
Hersbruck
Eberbach
Zwingenberg
Bad Mergentheim
Weikersheim
Bad Windsheim
Zirndorf
Stein
Feucht
Altdorf b. Nbg.
Main-Donau-Kanal
Stuppach
Creglingen
Mosbach
Baden-
Detwang
Rothenburg ob der Tauber
Burgthann
Künzelsau
Ansbach
Schwabach
Wendelstein
Bad Friedrichshall
Neckarsulm
Neumarkt
Bretzfeld
Roth
Regensburg
Heilbronn
Weinsberg
Schwäbisch Hall
Crailsheim
Feuchtwangen
Gunzenhausen
Hilpoltstein
Lauffen am Neckar
Bietigheim-Bissingen
Württemberg
Bayern
Dinkelsbühl
Weißenburg
Wülzburg
Murrhardt
Gaildorf
Fränkische Alb
Backnang
Ludwigsburg
Ellwangen
Treuchtlingen
Rudersberg
Kornwestheim
Waiblingen
Schorndorf
Schwäbisch Gmünd
Bopfingen
Nördlingen
Altmühl
Riedenburg
Willibaldsburg
Eichstätt
Stuttgart
Fellbach
Esslingen
Aalen
Neustadt
Ingolstadt
Harburg
Göppingen
Donauwörth
Donau
Echterdingen
Filderstadt
Heidenheim
Neuburg
Manching
Kirchheim unter Teck
Nürtingen
Hallertau
Geislingen a.d. Steige
Schrobenhausen
Wolnzach
Reutlingen
Dillingen
Lauingen
Langenau
Meitingen
Bad Urach
Pfullingen
Pfaffenhofen
Münsingen
Günzburg
Gersthofen
Aichach
Freising
Ulm
Schwäbische Alb
Blaubeuren
Neu-Ulm
Neusäß
Augsburg
Burladingen
Erbach
Stadtbergen
Friedberg
Ehingen
Senden
Weißenhorn
Dachau
Eching
Bobingen
Mering
Königsbrunn
Unterschleißheim
Laupheim
Krumbach
Olching
Schwabmünchen
Fürstenfeldbruck
Sigmaringen
Biberach an der Riß
Iller
Lech
Germering
München
Romantische Straße
Erkheim
Mindelheim
Saulgau
Memmingen
Landsberg
Starnberg
Bad Waldsee
Bad Wörishofen
Herrsching
Isar
Bad Wurzach
Ottobeuren
Stockach
Überlingen
Birnau
Unteruhldingen
Meersburg
Ravensburg
Leutkirch
Kaufbeuren
Schongau
Weilheim
Wolfratshausen
Geretsried
Allgäu
Kempten
Peiting
Marktoberdorf
Penzberg
Bad Tölz
Miesbach
Konstanz
Wangen
Isny
Friedrichshafen
Bodensee
Steingaden
Wieskirche
Murnau
Lenggries
Lindenberg
Nesselwang
Füssen
Kochel
Romanshorn
Lindau
Immenstadt
Neuschwanstein
Hohenschwangau
Schweiz
Rorschach
Sonthofen
Allgäuer Alpen
Hindelang
Reutte
Bregenz
Oberstdorf
Hochvogel 2594
Garmisch-Partenkirchen
St. Gallen
Österreich
Zugspitze 2962
Mittenwald
Chur
Bludenz
Leipzig, Berlin
Salzburg

Die Vergangenheit von **Schongau** als Nebenresidenz der Wittelsbacher und als bayerische Grenzfeste mitten in der heutigen Urlaubsregion Pfaffenwinkel lässt sich beim Stadtrundgang »Thürme und Thore der Bayrisch Gränz Stadt Schongau« erkunden, der zur Stadtmauer und den imposanten Toranlagen führt. (www.schongau.de)

Augsburg, unter dem römischen Kaiser Augustus gegründet, ist eine der ältesten deutschen Städte. Ihre höchste wirtschaftliche Blüte erreichte die Freie Reichsstadt im 15. und 16. Jh. durch den Fernhandel und die Bankgeschäfte der Fugger und Welser. Auch wenn Burgen und Schlösser von Landesherren nicht in dieser Stadtgeschichte vorkommen, lohnt sich der Weg in die historische Innenstadt. (www.augsburg-tourismus.de)

Dom Hotel Augsburg, Frauentorstr. 8, 86152 Augsburg, Tel. 08 21/34 39 30, www.domhotel-augsburg.de. In direkter Nachbarschaft des Domes, aber mit Blick auf hübsche Gärten. Moderne, gemütliche Zimmer, Sauna, Hallenbad. ❍❍

› Neuburg an der Donau

Über Donauwörth mit einer der ältesten Niederlassungen des Deutschen Ritterordens gelangt man nach Neuburg. Das Schloss hoch über dem Donauufer ist eine bedeutende Anlage der Frührenaissance, 1530–45 als Residenz des Fürstentums Pfalz-Neuburg erbaut. Die Schlosskapelle mit ihren Fresken (1543) gilt als ältester evangelischer Kirchenbau Bayerns. Im Erdgeschoss des Nordturms kann man eine barocke Grottenanlage, im Nordflügel den Rittersaal mit Holzkassettendecke und umlaufender Holzvertäfelung (1575) bestaunen. Das Schlossmuseum umfasst die Abteilungen »Pfalz-Neuburg«, »Vorgeschichte« und »Kirchlicher Barock« (Mo geschl.). Ein kurzer Bummel durch die Altstadt sollte zum Karlsplatz mit dem historischen Rathaus, der Hofkirche im Stil der Spätrenaissance und der barocken Provinzialbibliothek führen.

Tourist-Information, Ottheinrichplatz A 118, 86633 Neuburg an der Donau, Tel. 0 84 31/5 52 40, www.neuburg-donau.de

Weiter geht es über Eichstätt mit der Willibaldsburg nach Weißenburg – schnell über die B 13 oder länger und langsamer, dafür aber landschaftlich reizvoll an der Altmühl entlang.

› Wülzburg in Weißenburg

Auf einer der höchsten Erhebungen der südlichen Frankenalb thront die Hohenzollernfestung in etwa 630 m Höhe. Vor dem Bau der Festung befand sich hier ein Benediktinerkloster, dessen Gründung auf das Jahr 793 zurückgehen soll. 1588–1599 errichtete Georg Friedrich Markgraf von Ansbach die Festungsanlage mit einer schlossartigen Kaserne. Bis 1867 diente sie noch als Festung. Der sehr gut erhaltene Komplex ist ein seltenes Beispiel der Festungsbaukunst der Renaissance auf deutschem Boden.

Auf einem geführten Rundgang können die Bastionen, die Zisternen, der 133 m tiefe Brunnen und ein

› Die Nürnberger Kaiserburg

Gefängnisgewölbe besichtigt werden. (Führungen Mai–Okt. Sa 13–17 Uhr, So/Fei 11–17 Uhr, während der bayerischen Pfingst- und Sommerferien Mo–Sa 13–17 Uhr, So/Fei 11–17 Uhr, www.weissenburg.de)

› Nürnberg

Über die B 2 ist Nürnberg schnell erreicht (ca. 50 km). Die **Kaiserburg,** das Wahrzeichen Nürnbergs, thront über der Stadt. In der Burg residierten von 1050 bis 1571 zeitweise alle Kaiser des Heiligen Römischen Reiches; damit gehört sie zu den bedeutendsten Kaiserpfalzen des Mittelalters. Im 19. Jh. wurde die Burg im Zeichen der Romantik ausgebaut. Zu besichtigen (tgl.) sind der Palas mit den Kaiserzimmern (reiche Ausstattung des 16./17. Jhs.), die romanische Doppelkapelle, der Tiefe Brunnen und der Sinwellturm (13. Jh.) sowie eine Waffen- und Gerätesammlung. Die ersten Gartenanlagen der Kaiserburg entstanden im 15. Jh. und wurden noch im 18. Jh. wegen ihrer kunstvollen Gestaltung gerühmt. Obwohl der Burggarten nach dem Zweiten Weltkrieg neu angelegt werden musste, zeigt er noch einige historische Elemente.

Zwischen 1533 und 1544 ließ sich Lorenz Tucher das sog. **Tucherschloss** als Sommersitz errichten. Hier werden die Sammlungen der Tucherschen Familienstiftung präsentiert. Dazu gehören Tapisserien des 15.–18. Jhs., Renaissancemöbel und Fayencen der Manufaktur Nürnberg. (Di 10–13, Do 10–16, Sa/So 13–17 Uhr.)

Für die Nürnberger **Altstadt** sollte man viel Zeit einplanen. Schon das Erkunden der noch nahezu vollständig erhaltenen mittelalterlichen Befestigungsanlagen wird zu einer ordentlichen Wanderung. Trotz der schweren Schäden des Zweiten Weltkriegs gibt es noch viele historische Gebäude. An erster Stelle stehen die Kirchen St. Sebald unterhalb der Burg und St. Lorenz in der Lorenzer Altstadt auf dem linken Pegnitzufer. Teilweise über das Flüsschen wurde im 14. Jh. das Heilig-Geist-Spital gebaut, heute ein fränkisches Restaurant.

Wertvollste Kunst- und Kulturzeugnisse besitzt das hochkarätige **Germanische Nationalmuseum** am Kornmarkt (Mo geschl., www.gnm.de).

Tourist-Info, Königstr. 93, 90402 Nürnberg, Tel. 09 11/ 2 33 61 32, www.tourismus.nuernberg.de.

Burghotel, Lammsgasse 3, 90403 Nürnberg, Tel. 09 11/23 88 90, www.altstadthotels-nuernberg.de/Burghotel. Altfränkische Gemütlichkeit kombiniert das Hotel unterhalb der Kaiserburg nahe dem Neutor mit Modernem. Rustikal-charmante Zimmer, Sauna, Pool. ○○

Von Nürnberg gelangt man über die A 3 nach Würzburg (110 km).

Register

Orts- und Sachregister

A

Albrechtsburg **142 ff.**, 231
Alte Hofhaltung und Neue Residenz, Bamberg 200 ff.
Altmühltherme Treuchtlingen 214
Archäologisches Freilichtmuseum Groß Raden 43 ff.
Arolsen, Schloss 85, **118 f.**
› Barockfestspiele 120
Assmannshausen 244
Auerbach, Schloss 124 ff.
Augsburg 248
Augustusburg, Schloss (bei Chemnitz) 150 ff.
› Greifvogelschauen 153
› Konzerte 153
› Kutschenmuseum 152 f.
› Motorradmuseum 152
› Museum für Jagdtier- und Vogelkunde 153
Augustusburg, Schloss (Brühl) 105 ff.

B

Bacharach 178, 244
Bad Pyrmont 86
Bamberg, Altstadt 204
Barockgarten Großsedlitz 159
Bendorf-Sayn 163
Benrath, Schloss und Park (bei Düsseldorf) 241 f.
Bergfried 15
Bergstraße 126
Bering 8, **14**
Besucherbergwerk Kleinenbremen 82 f.
Bodensee 194
Bonn 109
Bräutigamseiche, Eutin 42
Bröhan Museum 67 f.
Bückeburg, Schloss 79 ff.
› Erlebniswelt Renaissance **82,** 226
› Hofreitschule 80
Büdingen, Schloss 121 ff.
Büdingen, Stadt 123
Burgenstraße 26 f.

C

Charlottenburg, Schloss 64 ff.
› Altes Schloss 66
› Museum für Vor- und Frühgeschichte 66
› Neuer Flügel 66
› Porzellansammlung 67
Coburg, Altstadt 199
corps de logis, Hauptgebäude **10,** 16
cour d'honneur, Ehrenhof 10

D

Denkmalschutz 28 f.
Deutsche Burgenvereinigung **29,** 167
Deutsche Fachwerkstraße 239
Dresden 148, 231
Dresdner Elbtal 159

E

Ehrenbreitstein, Festung 175
Eichstätt 213
Eisenach 131
Eisleben 233, **238**
Eltz, Burg 170 ff.
Enfilade 16
Eutin, Schloss 40 ff.

F

Falkenjagd 106
Falkenlust, Jagdschloss 106, 107 f.
Freilichtmuseum Molfsee 229
Friedenstein,Schloss 132 ff.
› Barockfest 135
› Landschaftsgarten 135
› Museum der Natur 135
› Museum für Regionalgeschichte und Volkskunde 135
› Schlossmuseum 134 f.
Friedrichsmoor Jagdschloss 227, 229

G

Gartenroute zwischen den Meeren 42
Gelnhausen 123
Glücksburg, Schloss 30 ff.
› Rosarium 34
› Schleswig-Holstein-Musikfestival 33
Göltzschtal- und Elstertalbrücke 141
Goslar, Altstadt 90 f.
Goslar, Kaiserpfalz 87 ff.
Gotha 136
Gottorf, Schloss 35 ff.
› Ferienspaß-Aktionen für Kinder 39
› Gottorfer Globus 36, 38
› Landesmuseum für Kunst und Kulturgeschichte 38 f.

Greiz, Schlösser 137 ff.
Güstrow, Barlachstadt 55
Güstrow, Natur- und Umweltpark 55
Güstrow, Schloss **51 ff.**
› Renaissancegarten 52
› Schlossmuseum 54 f.

H

Hameln 226
Harzer Schmalspurbahn 96
Heidelberg, Altstadt 181
Heidelberg, Schloss 179 ff.
› Schlossbeleuchtungen 181
› Schlossfestspiele 181
Hitzacker 227
Höhenburg 14
Hohenschwangau, Schloss 246
100-Schlösser-Route 104

K

Kabinett 22
Kassel 117
Kaub 244
Kemenate 9
Kloster Eberbach 244
Kloster Helfta 238
Koblenz, Altstadt 175
Königstein, Festung 155 ff.
› Orgel-Konzertreihe 158

L

Ladenburg 186
Lahntal 168
Lichtenwalde, Schloss 153
Limes 169
Loreley 178, 243
Lübeck 229
Lüdinghausen 104
Ludwigslust, Barockstadt 59
Ludwigslust, Schloss 56 ff.
› Barockfest 59
› Fürstliche Sammlung 59
› Schlosspark 58

M

Maintal 209
maison de plaisance, Lustschloss 11
Marksburg 12, **165 ff.**
Mecklenburgische Seenplatte 45
Meersburg 192 ff.
Meersburg, Stadt 194
Meißen 144
Merseburg, Dom St. Laurentius et Johannes 100
Merseburg, Schloss 97 ff.
› Kulturhistorisches Museum 100
› Schlossfest 101
› Schlossgarten 101
Moritzburg, Schloss 234
Moseltal 172
Motte 7
München, Residenz 218 f.
München, Botanischer Garten 218
Museum der Stadt Füssen, Kloster St. Mang 224

N

Nationalpark Sächsische Schweiz 159
Natur- und Umweltpark Güstrow 55
Naturpark Altmühltal 213 f.
Naturpark Stechlin-Ruppiner Land 63
Neu-Augustusburg, Schloss 101
Neuburg an der Donau 248
Neuschwanstein, Schloss 220 ff.
Niedersächsische Mühlenstraße 227
Niederungsburg 14
Nienburg 226
Nürnberg 249
Nymphenburg, Schloss 215 ff.
› Marstallmuseum 218
› Museum Mensch und Natur 218
› Museum Nymphenburger Porzellan 218
› Parkburgen 23, 216
› Schlosspark 216 f.

P

Palas 8
Pfalz 7, 88
Pfalzgrafenstein, Burg 12, **176 ff.**, 244
Pfefferbüchse 15
Pillnitz, Schloss und Park 154 ff.
› Elbhangfest 148
› Kunstgewerbemuseum 147
› Schlossmuseum 148
› Pillnitzer Teezeremonie 148
Potsdam, Altstadt 72
Preußische Schlösser und Gärten 72
Pyrmont, Schloss 84 ff.

Q

Quedlinburg 236 ff.

R

Rammelsberg, Besucherbergwerk 91
Redefin, Landgestüt 59
Reichenstein, Burg 242, 244
Rhein in Flammen 244
Rheinsberg, Schloss 61 ff.
› Kurt Tucholsky Literaturmuseum 62
› Schlossgärten 62 f.

Rheinsteig 164
Rheintal 241, 234 f.
Romantische Straße 26, 246 f.

S

Sababurg 110 ff.
› Tierpark 112
› Urwald 112
Sächsische Weinstraße 144
Sammlung Berggruen 67
Sanssouci, Schloss **69 ff.**, 231
› Chinesisches Teehaus 23, 71
› Schlosspark 71
Sayn, Burg und Schloss 24 f., **160 ff.**
› Garten der Schmetterlinge 161
› Rheinisches Eisenkunstguss-Museum 163
Scharfenstein, Burg 154
Schillat-Höhle 83
Schlitz 239
Schongau 248
Schwerin, Altstadt 49 f.
Schwerin, Residenzschloss 46 ff.
› Open-Air-Opernaufführungen 49
› Schlossmuseum 48
› Steinschleiferei 49
Schweriner Seenlandschaft 50
Schwetzingen, Schloss 182 ff.
› Schlossgarten 184 f.
› Schwetzinger Festspiele 185
› Schwetzinger Mozartfest 185
› Moschee 23, 185
Seehof, Schloss 204
Seppenrade, Rosendorf 104
Sooneck, Burg 13, 241, 244
Speyer 186
Stolzenfels, Schloss 13, **173 ff.**
Straße der Romanik 238

T

Tal der Weißen Elster 140
Talsperre Pöhl 140 f.
Torgau 233

V

Veste Coburg 195 ff.
› Ausstellung Glas und des Kunsthandwerk 198
› Gemäldesammlung altdeutscher Meister 198
› Kupferstichkabinett 198
› Waffensammlung 198 f.
Vischering, Burg 102 ff.

W

Wackerbarth, Schloss 234
Walderlebniszentrum Ziegelwiese 224
Wartburg **127 ff.**, 233
› Burgmuseum 131
› Veranstaltungen 131
Wehrerker 15
Weimar 239
Weinbergkirche zu Dresden-Pillnitz 148
Wernigerode, Schloss 92 ff.
› Schlossfestspiele 96
› Stadt 96
› Zentrum für Kunst- und Kulturgeschichte des 19. Jahrhunderts 96
Wikinger Museum Haithabu 39
Wilhelmshöhe, Löwenburg 13, 23, **113.ff.**
› Schloss 115 f.
› Schlosspark 113 ff.
Willibaldsburg **210 ff.**
› Juramuseum 212
› Museum für Ur- und Frühgeschichte 212
Wittenberg 232 f.
Wolfenbüttel, Altstadt 78
Wolfenbüttel, Schloss **75 ff.**
Wülzburg, Festung 248 f.
Würzburg, Residenz **205 ff.**
› Feste 208
› Hofgarten 208
› Hofkirche 208
› Treppenhaus 206
Würzburg, Festung Marienberg 209

Personenregister

A

Adolf, Herzog von Schleswig-Holstein-Gottorf 37
Albert von Wulfheim, Droste zu Vischering 104
Alexander, Fürst zu Sayn-Wittgenstein-Sayn 24 f.
Anton Ulrich, Herzog von Braunschweig-Wolfenbüttel 75, 77
Arnold II. von Isenburg, Erzbischof von Trier 174
August, Kurfürst von Sachsen 151 f.

B

Barelli, Agostino 216
Barlach, Ernst 55
Böttger, Johann Friedrich 143, 158
Brenner, Melchior 99
Breunig, Adam 183

C

Carbonet, Charles 217
Carl Alexander, Erbgroßherzog von Sachsen-Weimar-Eisenach 130
Carl Philipp, Kurfürst von der Pfalz 183

Carl Theodor, Kurfürst von der Pfalz 184, 241
Castelli, Carlo Lodovico 119
Christian August, Fürstbischof von Lübeck 42
Clemens August, Kurfürst und Erzbischof von Köln 106 ff.
Cuivillés, François de 106

D

Dallin, Rudolf Matthias 42
Demmler, Georg Adolph 47
Dientzenhofer, Johann Leonard 9, 202
Dieter IV., Graf von Katzenelnbogen 125
Dieter VIII., Graf von Katzenelnbogen 126
Droste-Hülshoff, Annette von 193
Du Ry, Simon Louis 115

E

Eberhard, Graf von Katzenelnbogen 165
Ebhardt, Prof. Bodo 29, 167, 198
Effner, Joseph 217
Ekhof, Conrad 133
Elisabeth Christine, Prinzessin von Braunschweig-Wolfenbüttel 75
Ernst I., Herzog von Sachsen-Coburg-Gotha (Ernst der Fromme) 133, 198
Ernst, Graf, später Fürst von Schaumburg-Holstein 81

F

Ferdinand Maria, Kurfürst von Bayern 216
Franz-Friedrich Anton, Herzog von Sachsen-Coburg-Saalfeld 196 f.
Friedrich Anton Ulrich, Graf, später Fürst von Waldeck und Pyrmont 119
Friedrich August I., Kurfürst von Sachsen (August der Starke) 143, 146, 158, 234
Friedrich August III., Kurfürst von Sachsen 147
Friedrich Carl von Schönborn, Fürstbischof von Würzburg 203
Friedrich Franz I., Großherzog von Mecklenburg-Schwerin 59, 229
Friedrich I. Barbarossa 88
Friedrich I., Herzog von Sachsen-Gotha-Altenburg 134
Friedrich I., Herzog von Schleswig-Holstein-Gottorf 37
Friedrich II., König von Preußen (Friedrich der Große) 62, 66 f., 70 ff.
Friedrich II., Landgraf von Hessen-Kassel 116 f.
Friedrich III., Herzog von Schleswig-Holstein-Gottorf 37
Friedrich III., Kurfürst von Brandenburg, später Friedrich I., König von Preußen 65 f.
Friedrich V., Kurfürst von der Pfalz 180
Friedrich Wilhelm III., König von Preußen 65, 189
Friedrich Wilhelm IV., König von Preußen 13, 174
Friedrich, Graf von Spiegelberg 85
Friedrich, Herzog von Mecklenburg-Schwerin (der Fromme) 57 ff.

G

Gallasini, Andrea 119
Georg Friedrich, Markgraf von Ansbach 248
Girard, Alphonse François Joseph 162
Girard, Dominique 106, 217
Göthe, Johann Friedrich Nilsson Eosander von 65
Grunau, Heinrich von 156 f.

H

Hauberat, Guillaume de 184
Heinrich II., Kaiser 88
Heinrich III., Graf von Sayn 161
Heinrich III., Kaiser 88, 90
Heinrich IV., Kaiser 88 f.
Heinrich XI., Graf Reuss zu Greiz, später Fürst 140
Heinrich, Graf von Wernigerode 93 f.
Heinrich, Prinz von Preußen 62
Holl, Elias 211

J

Johann Philipp Franz, Fürstbischof von Schönborn 206
Johann Philipp von Gebsattel, Fürstbischof von Bamberg 201
Johann Wilhelm, Kurfürst von der Pfalz 183

Johann, Herzog von Schleswig-Holstein-Sonderburg 31

K

Kemmeter, Johann Gottfried 62
Knobelsdorff, Georg Wenzeslaus von 62, 66, 70

L

Langhans, Carl 66
Lenné, Peter Joseph 48, 58, 231, 232
Le Nôtre, André 20, 21
Longuelune, Zacharias 146
Lothar Franz von Schönborn, Fürstbischof von Bamberg 201 f.
Lotter, Hieronymus 151
Ludwig der Bayer, König von Deutschland, später Kaiser 177, 193
Ludwig II., Graf zu Ysenburg und Büdingen 122
Ludwig II., König von Bayern 221 ff., 246
Ludwig XIV., König von Frankreich 9, 20, 181
Ludwig, Fürst zu Sayn-Wittgenstein-Sayn 162
Luise von Mecklenburg-Strelitz, Königin von Preußen 65 f.
Luther, Martin 128, 232, 233, 238

M

Max Emanuel, Kurfürst von Bayern 216, 217
Max III. Joseph, Kurfürst von Bayern 217
Maximilian, König von Bayern (Max Zwo) 246
Mozart, Wolfgang Amadeus 183

N

Neumann, Balthasar 9, 107, 206
Nikolaus I., Fürstbischof von Kensingen 193
Nosseni, Giovanni Maria 81

O

Oer, Lambert von 103
Ottheinrich, Pfalzgraf im Fürstentum Pfalz-Neuburg 248
Otto IV., Graf von Holstein-Schaumburg 81
Otto, Graf zu Stolberg-Wernigerode 93 f.

P

Paul Friedrich, Großherzog von Mecklenburg-Schwerin 47, 58
Peter I., Zar von Russland (der Große) 36, 37 f.
Pigage, Nicolas de 184, 241
Pöppelmann, Matthäus Daniel 146

Q

Quaglio, Dominik 246

R

Rabaliatti, Franz Wilhelm 184
Rothweil, Julius Ludwig 119
Rottenhammer, Johannes 81
Rudolph, Andreas 134

S

Schattner, Karljosef 212
Schinkel, Karl-Friedrich 66
Schlaum, Johann Conrad 9
Schwind, Moritz von 130
Sckell, Friedrich Ludwig von 217
Sophie Charlotte von Hannover 65
Steidl, Melchior 202

T

Thilo von Trotha, Bischof von Merseburg 98 f.
Tiepolo, Giovanni Battista 206, 207
Tschirnhaus, Ehrenfried Walther von 143, 158
Tucher, Lorenz 249

U

Ulrich III., Herzog von Mecklenburg 52, 54

V

Verschaffelt, Peter Anton von 184

W

Wallenstein, Albrecht Wenzel Eusebius von 47
Wilhelm I., Deutscher Kaiser 90
Wilhelm I., König von Preußen 167
Wilhelm II., Kurfürst von Hessen-Kassel 116
Wilhelm IV., Landgraf von Hessen-Kassel 112
Wilhem IX., Landgraf von Hessen-Kassel 114 f.
Willebrand, Hermann 47, 48

Z

Zimmermann, Johann Baptist 217
Zuccalli, Enrico 216

› Bildnachweis

Farbdia-Archiv Gunda Amberg/Gunda Amberg: 46, 64, 172, 179, 182, 195; Farbdia-Archiv Gunda Amberg/Dr. Helmut Amberg: 176; Farbdia-Archiv Gunda Amberg/O.Schraml: 132; Archäologisches Freilichtmuseum Groß Raden: 45; Hans-Joachim Arndt: 61, 137, 192; Albrechtsburg Meissen/Lothar Sprenger: 142, 143; Auerbacher Schloss: 126; Augustusburg: 150, 153; Bayerische Schlösserverwaltung: 205; Burg Hohenzollern: 189; Burg Vischering: 102; Deutsche Burgenvereinigung: 28; Festung Königstein/Herbert Boswank: 155; Freilichtmuseum Molfsee: 229; Heinz Gebhard: 217; Glücksburg: 33; Gunter Hartmann: 184; Bildagentur Huber: 222; Bildagentur Huber/Alfeld: 74; Bildagentur Huber/Gräfenhain: 27, 79, 113, 115; Bildagentur Huber/Giovanni: 220; Bildagentur Huber/R:Schmid: 3, 56, 107, 159, 207, 210, 225, 245; Bildagentur Huber/G.Simeone: 78; Bildagentur Huber/Stadler: 187, Umschlag Rückseite (unten); Dornröschenschloss Sababurg: 110; IFA Bilderteam/Eich: 30; IFA Bilderteam/Hollweck: 235; IFA Bilderteam/Annette Jochem: 9; IFA Bilderteam/Graf P.: 71; IFA Bilderteam/Lecom: 14; Jura Museum: 213; Dr.Thomas Kliem: 40, 160, 167, 174, 200; Kunstsammlungen Veste Coburg: 199; laif/Babovic: 239; laif/Barth: 17; laif/Eid: 181; laif/Galli: 2: laif/Kirchner: 49, 55; laif/Westrich: 43; laif/Zielske: 1; mauritius images/Blume: 58;, mauritius images/Hollweck: 203, 215; mauritius images/Kinne: 21, 243; mauritius images/Merten: 6; mauritius images/Otto: 118; mauritius images/Vidler: 249; Merseburger Schloss: 97,101; Hans-Peter Merten: 4-5, 18, 69, 87, 127, 165, 171, 173, 200, 240; Florian Monheim/Meerbusch: 105; Schloss Pyrmont: 84; Schloss Sayn: 24, 163; Schloss Wackerbarth: 230; Schloss Wernigerode/Matthias Bein: 95; Schleswig Holsteinisches Landesmuseum/photomatzen: 37; Schlösser und Gärten Dresden/Frank Höhler: 11; Schlösser und Gärten Dresden/Iris Kretschmann: 147; Schlösser und Gärten Dresden/Klaus-Dieter Weber: 145; Fotoarchiv Schloss Moritzburg: 234; Guido Schmitz: 51, 92; SPSG: 22; SPSG/Murza: 67; Niels Stappenbeck: 80; Tourismus Information Greiz: 139; Tourismus-Verband Büdingen: 121; Transit Archiv/Härtrich: 131, 135, Umschlag Rückseite (oben); Transit Archiv/Spitta: 91; Monika Zeller und Gerd Doerr: 124; Titelbild: getty images/ Robert Evens

› Zeichenerklärung

Hotel- und Restaurantpreise: ❍ günstig, ❍❍ mittlere Preislage, ❍❍❍ teuer

› Impressum

Alle Informationen stammen aus zuverlässigen Quellen und wurden sorgfältig geprüft. Für ihre Vollständigkeit und Richtigkeit können wir jedoch keine Haftung übernehmen.

Ergänzende Anregungen bitten wir zu richten an: Polyglott Verlag, Redaktion, Postfach 40 11 20, 80711 München
E-Mail: redaktion@polyglott.de

Herausgeber: Polyglott-Redaktion
Autorin: Gabriele M. Knoll
Aktualisierung: Gudrun Raether-Klünker
Redaktion: Sylvi Zähle
Layout: Ute Weber, Geretsried
Bildredaktion: Margarete Heinemann
Karten und Pläne: Polyglott Kartografie
Klappenkarten: GeoGraphic Publishers
Titelkonzept-Design: Studio Schübel Werbeagentur GmbH, München
Satz: Ute Weber, Geretsried

Zweite, aktualisierte Auflage 2008/2009

Dieses Buch wurde auf chlorfrei gebleichtem Papier gedruckt
ISBN 978-3-493-60113-8

PT 08D2

Zu Gast in den Perlen der Staatlichen Schlösser und Gärten Badens

Schloss Favorite

D-76437 Rastatt-Förch

Öffnungszeiten:
16. März bis 30. September
Di–So 10.00–18.00 Uhr
01. Oktober bis 15. November
Di–So 10.00–17.00 Uhr

Kontakt:
Tel. (07222) 4 12 07
info@schloss-rastatt.de

Schloss Rastatt

D-76437 Rastatt

Öffnungszeiten:
April bis Oktober
Di–So 10.00–17.00 Uhr
November bis März
Di–So 10.00–16.00 Uhr

Kontakt:
Tel. (07222) 97 83 85
info@schloss-rastatt.de

Burgruine und Festung Hohentwiel

D-78224 Singen

Öffnungszeiten:
16. März bis 31. März
täglich 10.00–18.00 Uhr
01. April bis 15. September
täglich 9.00–19.30 Uhr
16. September bis 31.Oktober
täglich 10.00–18.00 Uhr
01.November bis 15. März
täglich 11.00–16.00 Uhr
Letzter Einlass 1 Stunde vor Ende der jeweiligen Öffnungszeit

Kontakt:
Tel. (07731) 6 91 78
info@festungsruine-hohentwiel.de

Schloss Bruchsal

Öffnungszeiten:
Di–So 9.30–17.00 Uhr
Mo nur an Feiertagen

Kontakt:
Tel. (07251) 74-2661
info@schloss-bruchsal.de

Kloster Alpirsbach

D-72275 Alpirsbach

Öffnungszeiten:
15. März bis 01. November
Mo–Sa 10.00–17.30 Uhr
So und Feiertage 11.00–17.30 Uhr
02. November bis 14. März
Do, Sa und So 13.30–15.30 Uhr

Kontakt:
Tel. (07444) 5 10 61
Tel. (07444) 9516 -281
tourist-info@alpirsbach.de

Kloster Maulbronn

D-75433 Maulbronn

Öffnungszeiten:
März bis Oktober
täglich 9.00–17.30 Uhr
November bis Februar
Di–So 9.30–17.00 Uhr

Kontakt:
Tel. (07043) 92 66 10
info@kloster-maulbronn.de

Staatliche Schlösser und Gärten · Schlossraum 22 b · 76646 Bruchsal
Tel. 07251 / 74-0 · Fax 07251/2643 · www.schloesser-und-gaerten.de

STAATLICHE SCHLÖSSER UND GÄRTEN